Global Energy Interconnection
Development and Cooperation Organization

全球能源互联网发展合作组织

中南美洲清洁能源开发与投资研究

全球能源互联网发展合作组织

中国电力出版社
CHINA ELECTRIC POWER PRESS

前　言

　　能源是经济社会发展的重要物质基础。人类对能源的利用，从薪柴到煤炭、石油、天然气等化石能源，再到水能、风能、太阳能等清洁能源，每一次变迁都伴随着生产力的巨大飞跃和人类文明的重大进步。能源作为现代社会发展的动力，关系国计民生、关系人类福祉。传统化石能源的大量开发使用导致资源紧张、环境污染、气候变化等问题日益突出，严重威胁人类生存和可持续发展。从本质上看，可持续发展的核心是清洁发展，关键是推进能源生产侧实施清洁替代，以太阳能、风能、水能等清洁能源替代化石能源。

　　科学准确的资源量化评估是清洁能源大规模开发利用的重要基础。当前，全球范围内水电、风电、太阳能装机规模已超过总电源装机的 30%，清洁能源发展虽然已取得一定成效，但仍存在巨大开发潜力，资源开发量的精细化评估研究尤为关键。全球能源互联网发展合作组织（简称"合作组织"）在建立健全全球清洁能源资源数据库的基础上，构建了清洁能源资源评价体系和精细化数字评估模型，开展了全球视角下水能、风能和太阳能理论蕴藏量、技术可开发量、经济可开发量的系统测算与量化评估，形成了"全球清洁能源开发评估平台（GREAN）"成果，有效提升了全球清洁能源资源评估的准确度与时效性，为相关国家和地区清洁能源的大规模开发利用提供了重要支撑。

　　系统高效的基地宏观选址是清洁能源大规模开发利用的重要前提。清洁能源基地选址关系到电站开发的经济性，对清洁能源的经济化规模开发和高效利用至关重要。影响基地选址的因素众多，选址分析决策过程复杂、难度较大。内业的选址研究往往受到数据资料的完整性和准确度限制，选址作业必须依赖现场查勘，耗费巨量的人力、财力和时间成本。合作组织综合考虑全球地形高程、地物覆盖、流域水系、自然保护区、地质和地震、电源和电网、人口和经济等诸多因素，构建了清洁能源发电基地宏观选址模型及工具，大幅增加了资

料收集环节的广度和深度，将极大提升内业选址的准确性、经济性和有效性，形成了推动全球清洁能源资源开发的系统化成果，为世界能源战略研究和政策制定提供了可以参考的"工具书"和"数据手册"。**聚焦全球各洲资源评估及基地开发，合作组织编制**了全球及亚洲、欧洲、非洲、北美洲、中南美洲、大洋洲等各大洲清洁能源开发与投资研究系列报告。本报告是聚焦中南美洲的分报告，全面展示了中南美洲的清洁能源资源评估和大型基地选址成果。**第1—3章，**采用数字化方法完成了中南美洲水电、风电和光伏发电的资源评估与基地开发研究。首先分别介绍了资源评估和选址研究的方法体系、模型和数据。在水电方面，对中南美洲主要流域的水能资源开展了理论蕴藏量测算，对主要待开发的河段提出了梯级开发方案。在风电和光伏发电方面，在全面测算和分析影响集中式开发的主要影响因素基础上，开展了全洲各国家和地区风能、太阳能理论蕴藏量、技术可开发量以及开发成本的量化评估；运用数字平台，研究提出了中南美洲大型陆上风电基地、大型太阳能光伏基地的选址布局，完成了开发条件评价、开发规模评估以及技术经济指标测算。**第4章，**基于中南美洲能源电力供需发展趋势，统筹区域内、跨区及跨洲电力消纳市场，研究分析大型清洁能源基地送电方向和输电方式。**第5章，**梳理了中南美洲主要国家的能源政策及投资现状，剖析清洁能源开发项目典型投资模式，结合中南美洲水能、风能、太阳能大型基地开发方案开展案例研究，提出了加快中南美洲清洁发展的政策和投资模式建议。

合作组织全球清洁能源开发与投资研究系列报告致力于为全球清洁能源大规模开发利用提供指引和参考，加快推动在能源供给侧实施清洁替代。报告可为政府部门、国际组织、能源企业、金融机构、研究机构、高等院校和相关人员开展清洁能源资源评估、战略研究、项目开发、国际合作等提供参考。受数据资料和报告研究编写时间所限，内容难免存在不足，欢迎读者批评指正。

研究范围

　　本报告研究范围覆盖南美洲、中美洲和加勒比地区 35 个国家和地区 ❶。分别为：巴西、圭亚那、苏里南、法属圭亚那、玻利维亚、智利、阿根廷、巴拉圭、乌拉圭、委内瑞拉、哥伦比亚、厄瓜多尔、秘鲁、危地马拉、伯利兹、萨尔瓦多、洪都拉斯、尼加拉瓜、哥斯达黎加、巴拿马、古巴、多米尼加、海地、波多黎各、牙买加、特立尼达和多巴哥、巴哈马、开曼群岛（英）、维尔京群岛（英）、安圭拉（英）、安提瓜和巴布达、圣基茨和尼维斯、蒙特塞拉特（英）、瓜德罗普岛（法）、阿鲁巴（荷）。

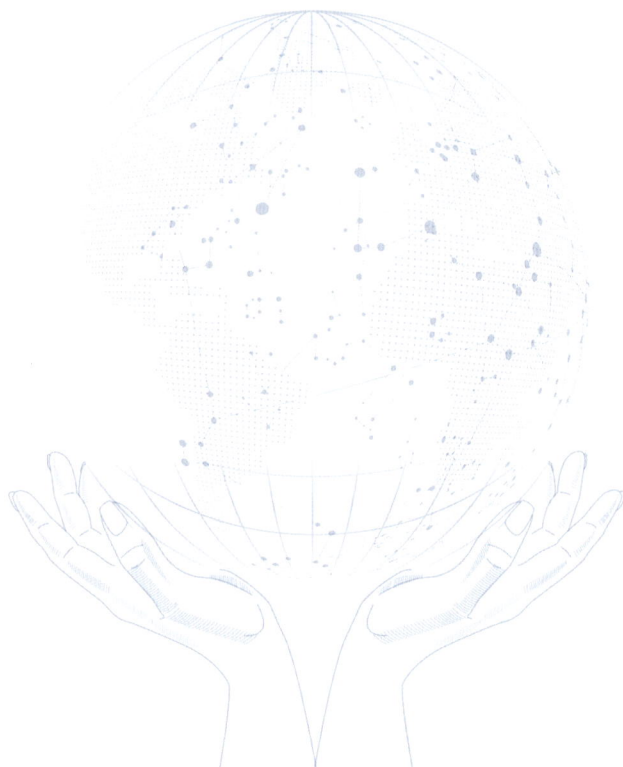

❶ 本报告对任何领土主权、国际边界疆域划定以及任何领土、城市或地区名称不持立场，后同。

注：本图内中南美洲范围仅为专题
学术研究范围，并非地理范围。

中南美洲研究范围示意图

摘　要

近年来，中南美洲新兴市场和发展中国家经济体，积极探索自身发展道路，营商环境持续向好，未来可持续发展优势显著，清洁能源开发成本下降空间较大。但同时也面临经济增长动力不足、基础设施建设滞后、能源电力保障配置能力和应对气候变化能力亟待提升等严峻挑战。中南美洲需要依托丰富的清洁能源资源，秉持绿色低碳发展理念，在水、风、光资源储量量化评估基础上，推动集中式大型清洁能源基地开发和投资，进一步改善营商环境、创新投融资模式，加快清洁发展，促进中南美洲以丰富的清洁能源资源为基础，加快再工业化进程，推动制造业高质量发展，积极应对气候变化，深化区域一体化，实现经济繁荣、社会进步的全面协调发展。

中南美洲水能资源居世界前列，水能理论蕴藏量占全球的 20.2%。 经测算，亚马孙河、托坎廷斯河、奥里诺科河等 9 个主要流域水能资源理论蕴藏总量 6551.9TWh/a，广泛分布在巴西、委内瑞拉、哥伦比亚、玻利维亚、阿根廷和洪都拉斯等 11 个国家，其中巴西水能资源理论蕴藏量最高，为 3583.4TWh/a，秘鲁次之，理论蕴藏量约 918.7TWh/a。

中南美洲风能资源较为丰富，技术可开发风能占全球的 5.2%，全洲集中式风电平均开发成本 3.18 美分，南部地区集中开发条件优越。 报告以国家为单位，完成了中南美洲风能资源的量化评估，形成了各国风能资源理论蕴藏量、技术可开发量和经济可开发量的系统化测算结果。经测算，中南美洲风能理论蕴藏量 184.0PWh/a，广泛分布于环加勒比海区域、南美洲南部和东部陆地及沿海地区。在此基础上，综合考虑资源禀赋、土地资源利用、地理地形、保护区、地质地震、人口分布等因素，经测算，中南美洲风能适宜集中开发的技术可开发量 6.8TW，年发电量 19.8PWh，约为全洲当前年用电量水平的 18 倍。中南美洲的风能资源主要分布在巴西、阿根廷、玻利维亚和乌拉圭等国。结合

2035 年中南美洲风力发电技术经济性预测结果，考虑交通和电网接入等开发成本，中南美洲集中式风电开发的各国平均度电成本在 1.98~7.72 美分，其中，资源条件优异，交通、电网基础设施条件较好的阿根廷、巴西、哥伦比亚等国的风电开发经济性更好。

中南美洲太阳能光伏资源丰富，技术可开发光伏占全球的 10.5%，全洲集中式光伏平均开发成本 2.34 美分，集中开发条件非常优越。经测算，中南美洲光伏发电理论蕴藏量 34295.3PWh/a，广泛分布于南美洲西南部阿塔卡玛区域以及东北部大西洋沿岸及西北部加勒比海南部沿海地区。综合考虑资源禀赋，排除制约大规模集中开发的主要限制性因素，中南美洲光伏发电技术可开发量 277.4TW，年发电量 504.7PWh，是全洲年用电量的 400 余倍。中南美洲的太阳能资源主要集中在巴西、智利、阿根廷、秘鲁和玻利维亚等国。结合光伏发电技术经济性预测结果，考虑交通和电网接入等开发成本，中南美洲集中式光伏开发的各国平均度电成本在 1.84~5.39 美分 / kWh。其中，资源条件优异，交通、电网基础设施条件较好的巴西、智利、秘鲁、萨尔瓦多等国光伏发电开发经济性更好。

基于精细化数字评估模型以及基地宏观选址模型，对中南美洲主要待开发的水电、风电和光伏基地开展了宏观选址研究，完成了开发条件评价、开发规模评估以及技术经济指标测算。

水电基地方面，综合考虑资源特性和开发条件，结合已建水电站情况，主要针对奥里诺科河和托坎廷斯河等共 4 个流域的 14 个基地开展了水电开发方案研究，并选取 4 个大型水电站开展了工程方案与投资的初步研究。总体上，中南美洲 4 个流域的 14 个基地共规划 74 个梯级，总装机规模约 65.43 GW，年发电量 330.23TWh。

风电基地方面，阿根廷南部、巴西东北部和哥伦比亚临近加勒比海地区适宜建设大规模风电基地。报告研究并提出了巴西巴伊亚、阿根廷内格罗河和尼加拉瓜博阿科等 9 个大型风电基地的选址成果，完成了开发条件评价、开发规模评估与资源特性分析，综合工程建设与并网条件分析了基地的经济性指标。9 个大型风电基地的总装机规模 99.70GW，年发电量 364.43TWh/a，总投资约 885.56 亿美元，度电成本为 1.82~3.47 美分 / kWh，项目经济性好。

光伏发电基地方面，综合考虑资源特性和开发条件，中南美洲西南部的阿塔卡玛沙漠及周边地区、南美洲东北部地区和西北部部分内陆地区适宜建设大规模光伏基地。报告研究并提出了智利瓦拉、阿根廷埃尔莫雷诺和萨尔瓦多圣安娜等 15 个大型光伏基地的选址成果，完成了基地开发条件评价、开发规模评估、资源特性分析，综合工程建设与并网条件提出了基地的经济性指标。15 个大型光伏发电基地的总装机规模约 87.70GW，年发电量 179,84TWh/a，总投资约 420.70 亿美元，度电成本为 1.65~2.26 美分 / kWh，经济指标优异。

中南美洲能源互联网是中南美洲水电、风电和光伏电力资源大规模多元化开发和高效利用的配置平台，是实现中南美洲能源电力清洁、多元、可靠和经济供应的重要基础。基于对中南美洲能源电力供需趋势的分析，统筹区域内、跨区及跨洲电力消纳市场，结合清洁能源基地电力外送容量、输电距离及电网网架结构等因素，报告提出了中南美洲主要大型清洁能源基地的送电方向和输电方式，将基地开发与电网外送有效衔接，推动中南美洲清洁能源大规模开发和高效利用。

进一步改善中南美洲的营商环境和政策条件、创新投融资模式是推动洲内大型清洁能源基地项目落地实施的关键因素。中南美洲地区清洁能源资源具有

较高的开发潜力，开发成本下降空间较大。为推动经济增长、改善生态环境，应进一步加快开发清洁能源资源，改善能源和投资管理政策环境，创新投融资模式。报告梳理了中南美洲整体政策环境，对巴西、智利、阿根廷、萨尔瓦多、尼加拉瓜等 13 个主要国家开展了营商环境、清洁能源开发规划、电力行业体制和市场、能源电力行业投资政策、支持性财政政策以及土地、劳工和环保等 6 类电力项目开发的相关政策分析。针对中南美洲清洁能源开发，报告提出了包括充分利用国际资本市场形成多元投融资体系、加快构建区域共同电力市场、发挥市场机制调节作用、扩大清洁能源消纳空间、改善营商环境、加强通货膨胀风险管理等 6 方面的建议，促进改善中南美洲地区生态环境，加速推动清洁能源替代，加快提高清洁能源在中南美洲地区的战略地位。

目 录

图目录

表目录

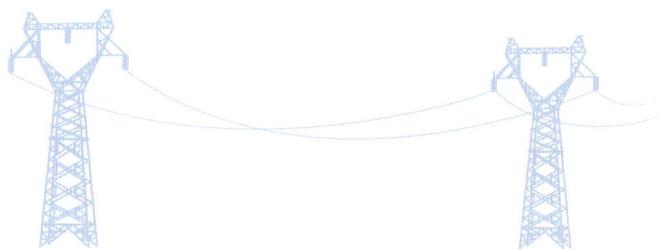

1 水能资源评估与开发

中南美洲水能资源丰富，资源总量居世界前列，开发潜力巨大。报告对亚马孙河、托坎廷斯河、奥里诺科河、圣弗朗西斯科河、巴拉那河、内乌肯—内格罗河、帕图卡河、科科河及莫塔瓜河等 9 个主要流域水能资源进行数字化评估，测算出 9 个流域水能资源理论蕴藏量约 6551.9TWh/a。综合考虑资源特性和开发条件，采用数字化平台，报告进一步开展了奥里诺科河、托坎廷斯河、亚马孙河和莫塔瓜河等 4 个流域共 14 个大型水电基地的开发方案研究，提出了在水能资源富集的待开发河段共 74 个梯级布置方案及大型水电项目的开发方案，总装机规模 65.43GW，年发电量 330.23TWh。研究成果将有力促进中南美洲的能源生产和能源消费保持稳定增长态势，各国加快能源转型步伐，积极开发清洁能源，推动跨国电网互联互通，积极应对气候变化，致力于构建绿色低碳的发展格局。

1.1　方法与数据

水能是蕴藏于河川和海洋水体中的势能和动能。广义水能资源包括河川水能、潮汐水能、波浪能、海流能等能量资源；狭义水能资源指河川水流水能资源。本报告主要研究狭义的水能资源，所需基础数据主要为资源类数据、地理信息类数据以及人类活动和经济性资料等。

1.1.1　资源评估方法

河流水能的理论蕴藏量是水流势能的多年平均值，由河流多年平均流量和全部落差经逐段计算得到，单位为 kWh。水能理论蕴藏量与河川径流量和地形落差直接相关。流域内干支流径流受全球气候、区域环境变化、人类活动等影响存在一定变化，但其多年平均径流量相对稳定；河道天然落差取决于地形，一般情况下区域地形较为稳定。因此，河流的水能理论蕴藏量是相对固定和客观的，是评价河流水能资源大小的宏观指标。受水能资源分布特点限制，开展水能理论蕴藏量评估时，一般遵循"从河段到河流、从支流到干流"的原则，按照流域开展逐级研究。

采用数字化方法评估水能资源理论蕴藏量的目标是计算河流的理论年发电量。首先以卫星遥感观测数据为基础得到数字高程模型，生成数字化河网数据；通过提取河流比降突变点、支流汇入点和河口位置，在满足断面间距要求的前提下，合理确定控制断面，生成用于计算分析的河段；然后以全球径流场数据、全球主要河流水文站数据为基础，结合河流或者湖泊年降水量、河段区间集水面积、上下断面多年径流量平均值、区间水位等信息，计算得到各河段的流量信息，进而完成理论蕴藏量的测算，具体评估流程如图 1-1 所示。

一般情况下，流域的水能资源理论蕴藏量是其干流及主要支流范围内各河段理论蕴藏量的总和；一个国家的水能资源理论蕴藏量是其国界范围内各流域理论蕴藏量的总和。对于界河的资源量，报告按各 50% 分别计入两岸国家。

评估河流水能资源的技术可开发量，主要任务是剔除不宜开发水电站的河段的资源，而评估经济可开发量需进一步考虑影响水电度电成本的经济性因素，结合替代电源成本或受电地区可承受电价进行对比分析。

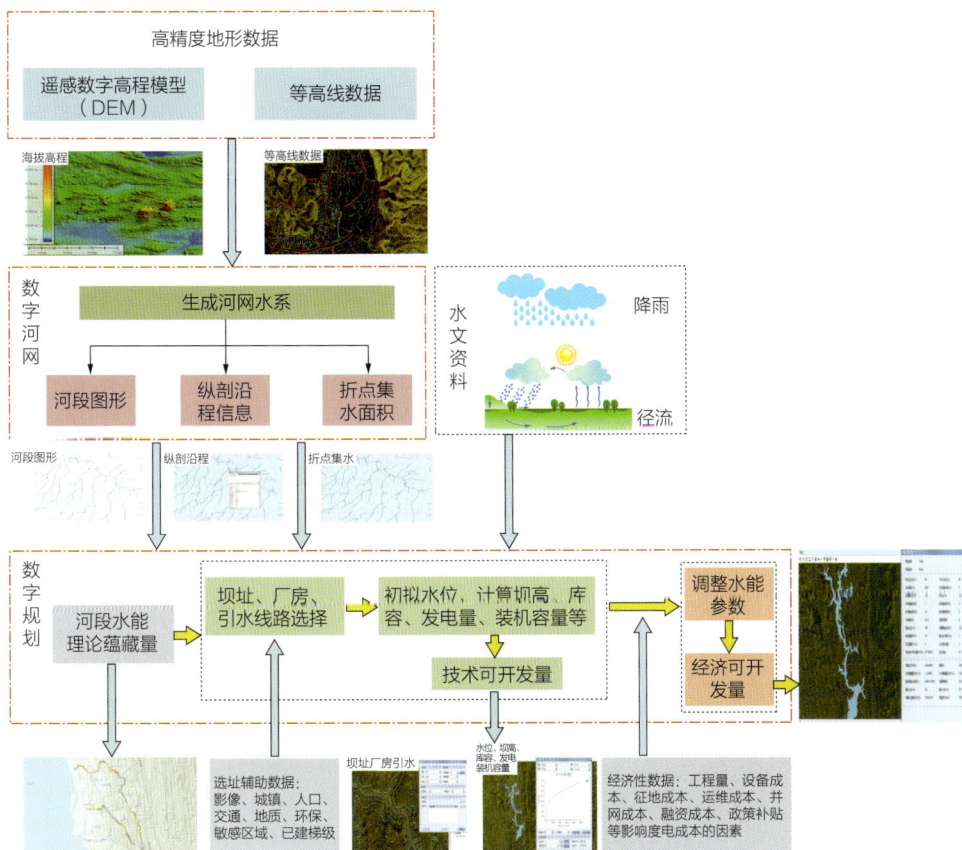

图 1-1　水能发电能力评估技术路线图

1.1.2 宏观选址方法

报告旨在充分利用全球资源数据和地理信息，建立系统化、自动化的宏观选址方法，辅助开展水电基地的选址研究，为政策制定者和商业投资人提供决策支持。

报告建立了数字化水电基地宏观选址方法，基于层次分析方法，在传统电站选址方法的基础上，充分利用全球丰富的数字化数据信息，综合考虑资源条件、地形地貌、建设条件、开发成本等因素，建立基地宏观选址分析模型，然后利用数值模拟方法计算基地的技术和经济指标，最后收集、整理已建发电基地成果进行验证与总结。采用该方法，可针对一个区域、一个河段，考虑不同的限制条件、开发方式，快速形成多种开发方案并开展比选和优化，研究的主要步骤如图 1-2 所示。

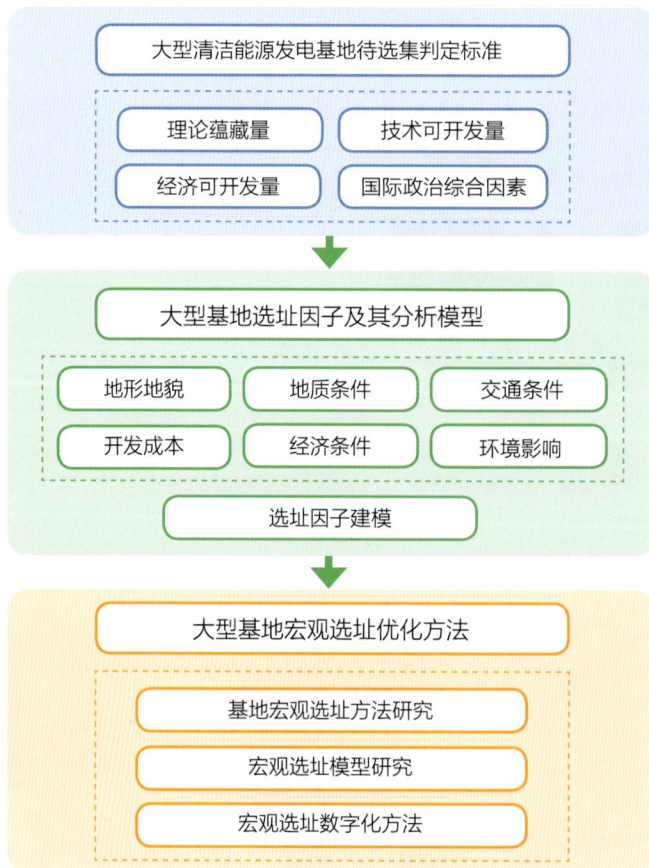

大型清洁能源发电基地待选集判定标准
- 理论蕴藏量
- 技术可开发量
- 经济可开发量
- 国际政治综合因素

大型基地选址因子及其分析模型
- 地形地貌
- 地质条件
- 交通条件
- 开发成本
- 经济条件
- 环境影响
- 选址因子建模

大型基地宏观选址优化方法
- 基地宏观选址方法研究
- 宏观选址模型研究
- 宏观选址数字化方法

图 1-2 数字化宏观选址技术路线图

　　河流水电基地宏观选址研究是以河流水能资源蕴藏量为基础，分析影响水电开发的工程地质、环境保护和经济社会等限制性因素，明确开发条件，拟定重点河段的梯级开发方案，并完成水电开发相关技术经济参数测算。基于地理信息技术的水电站数字规划流程主要包括数据采集与预处理、数字化河网提取、限制性因素分析、数字化选址、水能参数计算、规划电站建模三维展示等内容，其选址流程如图 1-3 所示。

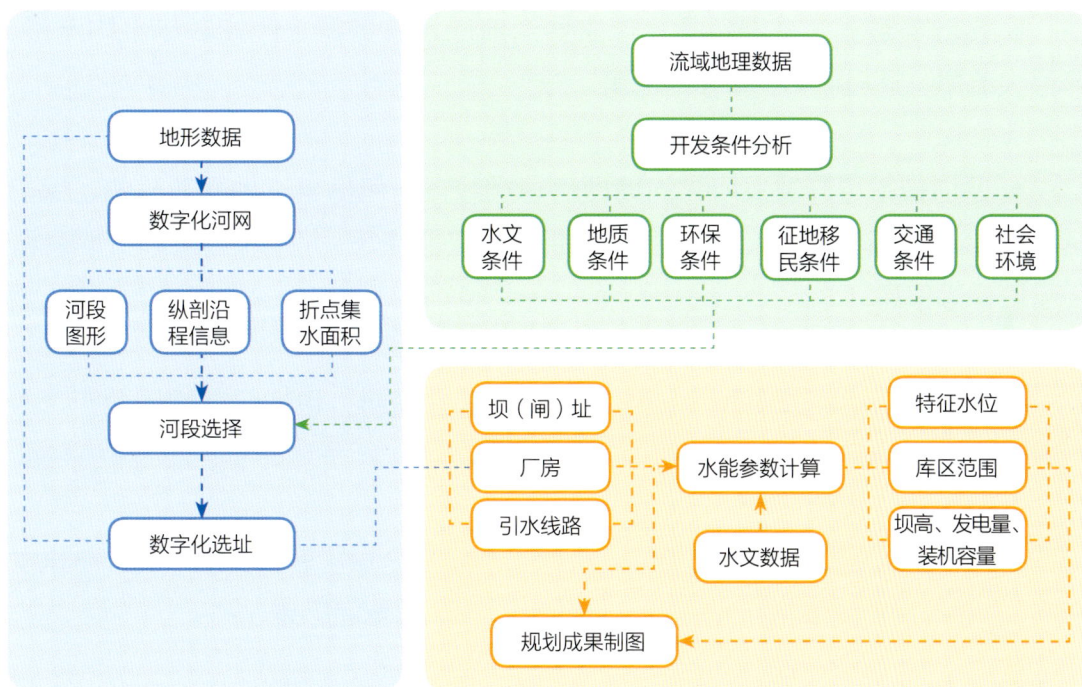

图 1-3　水电基地数字化宏观选址流程示意图

　　利用覆盖全球的流域地形数据和水文径流资料，分析河段径流特性和水能资源条件，结合高精度数字高程模型数据，识别并提取具有矢量河道图形及属性信息的河段数据，建立数字化河网；结合径流数据计算河段的理论蕴藏量，优先选取比降大、蕴藏量丰富的河段作为目标开发河段；结合站址周边的地理数据，从水文条件、地质条件、水库淹没及移民条件、保护区分布、对外交通等多方面分析电站开发的限制性因素；以流域地形高程数据为基础，结合径流、地质、国土、生态等数字信息，开展水电站数字化选址；利用三维地形、影像等参考数据，寻找适宜建坝的地点，绘制坝址、副坝、厂房、引水线路等规划要素，生成水电站库区范围，并计算获得集水面积、正常蓄水位、库容年发电量、装机容量等水能参数；绘制河流梯级开发方案纵剖面图以及计算技术经济指标等成果。

1.1.3 基础数据与参数

1.1.3.1 基础数据

为实现数字化水能资源评估，报告建立了包含 3 类 16 项覆盖全球范围的资源评估基础数据库。

● 资源类数据，主要包括全球主要河流的水文数据，比如多年平均流量、年最大流量、逐日流量、降水信息等。

● 评估技术可开发量所需的地理信息类数据，包括全球地面覆盖物、保护区、水库、湖泊和湿地、板块边界和断层、主要岩层、地震频度、地理高程、卫星影像等信息。

● 评估经济可开发量所需人类活动和经济性资料，包括全球城镇分布、人口分布、电源和电网分布、交通基础设施等数据。

其中，全球水文数据为全球径流数据中心涵盖全球主要河流的 9484 个水文站点、30 年以上的逐日水文数据，其他的关键基础数据见表 1-1。

表 1-1　全球水能资源和地理信息基础数据

序号	数据名称	空间分辨率	数据类型
1	全球水文数据	—	其他数据
2	全球地面覆盖物分类信息	30m × 30m	栅格数据
3	全球主要保护区分布	—	矢量数据
4	全球主要水库分布	—	矢量数据
5	全球湖泊和湿地分布	1km × 1km	栅格数据
6	全球主要断层分布	—	矢量数据
7	全球板块边界分布 空间范围：南纬 66°—北纬 87°	—	矢量数据
8	全球历史地震频度分布	5km × 5km	栅格数据
9	全球主要岩层分布	—	矢量数据
10	全球地形卫星图片	0.5m × 0.5m	栅格数据

续表

序号	数据名称	空间分辨率	数据类型
11	全球地理高程数据 空间范围：南纬83°—北纬83°间陆地	30m	栅格数据
12	全球海洋边界数据	—	矢量数据
13	全球人口分布	900m×900m	栅格数据
14	全球交通基础设施分布	—	矢量数据
15	全球电网地理接线图	—	矢量数据
16	全球电厂信息及地理分布	—	矢量数据

注：1. 全球水文数据来源于全球径流数据中心（GRDC）。

2. 全球地面覆盖物分类信息来源于中国国家基础地理信息中心。

3. 全球主要保护区分布数据来源于国际自然保护联盟（IUCN）和联合国环境规划署世界保护监测中心（UNEP-WCMC）。

4. 全球主要水库分布数据来源于德国波恩全球水系统项目。

5. 全球湖泊和湿地分布数据来源于世界自然基金会、环境系统研究中心和德国卡塞尔大学。

6. 全球主要断层分布数据来源于美国环境系统研究所。

7. 全球板块边界分布数据来源于美国环境系统研究所。

8. 全球历史地震频度分布数据来源于世界资源研究所（WRI）。

9. 全球主要岩层分布数据来源于欧盟委员会、联邦教育与研究部（BMBF）、德意志科学基金会（DFG）等机构。

10. 全球地形卫星图片数据来源于谷歌公司。

11. 全球地理高程数据来源于美国国家航空航天局（NASA）和日本经济贸易工业部（METI）。

12. 全球海洋边界数据来源于比利时弗兰德斯海洋研究所（VLIZ）。

13. 全球人口分布数据来源于哥伦比亚大学国际地球科学信息网络中心。

14. 全球交通基础设施分布数据来源于北美制图信息学会（NACIS）。

15. 全球电网地理接线图数据来源于全球能源互联网发展合作组织（GEIDCO）。

16. 全球电厂信息及地理分布数据来源于谷歌、斯德哥尔摩KTH皇家理工学院和世界资源研究所（WRI）。

1.1.3.2　计算参数

报告重点关注并评估全球范围内适宜开发水电站的河段，一般选取流量大、落差集中且形成水库后对保护区、森林、耕地和城市等区域无影响或影响小的河段。

1. 技术指标测算参数

报告采用水能资源理论蕴藏量进行河流（河段）开发价值评价，根据理论蕴藏量的大小划分为水能资源丰富、水能资源较丰富、具有水能开发价值、水能开发价值一般四个级别。

开展水电基地宏观选址与梯级开发方案研究时，应优先选取水能资源富集河段，并合理规避野生生物、自然遗迹等不宜开发的保护区占地，避免或减少对森林、耕地、湿地沼泽、城镇等地面覆盖物所在区域的淹没。报告采用的主要水能资源评估技术指标和参数见表 1-2。

表 1-2　全球水能资源评估模型采用的主要技术指标和参数

类型	限制因素	阈值
河流（河段）理论蕴藏量评价	水能资源丰富	＞ 30000GWh
	水能资源较丰富	10000~30000GWh
	具有水能开发价值	5000~10000GWh
	水能开发价值一般	＜5000GWh
保护区限制	自然生态系统	尽量避免
	野生生物类	不宜开发
	自然遗迹类	不宜开发
	自然资源类	尽量避免
	其他保护区	尽量避免
地面覆盖物限制	树林	避免或减少淹没
	耕地	避免或减少淹没
	湿地沼泽	避免或减少淹没
	大型城市	避免淹没
	小型城市	避免或减少淹没

2. 经济性测算参数

清洁能源基地的投资水平是反映项目投资规模的直接量化指标，也是进一步分析基地开发经济性的基础。报告综合多元线性回归预测法、基于深度自学习神经元网络算法的关联度分析预测法，建立了水电开发投资水平预测模型；采用平准化度电成本法，建立了水电开发成本计算模型。

中南美洲水电开发经济性研究将参考中南美洲发展水平以及 2035 年中南美洲水电开发的技术类、非技术类投资成本的预测结果，结合电站所在国的经济发展水平以及融资利率、税率等金融参数，根据项目特点与实际条件，开展水电站国民经济评价，测算水电站度电成本。报告采用的中南美洲水电开发经济性计算参数推荐值以及水电开发主要国家税率信息参考值，见表 1-3 和表 1-4。

表 1-3   中南美洲水电开发电经济性计算参数推荐值

序号	指标	参数
1	贷款年限	20 年
2	贷款比例	80%
3	贷款利率	3%
4	贴现率	2%
5	建设年限	3~10 年
6	运行年限	30 年
7	残值比例	0%
8	运维占比	2.5%
9	厂用电率	2%
10	弃水率	2%

表 1-4   中南美洲水电开发主要国家税率信息参考值

单位：%

国家	增值税率	所得税率
巴西	17	35
委内瑞拉	12	34
秘鲁	18	26
玻利维亚	13	25
阿根廷	21	35
厄瓜多尔	12	22

注：部分数据来源于中华人民共和国商务部投资促进事务局。

1.2 资源评估

1.2.1 水系分布

中南美洲水系流域众多，其中南美洲占比最大，主要集中在东部、西部和南部。根据分析，南美洲流域面积超过 3 万 km^2、中美洲流域面积超过 2 万 km^2 的一级河流共有 30 条，流域面积共约 1536 万 km^2，约占中南美洲总面积的 84%。全洲的主要河流水系分布情况如图 1-4 所示。

图 1-4　中南美洲主要河流水系分布示意图

专栏 1-1　　　　**亚马孙河——南美洲最长的河流**

亚马孙河（Amazonas），位于南美洲北部，是世界上流量、流域最大、支流最多的河流。亚马孙河河长有多种不同的说法，其中之一即为常见的 6400km。亚马孙河是世界第二长河，世界流量第一的河流，它的河流流量达每秒 21.9 万 m³，比其他 3 条大河尼罗河（非洲）、长江（中国）、密西西比河（美国）的总和还要大几倍，大约相当于 7 条长江的流量，占世界河流流量的 20%；流域面积达 691.5 万 km²，占南美洲总面积的 40%；支流的数量超过 1.5 万条。

巴西电力中心在 20 世纪 70 年代对亚马孙河左岸的雅塔普河、瓦图芒河、特龙贝塔斯河及埃累佩库鲁河等河流的水能资源进行了初步调查研究。通过调查，弄清了亚马孙河左岸这几条支流的水能资源蕴藏量，按利用率 50% 计算，总装机容量可超过 600 万 kW。从最有利条件考虑，第一期开发工程在瓦图芒河和雅塔普河上各建 1 座装机容量分别为 25 万 kW 和 50 万 kW 的水电站；在埃累佩库鲁河建电站 1 座，装机容量 50 万 kW；在特龙贝塔斯河上兴建卡舒埃拉—波特埃拉水电站，装机容量 140 万 kW。

1.2.2　水文数据

水文数据用于描述河流、湖泊等水体的特征，包含降水、蒸发、下渗、水位、流量、泥沙、水质等内容，是涉水工程在规划、设计和施工阶段重要的基础资料，一般通过建立永久或临时的水文站观测获取。报告研究的中南美洲大陆，基于全球径流数据中心的基础数据，共包含了 800 余座水文站的观测资料，除前述 30 条一级河流外，还覆盖了太平洋沿岸、加勒比海地区的一些流域。中南美洲主要水文站分布如图 1-5 所示。

在中南美洲多条河流上选取全球径流数据中心提供的水文站实测年均径流数据与全球复合径流场数据集的模拟径流数据进行对比，见表 1-5。模拟数据和降水有较强的相关性，降水数据误差会影响模拟数据的精度；且模拟数据难以准确反映人类活动对径流造成的影响，比如蒸发、灌溉、供水、跨流域引水等，都是造成误差的主要来源。研究将对误差较大区域内全球径流数据中心（GRDC）水文观测站数据进行还原处理，将观测径流数据最大限度还原为河道天然状况下的径流数据，并采用还原后的观测站流量资料对全球复合径流场数据集进行修正。

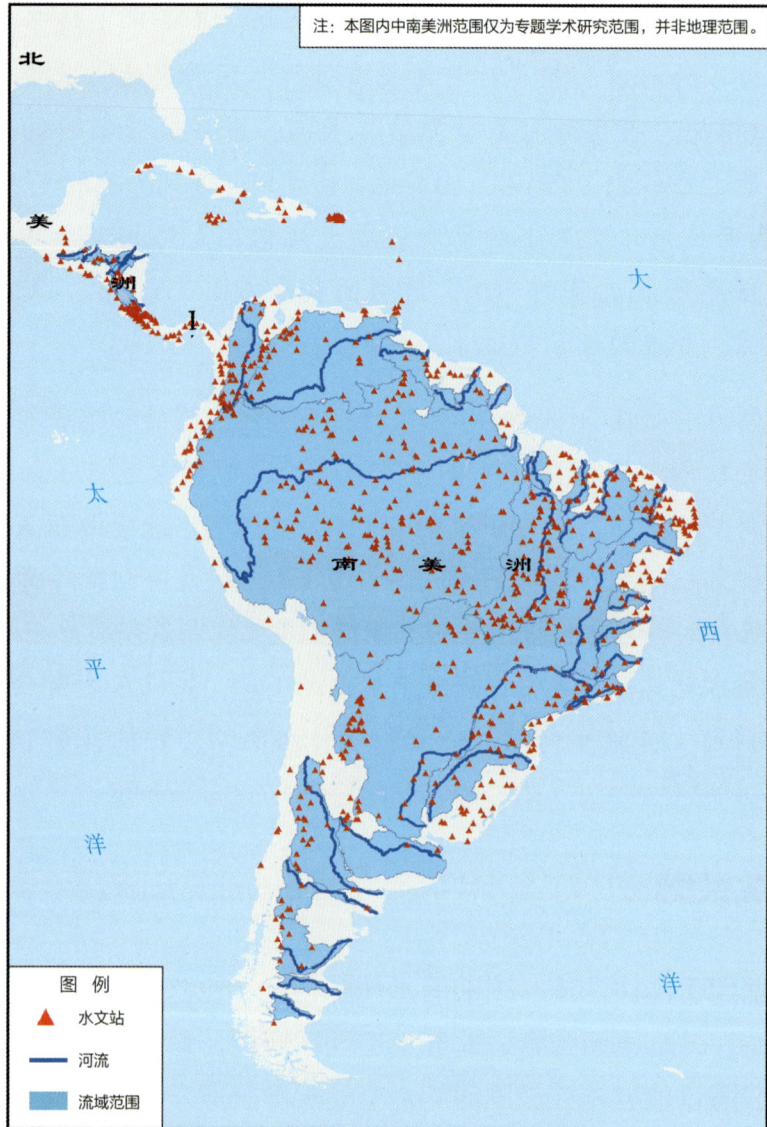

图1-5　中南美洲主要水文站分布示意图

表1-5　中南美洲河流径流数据对比表

序号	河流名称	年均径流量观测值（m³/s）	年均径流量模拟值（m³/s）	误差（%）
1	亚马孙河	178492.35	175741.24	−1.54
2	奥里诺科河	28869.46	27676.33	−4.13
3	巴拉那河	12449.93	11899.40	−4.42
4	圣弗朗西斯科河	2537.34	2723.57	7.34
5	托坎廷斯河	863.70	883.98	2.35

专栏 1-2　　　**基于水文数据的河流特性分析**

1. 全球复合径流场数据集

本次研究利用全球径流数据中心（GRDC）的全球复合径流场数据集 ❶，获取除南极洲以外所有大陆的径流场数据。该数据集是基于全球径流数据中心收集的水文观测站资料和新罕布什尔大学发布的全球河网模拟数据（STN-30P），通过气候驱动的水量平衡模型（Climate-driven Water Balance Model, WBM）反向演算生成的 30 份（赤道处约 50km）空间分辨率的数据集，每一个格点可提供逐月与年径流量。这种复合径流场保留了流量测量的准确性，并模拟径流的时空分布，实现了对大范围内河流径流的统一、高分辨率的最佳模拟计算，适用于全球水能资源分析与建模。全球年均径流深 ❷ 分布图如专栏 1-2 图 1 所示。

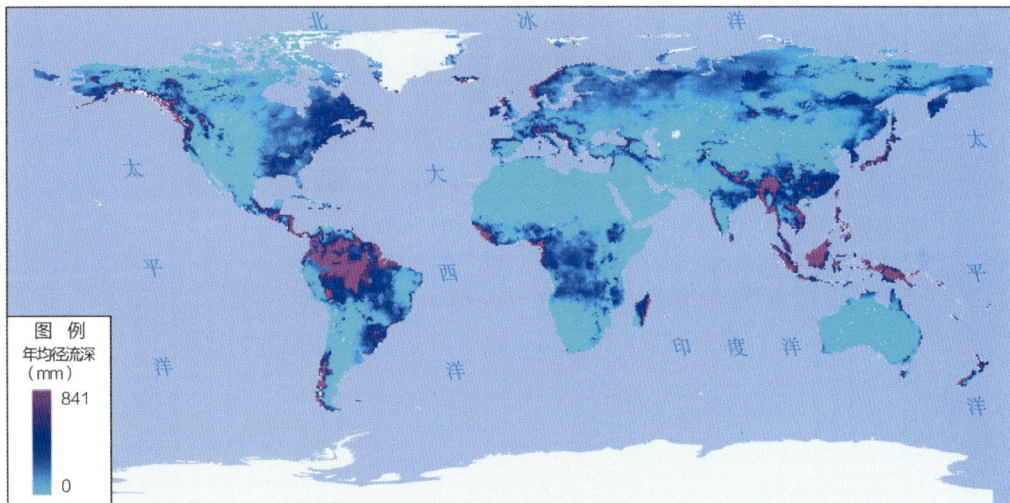

专栏 1-2 图 1　全球年均径流深分布图

2. 通过水文数据分析河流水文特性

通过多年、逐月的径流数据，可以分析一条河流的基本水文特性。例如多年平均流量、径流量、枯水期与丰水期的起止月，最大流量、最小流量出现的月份等信息，用于河流水能资源开发技术指标的计算。亚

---

❶ 全球复合径流场数据集（Composite Runoff Fields）是由全球径流数据中心（Global Runoff Data Center, GRDC）和新罕布什尔大学（University of New Hampshire, UNH）于 2002 年联合发布。

❷ 径流深是指计算时段内某一过水断面上的径流总量平铺在断面以上流域面积上所得到的水层深度，年均径流深即为径流深的多年平均值。

马孙河 Linigrafo 水文站多年径流观测数据如专栏 1-2 图 2 所示，可以看出该河段流量大且流量稳定。

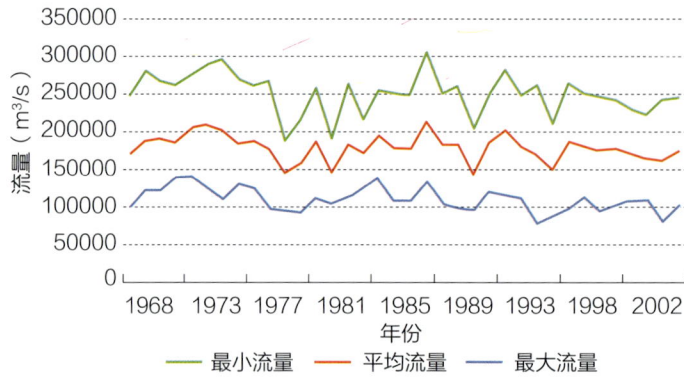

（a）亚马孙河 Linigrafo 水文站多年径流观测数据

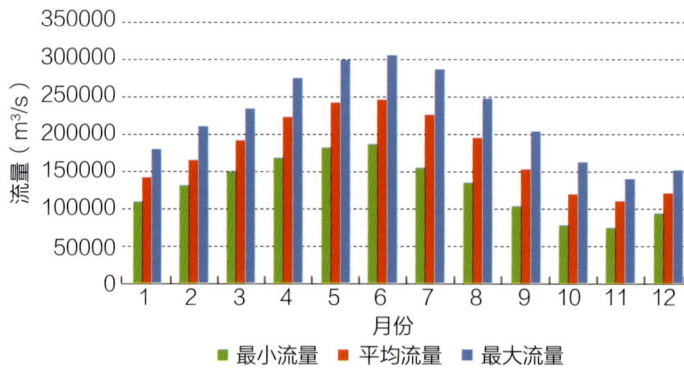

（b）亚马孙河 Linigrafo 水文站逐月径流观测数据

专栏 1-2 图 2　亚马孙河 Linigrafo 水文站多年径流观测数据

1.2.3　地面覆盖物

地表覆盖决定了地表的辐射平衡、水流和其他物质搬运、地表透水性能等，其空间分布与变化是全球变化研究、地球系统模式研究、地理国（世）情分析和可持续发展规划等的重要基础性数据。在中国政府支持下，国家基础地理信息中心联合 18 家单位，研制出世界上首套 30m 分辨率的全球地表覆盖数据产品，包含耕地、森林、草地、城市、冰川等 10 个主要覆盖物分类❶。2014 年 9 月，中国政府将这一产品赠送给联合国及国际社会使用，以支持全球开展应对气候变化和可持续发展研究。

❶ 陈军，廖安平，陈晋，等. 全球 30m 地表覆盖遥感数据产品 -GlobeLand30[J]. 地理信息世界，2017，24（1）: 1-8.

大型水电基地的开发建设应避免淹没大面积耕地以及人口密集的城市，保护生态环境。因此，耕地和城市分布是影响水能资源开发的主要地面覆盖物限制性因素，其分布的情况如图 1-6 所示。

图 1-6　中南美洲耕地和城市分布情况示意图

中南美洲耕地覆盖率较高，南美洲耕地主要分布于南美大陆东部及东南部地区，西北部也较广泛分布着耕地。中美洲及加勒比地区沿海地带也有较大面积耕地。城市分布一定程度上反映了人口的聚集情况，在广域空间内城市与耕地的分布往往具有较好的趋同性。

1.2.4 地质条件

地质断层分布和历史地震频率数据是大型水电基地开发与选址研究的重要参考因素，一般情况下，构造板块边界、地质断层以及历史地震发生频率较高的区域不宜建设大型水电项目。中南美洲地质断层主要分布于沿海地区，历史地震发生频率较高地区主要分布在安第斯山以西太平洋沿岸地带。中南美洲主要断层分布和历史地震情况示意图如图 1-7 所示。

图 1-7　中南美洲主要断层分布和历史地震情况示意图

　　岩层类型及分布情况对于大型水电基地的开发与选址研究同样重要，一般情况下，要求地质条件稳定，坝址与厂房附近无大型滑坡等地质灾害潜在危险，大坝的建基面选取稳定、承载力强的基岩，如变质岩、火山岩。中南美洲岩层以松散沉积岩和硅质碎屑沉积岩为主。变质岩主要分布在南美洲北部和东部地区，火山岩主要分布在南美洲西部安第斯山脉附近。中南美洲岩层分布情况示意图如图 1-8 所示。

图 1-8　中南美洲主要岩层分布情况示意图

专栏 1-3 　　　　　　　　　　　**岩层性质与水电开发**

岩石（Rock）是固体地壳的主要组成物质，岩石的坚硬程度和强度取决于成因类型、矿物成分和结构构造，其中稳定性好、强度高的岩体常作为建筑物地基、地下洞室围岩等的介质。

1. 岩浆岩

岩浆岩又称火成岩，是由地壳内的岩浆上升或喷发冷凝固化而成的岩石。深成岩形成于地表以下3km，强度高、岩性均一、大岩体较完整、透水性小，常是较好的高坝地基。火山岩由火山喷出地表形成，岩性较复杂，强度差别大，作为高坝地基需要进行详细的勘察研究。

2. 沉积岩

沉积岩是地壳演变过程中，在地表或接近地表的常温、常压条件下，各类先成母岩的风化产物经搬运、沉积和成岩作用形成的岩石。按其成分和搬运、沉积方式不同，分为碎屑岩、化学岩和生物岩。

（1）碎屑岩。按碎屑物粒径不同，可细分为砾岩、砂岩、泥岩等，其强度取决于成分、固结程度等，硅质、钙质胶结的岩石强度一般较高；泥质胶结的岩石强度较低。泥岩、页岩等一般不含水且隔水，可作为大坝的防渗依托。

（2）化学岩。经化学作用溶解物质的溶液经搬运、富集后沉积形成，硅质碎屑沉积岩、碳酸盐沉积岩和蒸发岩属于常见的化学岩。多具有可溶性，会造成水库、坝基渗漏，削弱地基强度甚至破坏地基，不宜建设水电工程。

（3）生物岩。生物作业形成或由生物残骸组成的岩石，在沉积岩占比很少，一般强度低，不宜建设水电工程。

3. 变质岩

变质岩是原始岩层经过物理化学改变生成的新岩石。变质岩一般由岩浆岩和沉积岩经变质作用形成，强度较高，是较好的地基岩体。

1.2.5　水能资源总述

中南美洲水能资源理论蕴藏量在 50GWh 及以上的河流共计 10380 条，水能资源理论蕴藏量共计 9350TWh/a，占全球的 20.2%。中南美洲水能资源的待开发潜力主要集中在亚马孙河、托坎廷斯河、奥里诺科河等大型河流流域。对中南美洲亚马孙河、圣弗朗西斯科河、托坎廷斯河、巴拉那河、奥里诺科河、内乌肯—内格罗河、科科河、帕图卡河、莫塔瓜河 9 个主要流域开展了水能资源的数字化评估测算，流域面积约 1210 万 km²，覆盖了主要待开发的水能资源，分布如图 1-9 所示。

图 1-9　中南美洲 9 个主要流域分布情况示意图

经过数字平台测算，中南美洲9个流域的水能资源理论蕴藏量总和约6552TWh/a，具体结果见表1-6。

按照流域涉及国家开展国别统计评估，中南美洲水能资源理论蕴藏量主要分布在巴西、秘鲁、委内瑞拉、哥伦比亚、玻利维亚、阿根廷、巴拉圭、洪都拉斯等11个国家，其中巴西水能资源理论蕴藏量最高，为3583.38TWh/a。具体结果见表1-7。

表1-6　中南美洲9个流域水能资源理论蕴藏量

序号	流域名称	流域面积（万km²）	理论蕴藏量（TWh/a）
1	亚马孙河	610.96	4487.47
2	奥里诺科河	99.65	803.03
3	巴拉那河	322.61	714.85
4	托坎廷斯河	81.22	243.22
5	圣弗朗西斯科河	67.55	175.74
6	内乌肯—内格罗河	20.60	101.69
7	帕图卡河	2.52	8.24
8	科科河	2.62	8.25
9	莫塔瓜河	2.00	9.40
合计		1209.73	6551.89

表1-7　中南美洲按国别统计的9个流域水能资源理论蕴藏量

TWh/a

序号	国家名称	理论蕴藏量	流域
1	巴西	3583.38	亚马孙河、托坎廷斯河、圣弗朗西斯科河、巴拉那河
2	秘鲁	918.69	亚马孙河
3	哥伦比亚	592.14	亚马孙河、奥里诺科河
4	玻利维亚	572.71	亚马孙河
5	委内瑞拉	548.66	亚马孙河、奥里诺科河
6	阿根廷	290.61	内乌肯—内格罗河、巴拉那河

序号	国家名称	理论蕴藏量	流域
7	巴拉圭	13.67	巴拉那河
8	洪都拉斯	11.19	帕图卡河、科科河
9	危地马拉	9.26	莫塔瓜河
10	厄瓜多尔	6.11	亚马孙河
11	尼加拉瓜	5.44	科科河

1.2.6　评估结果

在开展中南美洲 9 个流域数字化水能资源评估的基础上，报告选取亚马孙河、奥里诺科河和托坎廷斯河等 4 个流域详述其干、支流水能资源评估的过程与结果。同时，考虑到系统性和完整性，报告给出了圣弗朗西斯科河、巴拉那河、内乌肯—内格罗河、帕图卡河、科科河和莫塔瓜河等流域水能评估结果。

1.2.6.1　亚马孙河流域

亚马孙河（Amazonas）流域水能资源最丰富。基于基础数据和算法模型，建立了亚马孙河数字化河网，总长度 55.38 万 km，覆盖面积 610.96 万 km²，总理论蕴藏量为 4487.47TWh/a。流域水能资源主要分布于马代拉河（Madeira），理论蕴藏量为 1409.09TWh/a，占比约 31%；其次为马拉尼翁河（Maranon），理论蕴藏量为 852.42TWh/a，占比约 19%；而其干流理论缊藏量排在第三，仅为 497.21TWh/a，占比约 11%。流域内具有水能开发价值（理论蕴藏量达 5TWh/a 以上）的河流（河段）89 条，共计 5483km，其河流理论蕴藏量分布如图 1-10 所示。

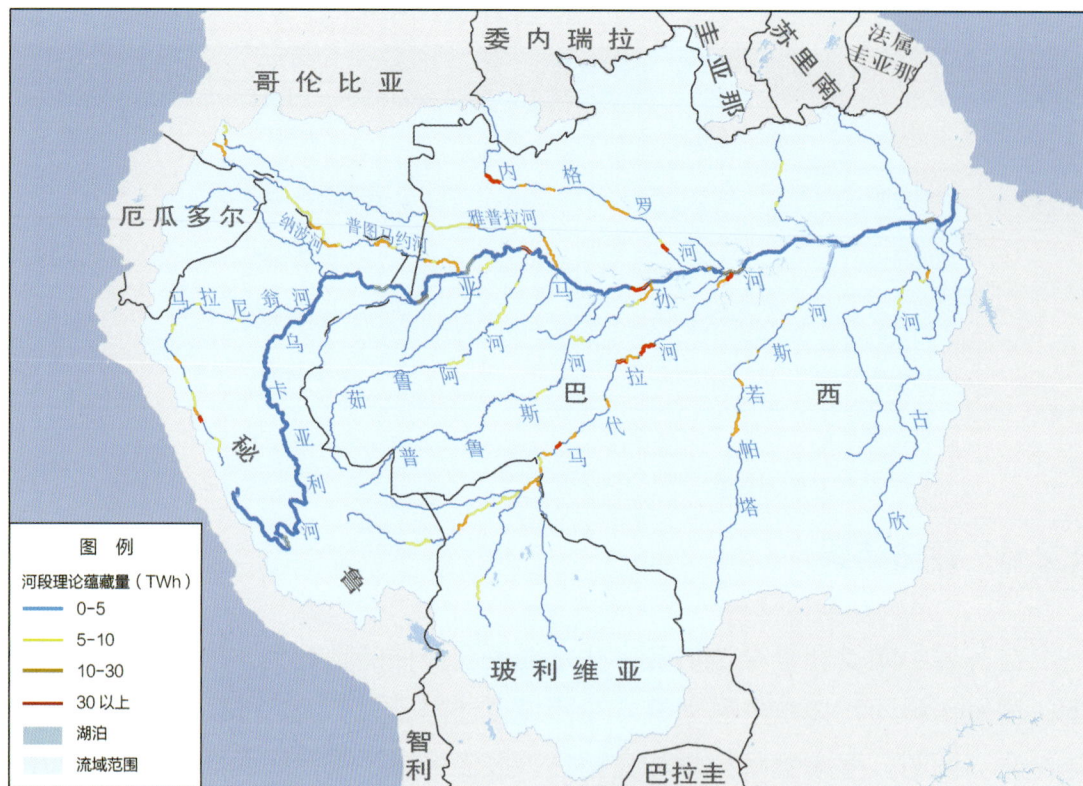

图 1-10　亚马孙河主要河流理论蕴藏量分布示意图

　　亚马孙河干流与主要支流河流长度、集雨面积以及水能资源理论蕴藏量的计算结果见表 1-8。

表 1-8　亚马孙河干流与主要支流理论蕴藏量

序号	河流名称	长度（km）	集雨面积（km²）	理论蕴藏量（TWh/a）
1	亚马孙河干流（Amazon）	6440	6109572	497.21
2	马代拉河（Madeira）	1466	1500424	1409.09
3	马拉尼翁河（Maranon）	1606	364264	852.42
4	内格罗河（Negro）	1458	709158	461.27
5	雅普拉河（Caqueta/Japura）	2025	269745	242.40
6	普图马约河（Putumayo/Ica）	1671	119106	215.19
7	塔帕若斯河（Tapajos）	1947	301847	178.78
8	欣古河（Xinggu）	1972	505864	152.54
9	普鲁斯河（Purus）	2377	380984	112.74
10	特龙贝塔斯河（Trombetas）	650	129935	109.02

续表

序号	河流名称	长度（km）	集雨面积（km²）	理论蕴藏量（TWh/a）
11	茹鲁阿河（Jurua）	1935	192298	82.32
12	特菲河（Tefe）	420	36258	50.13
13	朱泰河（Jutai）	813	73733	38.85
14	然迪亚图巴河（Jandaituba）	450	26951	31.08
15	查哇利河（Yavari）	675	109834	17.43
16	贾里河（Jari）	751	58255	17.43
17	帕卡河（Pacaja）	3271	34086	6.37
18	科里河（Coari）	439	34041	5.98
19	卡休阿纳湖/阿纳普河（Baia de Caxiuana/Anapu）	417	19645	2.55
20	纳波河（Napo）	1116	102432	2.52
21	乌鲁布河（Urubu）	271	14240	1.52
22	马米亚河（LagoMamia）	202	6787	0.35
23	马代里尼亚河（Parana Madeirinha）	189	12753	0.28
亚马孙河主要水系				4487.47

注：表中所指河流为其干流及其主要支流。

　　从流域河段看，亚马孙河流域具有丰富水能资源（水能资源理论蕴藏量在 30TWh/a 以上）的河段分布于其干流上的有 4 段。按照河流流向来看，第一段位于丰蒂博阿（Fonte Boa），该河段长约 95km，理论蕴藏量为 37.35TWh/a，占整个流域总量的 0.83%；第二段位于科达雅斯（Codajas）及阿诺里（Anori）附近，该河段长约 134km，理论蕴藏量为 186.44TWh/a，占整个流域总量的 4.15%；第三段位于亚马孙河下游段古鲁帕（Gurupa），该河段长约 79km，理论蕴藏量为 224.34TWh/a，占整个流域总量的 5.00%；第四段位于亚马孙河下游段邦雅尔丁（Bom Jardim），该河段长约 42km，理论蕴藏量为 82.50TWh/a，占整个流域总量的 1.84%。而分布于支流具有丰富水能资源（水能资源理论蕴藏量在 30TWh/a 以上）的河段有 6 段，其中 2 段位于内格罗河（Negro）流域内，分别分布于布利纳峰国家公园（Neblina Peak National Park）附近及尼格罗河州立公园北段（Negro State Park North Section）下游，2 段河段水能理论蕴藏量共为 73.85TWh/a，占整个流域总量的 1.65%；另外 4 段位于马代拉河（Madeira）流域内：其流域内阿布南（Abuna）附近分布 1 段，特雷斯卡萨斯（Treskasas）附近分布 2 段，与干流交汇处分布 1 段，4 段河段水能资源理论蕴藏量共为 170.52TWh/a，占整个流域总量的 3.80%。

亚马孙河流域主要国家水能资源理论蕴藏量分布见表 1-9，水能资源主要分布在巴西，理论蕴藏量为 2652.17TWh/a，占比 59.10%；秘鲁理论蕴藏量 918.69TWh/a，占比 20.47%；玻利维亚理论蕴藏量 572.71TWh/a，占比 12.76%。

玻利维亚、巴西、厄瓜多尔、秘鲁共 4 个国家开发亚马孙河流域水能资源，在干流及其支流已建电站 100 座，装机规模约 19.91GW，开发比例约 3%。

表 1-9　按国别统计的亚马孙河河流长度与理论蕴藏量情况

序号	国家名称	河流名称	河流长度（km）	理论蕴藏量（TWh/a）
1	巴西	亚马孙干流（Amazon）	2908	437.70
		马代拉河（Madeira）	1373	836.38
		内格罗河（Negro）	1972	461.27
		欣古河（Xinggu）	1279	152.54
		塔帕若斯河（Tapajos）	1947	178.78
		普鲁斯河（Purus）	2103	110.45
		特龙贝塔斯河（Trombetas）	1766	109.02
		茹鲁阿河（Jurua）	252	81.16
		雅普拉河（Caqueta/Japura）	743	68.19
		普图马约河（Putumayo/Ica）	650	48.66
		特菲河（Tefe）	813	50.13
		朱泰河（Jutai）	751	38.85
		然迪亚图巴河（Jandaituba）	450	31.08
		贾里河（Jari）	420	17.43
		查哇利河（Yavari）	439	13.48
		帕卡河（Pacaja）	417	6.37

续表

序号	国家名称	河流名称	河流长度（km）	理论蕴藏量（TWh/a）
1	巴西	科里河（Coari）	271	5.98
		卡休阿纳湖/阿纳普河（Baia de Caxiuana/Anapu）	675	2.55
		乌鲁布河（Urubu）	3271	1.52
		马米亚河（LagoMamia）	202	0.35
		马代里尼亚河（Parana Madeirinha）	189	0.28
2	秘鲁	亚马孙干流（Amazon）	2920	1.20
		马拉尼翁河（Maranon）	1606	852.42
		普图马约河（Putumayo/Ica）	1045	56.82
		纳波河（Napo）	652	0.86
		查哇利河（Yavari）	3944	3.95
		普鲁斯河（Purus）	274	2.29
		茹鲁阿河（Jurua）	169	1.16
3	哥伦比亚	亚马孙干流（Amazon）	129	58.31
		雅普拉河（Caqueta/Japura）	1282	174.21
		普图马约河（Putumayo/Ica）	1419	105.26
4	厄瓜多尔	纳波河（Napo）	464	1.66
		普图马约河（Putumayo/Ica）	172	4.45
5	玻利维亚	马代拉河（Madeira）	93	572.71

1.2.6.2　托坎廷斯河流域

托坎廷斯河（Tocantins）流域水能资源丰富。基于基础数据和算法模型，建立了托坎廷斯河数字化河网，总长度 8.03 万 km，覆盖面积约 81.22 万 km²，总理论蕴藏量为 243.22TWh/a。流域理论蕴藏量主要分布于干流，干流理论蕴藏量为 134.62TWh/a，占比为 55.35%。流域内具有水能开发价值（理论蕴藏量达 5TWh/a 以上）的河流（河段）7 条，共计 867km，其河流理论蕴藏量分布如图 1-11 所示。托坎廷斯河干流与主要支流河流长度、集雨面积以及水能理论蕴藏量的计算结果见表 1-10。

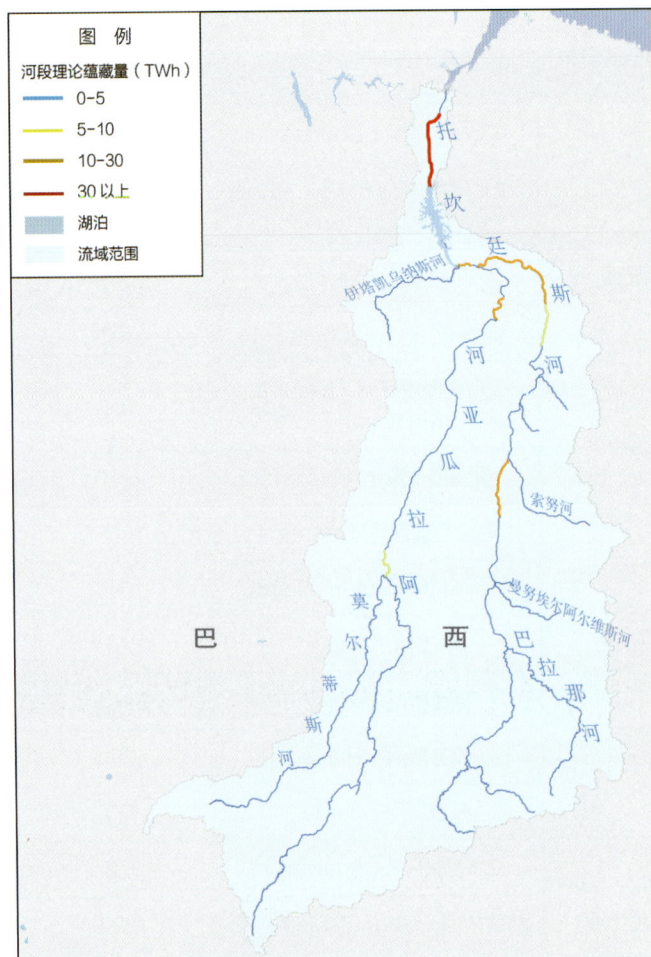

图 1-11 托坎廷斯河主要河流理论蕴藏量分布示意图

从流域河段来看,托坎廷斯河流域具有丰富水能资源(理论蕴藏量在30TWh/a 以上)的河段仅有一段,位于干流下游段河口附近,该河段长约178km,理论蕴藏量为 58.07TWh/a,占整个流域总量的 23.88%。其水能理论蕴藏量在 10TWh/a 以上的河段有 4 段,其中干流有 3 段,支流有 1 段。分布于干流的 3 段河段分别位于巴西境内帕尔马斯(Palmas)、因佩拉特里斯(Imperateiz)与马拉巴(Maraba)附近,3 段河段水能理论蕴藏量共为39.62TWh/a,占整个流域总量的 16.29%。托坎廷斯河是巴西境内河。目前巴西在其干支流已建电站 41 座,装机规模约 13.41GW,开发比例约 24%。

表1-10 托坎廷斯河干流与主要支流理论蕴藏量

序号	河流名称	长度（km）	集雨面积（km²）	理论蕴藏量（TWh/a）
1	托坎廷斯河干流（Tocantins）（以阿尔马斯河为源头）	2384	812163	134.62
2	阿拉瓜亚河（Araguaia）	2309	406650	73.92
3	巴拉那河（Parana）	632	63669	10.73
4	伊塔凯乌纳斯（Itacaiunas）	433	41748	9.86
5	索努河（Sono）	3811	47289	9.70
6	曼努埃尔阿尔维斯河（Manuel Alves）	324	17582	1.86
7	大曼努埃尔阿尔维斯河（Manuel Alves Grande）	157	16912	2.14
8	小曼努埃尔阿尔维斯河（Manuel Alves Pequeno）	136	4588	0.39
托坎廷斯河主要水系				243.22

注：表中所指河流为其干流及其主要支流。

1.2.6.3 奥里诺科河流域

奥里诺科河（Orinoco）流域水能资源很丰富。基于基础数据和算法模型，建立了奥里诺科河数字化河网，总长度9.91万km，覆盖面积99.65万km²，总理论蕴藏量为803.03TWh/a。水能资源主要分布于卡罗尼河（Caroni），理论蕴藏量最大为172.17TWh/a，占比21.44%。流域内具有水能开发价值（理论蕴藏量达5TWh/a以上）的河流（河段）23条，共计1202km，其河流理论蕴藏量分布如图1-12所示。

奥里诺科河干流与主要支流河流长度、集雨面积以及水能理论蕴藏量的计算结果见表1-11。从流域河段来看，奥里诺科河流域具有丰富水能资源（水能理论蕴藏量在30TWh/a以上）的河段仅有1段，位于其支流卡罗尼河上，长约21.36km，理论蕴藏量为54.54TWh/a，占流域总量6.79%。

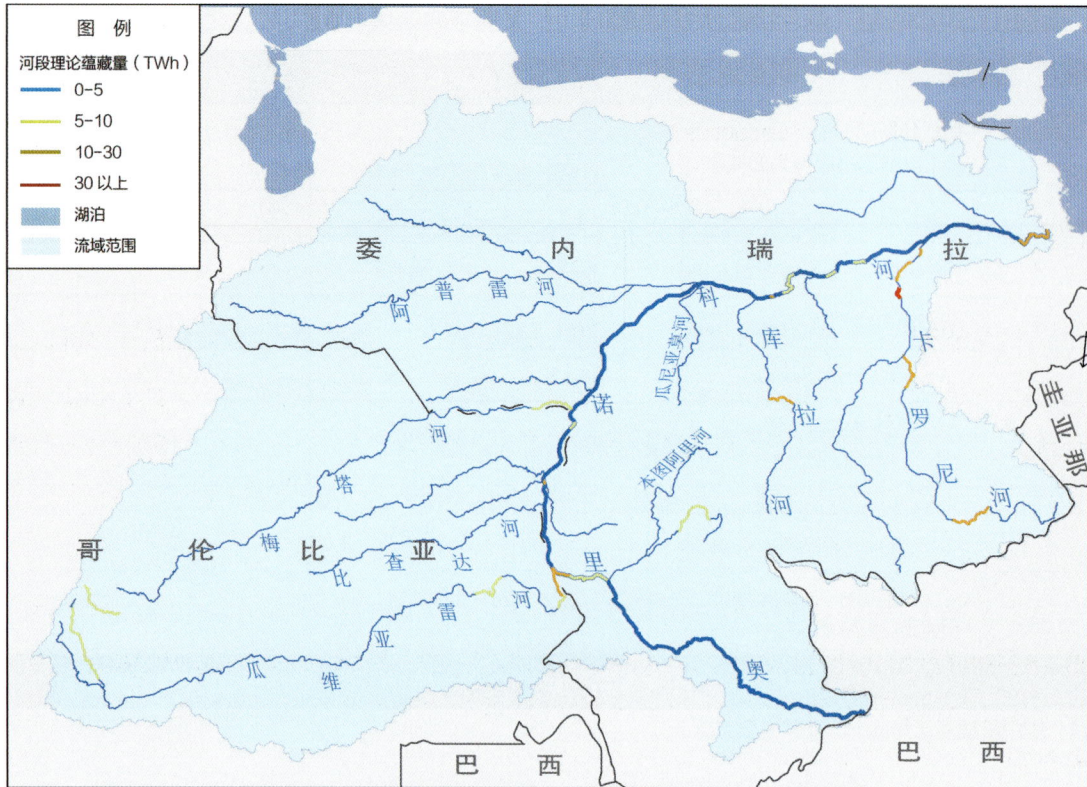

图 1-12　奥里诺科河主要河流理论蕴藏量分布示意图

表 1-11　奥里诺科河干流与主要支流理论蕴藏量

序号	河流名称	长度（km）	集雨面积（km²）	理论蕴藏量（TWh/a）
1	奥里诺科河干流（Orinoco）	2009	996531	164.48
2	卡罗尼河（Caroni）	908	92669	172.17
3	瓜维亚雷河（Guaviare）	1366	155890	105.58
4	梅塔河（Meta）	1113	116059	89.23
5	库拉河（Caura）	456	46608	70.93
6	比查达河（Vichada）	522	27480	58.02
7	本图阿里河（Ventuari）	404	42448	57.60
8	阿普雷河（Apure）	1051	219116	44.13
9	蒂格雷河（Tigre）	437	54206	1.81
10	瓜尼亚莫河（Guaniamo）	3769	17773	19.30
11	锡帕波河（Sipapo）	214	11773	12.41
12	阿罗河（Aro）	288	15608	6.78
13	锡纳鲁科河（Cinaruco）	302	10780	0.59
奥里诺科河主要水系				803.03

注：表中所指河流为其干流及其主要支流。

　　奥里诺科河流域流经的主要国家有哥伦比亚和委内瑞拉，水能资源主要分布在委内瑞拉。哥伦比亚与委内瑞拉共同开发奥里诺科河流域水能资源，在其干流及支流已建电站 11 座，装机规模约 19.87GW，开发比例约 12%。

1.2.6.4　圣弗朗西斯科河流域

　　圣弗朗西斯科河（Sao Fransisco）流域水能资源丰富。基于基础数据和算法模型，建立了圣弗朗西斯科河数字化河网，河网总长度 6.63 万 km，流域面积 67.55 万 km^2，总理论蕴藏量为 175.74TWh/a。分析流域内具有水能开发价值（理论蕴藏量达 5TWh/a 以上）的河流（河段）5 条，共计 622km。

　　圣弗朗西斯科河干流与主要支流河流长度、集雨面积以及水能理论蕴藏量的计算结果见表 1-12。流域水能资源主要分布于干流，理论蕴藏量为 135.34TWh/a，占比为 77.01%；其次为帕拉卡图河（Paracatu），理论蕴藏量为 8.87TWh/a，占比为 5.05%。圣弗朗西斯科河是巴西境内河流。

表 1-12　圣弗朗西斯科河干流与支流理论蕴藏量

序号	河流名称	长度（km）	集雨面积（km^2）	理论蕴藏量（TWh/a）
1	圣弗朗西斯科河干流（SaoFransisco）	2782	675544	135.34
2	帕拉卡图河（Paracatu）	341	49679	8.87
3	格兰德河（Grande）	2577	8483	6.73
4	韦利亚斯河（das Velhas）	694	31318	6.67
5	乌鲁库亚河（Urucula）	383	29442	3.97
6	帕劳佩巴河（Para Opeba）	482	15435	3.21
7	帕拉河（Para）	280	13919	2.17
8	伊帕内马河（Ipanema）	233	8116	1.48
9	阿巴埃特河（Abaete）	266	6472	1.44
10	科伦蒂河（Corrente）	380	36480	1.24
11	大韦尔迪河（Verde Grande）	405	33197	1.14
12	卡林哈河（Carinhanha）	377	20202	1.12
13	莫绍托河（Moxoto）	160	9994	0.95

序号	河流名称	长度（km）	集雨面积（km²）	理论蕴藏量（TWh/a）
14	帕热乌河（Pajeu）	277	17432	0.90
15	帕拉米林河（Paramirim）	336	17748	0.37
16	韦尔迪河（Verde）	226	11235	0.12
17	萨利特里河（Salitre）	236	15179	0.02
圣弗朗西斯科河主要水系				175.74

注：表中所指河流为其干流及其主要支流。

1.2.6.5　巴拉那河流域

巴拉那河（Parana）流域水能资源丰富。基于基础数据和算法模型，建立了巴拉那河数字化河网，河网总长度 26.85 万 km，流域面积 322.61 万 km²，总理论蕴藏量为 714.85TWh/a。分析流域内具有水能开发价值（理论蕴藏量达 5TWh/a 以上）的河流（河段）26 条，共计 1325km。

巴拉那河干流与主要支流河流长度、集雨面积以及水能理论蕴藏量的计算结果见表 1-13。水能资源主要分布于干流，干流理论蕴藏量为 273.00TWh/a，占比约 38.19%；其次为巴拉那伊巴河（Paranaiba），理论蕴藏量为 102.66TWh/a，占比为 14.36%。

巴拉那河流域的主要国家有巴西、阿根廷和巴拉圭。其中水能资源主要分布于巴西，占比约 71.66%，其次为阿根廷，占比约 26.43%。

表 1-13　巴拉那河干流与主要支流理论蕴藏量

序号	河流名称	长度（km）	集雨面积（km²）	理论蕴藏量（TWh/a）
1	巴拉那河干流（Parana）	4184	3226130	273.00
2	巴拉那伊巴河（Paranaiba）	988	248183	102.66
3	萨拉多河（Salado）	1761	763336	97.18
4	格兰德河（Grande）	1411	164838	74.59
5	伊瓜苏河（Iguacu）	1079	83428	73.65
6	巴拉圭河（Paraguay）	2237	1028420	44.67

序号	河流名称	长度（km）	集雨面积（km²）	理论蕴藏量（TWh/a）
7	巴拉那帕内马河（Paranapanema）	886	121935	11.94
8	铁特河（Tiete）	1043	83894	13.31
9	伊瓦伊河（Ivai）	721	43838	11.64
10	伊维涅马河（Ivinhema）	187	51118	9.27
11	苏库里乌河（Sucuriu）	430	28404	1.58
12	帕尔杜河（Pardo）	373	38645	0.89
13	韦尔迪河（Verde）	401	25648	0.37
14	阿瓜佩伊河（Aguapei）	380	14380	0.10
巴拉那河主要水系				714.85

注：表中所指河流为其干流及其主要支流。

1.2.6.6　内乌肯—内格罗河流域

内乌肯—内格罗河（Neuguen-Negro）流域水能资源丰富。基于基础数据和算法模型，建立了内乌肯—内格罗河数字化河网，河网总长度3.23万km，流域面积约20.60万km²，总理论蕴藏量为101.69TWh/a。分析流域内具有水能开发价值（理论蕴藏量达5TWh/a以上）的河流（河段）6条，共计896km。

内乌肯—内格罗河干流与主要支流河流长度、集雨面积以及水能理论蕴藏量见表1-14。水能资源主要分布于利迈河（Limay），理论蕴藏量最大，为38.61TWh/a，占比37.97%；其次为内乌肯河（Neuguen），理论蕴藏量为38.58TWh/a，占比为37.94%。内乌肯—内格罗河是阿根廷境内河。

表1-14　内乌肯—内格罗河干流与主要支流理论蕴藏量

序号	河流名称	长度（km）	集雨面积（km²）	理论蕴藏量（TWh/a）
1	利迈河（Limay）	645	106623	38.61
2	内乌肯（Neuguen）	855	62990	38.58
3	内格罗河（Negro）	989	36315	24.50
内乌肯—内格罗流域主要水系				101.69

1.2.6.7 帕图卡河流域

帕图卡河（Patuca）是中美洲河流，流域水能资源较丰富。基于基础数据和算法模型，建立了帕图卡河数字化河网，河网总长度 1351km，流域面积2.52 万 km²，总理论蕴藏量为 8.24TWh/a。

帕图卡河干流与主要支流河流长度、集雨面积以及水能理论蕴藏量见表1-15。流域水能资源主要分布于其干流，理论蕴藏量为 6.23TWh/a，占比约75.61%；其次为瓜亚佩河（Guayape），理论蕴藏量为 0.54TWh/a，占比为6.55%。帕图卡河是洪都拉斯（Honduras）境内河。

表 1-15 帕图卡河干流与主要支流理论蕴藏量

序号	河流名称	长度（km）	集雨面积（km²）	理论蕴藏量（TWh/a）
1	帕图卡河干流（patuca）	731	25186	6.23
2	瓜亚佩河（Guayape）	122	2462	0.54
3	万浦河（Wampu）	108	2764	0.49
4	瓜亚姆雷河（Guayambre）	116	3161	0.37
5	特利卡河（tlyka）	80	1733	0.26
6	库亚梅尔河（Cuyamel）	63	1832	0.17
7	朱蒂卡帕河（Juticalpa）	44	500	0.08
8	廷托河（Tinto）	46	827	0.06
9	瓦帕拉斯尼河（Wasparasni）	41	538	0.04
帕图卡河流域主要水系				8.24

注：表中所指河流为其干流及其主要支流。

1.2.6.8 科科河流域

科科河（Coco）是中美洲河流，流域水能资源较丰富。基于基础数据和算法模型，建立了科科河数字化河网，河网总长度 1192km，流域面积 2.62 万 km²，总理论蕴藏量为 8.25TWh/a。

科科河干流与主要支流河流长度、集雨面积以及水能理论蕴藏量见表1-16。科科河流域水能资源主要分布于其干流，理论蕴藏量为7.23TWh/a，占比约87.64%；其次为博卡河（Bocay），理论蕴藏量为0.27TWh/a，占比为3.27%。

科科河流域的主要国家有洪都拉斯和尼加拉瓜。其中水能资源主要分布于尼加拉瓜，占比约65.94%，其次为洪都拉斯，占比约34.06%。

表1-16　科科河干流与主要支流理论蕴藏量

序号	河流名称	长度（km）	集雨面积（km²）	理论蕴藏量（TWh/a）
1	科科河干流（Coco）	766	26204	7.23
2	博卡河（Bocay）	125	3472	0.27
3	瓦斯普克河（Waspuk）	122	2487	0.25
4	埃斯特利河（Esteli）	69	3468	0.24
5	拉库斯河（Lakus）	50	864	0.07
6	吉卡罗河（Jica）	60	1264	0.19
科科河流域主要水系				8.25

注：表中所指河流为其干流及其主要支流。

1.2.6.9　莫塔瓜河流域

莫塔瓜河（Motagua）是中美洲河流，流域水能资源较丰富。基于基础数据和算法模型，建立了莫塔瓜河数字化河网，河网总长度1179km，流域面积约2.00万km²，总理论蕴藏量为9.40TWh/a。

莫塔瓜河干流与主要支流河流长度、集雨面积以及水能理论蕴藏量见表1-17。莫塔瓜河流域水能资源主要分布于其干流，理论蕴藏量为6.63TWh/a，占比约70.53%；其次为拉斯瓦卡斯河（Las Vacas），理论蕴藏量为0.91TWh/a，占比为9.68%。莫塔瓜河流域的主要国家有危地马拉和洪都拉斯，超过90%的水能蕴藏量分布在危地马拉。

表 1-17 莫塔瓜河干流与主要支流理论蕴藏量

序号	河流名称	长度（km）	集雨面积（km²）	理论蕴藏量（TWh/a）
1	莫塔瓜河干流（Motagua）	403	17536	6.63
2	拉斯瓦卡斯河（Las Vacas）	44	1584	0.91
3	布兰科河（Blanco）	31	222	0.18
4	大扎卡帕河（Grande de Zacapa）	29	3550	1.23
5	埃塔博尔河（El Tambor）	74	630	0.45
莫塔瓜河流域主要水系				9.40

1.3 基地开发

1.3.1 开发现状

从 2014 年起中南美洲水电装机容量开始较快增长，2018 年总装机规模达到 180.6GW，中南美洲历年水电总装机容量如图 1-13（a）所示[1]。其中，巴西、哥伦比亚和阿根廷水电装机容量较大，分别为 103571、11854MW 和 11288MW，发电量分别为 388971、56647GWh 和 41386GWh，具体情况见表 1-18[2]。图 1-13（b）给出了中南美洲主要国家历年水电装机容量，由图可知，从 2010 年到 2018 年，巴西和厄瓜多尔水电装机容量增长较快，巴西大型水电站 Tucuruí，装机容量 8535MW；2016 年新建了 Belo Monte 水电站，装机容量 3327MW。厄瓜多尔大型水电站 Coca Coda Sinclair，装机容量 1500MW，2015 年新建了 Manduriacu 水电站，装机容量 65MW。

根据彭博社统计，从 2010 年到 2018 年，中南美洲巴西、智利、秘鲁等主要国家小水电年投资从 16 亿美元下降到 4 亿美元[3]。

---

[1] International Renewable Energy Agency. Renewable capacity statistics 2019[R]. Abu Dhabi: IRENA, 2019.

[2] 彭博社. 全球装机和发电量统计 [EB/OL],2020-02-24.

[3] 彭博社. 全球投资统计 [EB/OL],2020-07-13.

根据国际可再生能源署（IRENA）统计，2010—2018年，南美洲巴西水电加权平均的初投资水平略有下降，从1900美元/kW降至1800美元/kW，水电加权平均的度电成本在4.3~5.0美分/kWh[1]；南美洲其他国家水电加权平均的初投资水平亦略有下降，从2100美元/kW降至2000美元/kW，水电加权平均的度电成本在6.0~6.5美分/kWh；中美洲及加勒比国家水电加权平均的初投资水平亦略有下降，从3200美元/kW降至2800美元/kW，水电加权平均的度电成本在9.0~14.2美分/kWh。水电是部分中南美洲国家重要的电力供应方式。

表1-18　2018年中南美洲主要国家水电开发情况

国家	水电装机容量（MW）	水电发电量（GWh）
巴西	103571	388971
哥伦比亚	11854	56647
阿根廷	11288	41386
巴拉圭	8760	59226
智利	6645	23265

（a）中南美洲历年水电总装机容量　　　（b）中南美洲主要国家历年水电装机容量

图1-13　中南美洲水电装机容量

[1] International Renewable Energy Agency. Renewable Power Cost in 2018[R]. Abu Dhabi: IRENA, 2019.

1.3.2 基地布局

综合考虑资源特性和开发条件，中南美洲未来主要开发奥里诺科河、托坎廷斯河、亚马孙塔帕若斯河、亚马孙马拉尼翁河、亚马孙马代拉河、亚马孙乌卡亚利河、莫塔瓜河等 4 个流域共 14 个大型水电基地。基于数字化平台对流域开展了基地开发方案研究，提出了水能资源富集的待开发河段的梯级布置方案，完成了主要大型水电项目的选址研究，中南美洲大型水电基地的总体布局示意图如图 1-14 所示。

图 1-14　中南美洲大型水电基地总体布局示意图

经测算分析，中南美洲 4 个流域的重点河段共涉及待开发梯级 74 个，总装机规模 65.43GW，年发电量 330.23TWh，相关水能资源指标见表 1-19。水电基地梯级开发技术指标见表 1-20。根据远景规划，4 个流域水电基地开发规模有望超过 140GW。

表 1-19　中南美洲四大流域水能资源指标

序号	流域名称	理论蕴藏量（TWh/a）	待开发梯级方案		
			电站数目（座）	装机容量（MW）	年发电量（GWh）
1	奥里诺科河流域	164.48	7	20680	105307
2	托坎廷斯河流域	134.62	8	5049	24785
3	亚马孙河流域	1739.58	51	39217	197727
4	莫塔瓜河流域	9.40	8	486	2409
总计		2048.08	74	65432	330228

表 1-20　中南美洲大型水电基地梯级开发技术指标

序号	水电基地	所属流域	装机容量（MW）	年发电量（TWh/a）
1	奥里诺科河上游基地	奥里诺科河	2810	14.56
2	奥里诺科河中游基地	奥里诺科河	10870	55.21
3	奥里诺科河下游基地	奥里诺科河	7000	35.54
4	托坎廷斯河上游基地	托坎廷斯河	839	3.87
5	托坎廷斯河中游基地	托坎廷斯河	620	3.50
6	托坎廷斯河下游基地	托坎廷斯河	3590	17.42
7	亚马孙河塔帕若斯河上游基地	亚马孙河	2420	12.05
8	亚马孙河塔帕若斯河中游基地	亚马孙河	21150	105.96
9	亚马孙河马拉尼翁河上游基地	亚马孙河	8955	44.69
10	亚马孙河马拉尼翁河中游基地	亚马孙河	2035	10.22
11	亚马孙河马拉尼翁河下游基地	亚马孙河	1610	8.05
12	亚马孙河马代拉河基地	亚马孙河	2105	12.09
13	亚马孙河乌卡亚利基地	亚马孙河	942	4.66
14	莫塔瓜河基地	莫塔瓜河	486	2.41
总计	—		65432	330.23

上述 4 个流域集中了中南美洲主要的待开发水能资源，且分布集中、开发条件相对较好，报告采用数字化平台完成了 14 个基地所有待开发梯级布置方案的研究，并选取了技术经济指标相对较好的 4 个水电项目给出了具体方案的研究成果，可为有关项目开发提供参考。

1.3.3　奥里诺科河基地

奥里诺科河（Orinoco）长约 2009km，是南美洲北部重要河流，流域面积约 99.65 万 km^2，源于委内瑞拉与巴西交界的帕里马山脉（Parima Mountains）德尔加多查尔包德山西坡，河道大部分在委内瑞拉境内，呈弧形绕行于圭亚那高原西、北部边缘，最后向东注入大西洋。奥里诺科河落差 811m，平均比降 0.040%。

1.3.3.1　重点河段分析

河源—圣费尔南多（San Fernando）段为奥里诺科河上游段，向西北方向流经杜伊达马拉瓦卡国家公园（Dulda Marahuaka Parque National Park），沿途水流湍急，接纳本图阿里河（Ventuari）与瓜维亚雷河（Guaviare）。河段全长 724km，落差 746m，平均比降 0.103%。河段沿途接纳众多支流，主要有本图阿里河、瓜维亚雷河等，降水量在 3000mm 以上。

圣费尔南多（San Fernando）—帕埃斯港（Puerto Paez）为奥里诺科河中游段，是哥伦比亚与委内瑞拉的界河。中游河段全长 222km，落差 24m，平均比降 0.011%，沿途接纳一级支流锡帕波河（Sipapo）与比查达河（Vichada）。

阿亚库乔港（Puerto Ayacucho）—河口段为奥里诺科河下游段，奥里诺科河自阿亚库乔港向东北流经奥里诺科平原、玻利瓦尔城（Bolivar）与圭亚那城（Guayana），流域内富有石油、铁、铝土等矿藏，沿岸支流众多，其右岸主要支流有瓜尼亚莫河（Guaniamo）、库拉河（Caura）、阿罗河（Aro）和卡罗尼河（Caroni），其左岸主要支流有梅塔河（Meta）、锡纳鲁科河（Cinaruco）、阿普雷河（Apure）和蒂格雷河（Tigre）。下游河段全长 1063km，落差 41m，平均比降 0.004%。

根据数字平台测算，奥里诺科河干流水能资源理论蕴藏量为 164.48TWh/a。其中水能富集河段为中游和下游区域，各河段理论蕴藏量见表 1-21。富集河段理论蕴藏量占总蕴藏量近 53%，其中圣费尔南多—帕埃斯港的河段，帕埃斯港—玻利瓦尔城河段蕴藏量丰富，适宜开发。入海口处的河段虽然蕴藏量大但不适宜开发。

表 1-21　奥里诺科河干流分河段水能理论蕴藏量

序号	河段	理论蕴藏量（TWh/a）
1	圣费尔南多（San Fernando）—帕埃斯港（Puerto Paez）河段	60.42
2	帕埃斯港（Puerto Paez）—玻利瓦尔城（Cuidad Bolivar）河段	50.14
3	入海口处河段	41.71
4	其他河段	12.21
合计		164.48

奥里诺科河大部分面积位于委内瑞拉境内，水力资源丰富且主要集中在干流上。1987 年，有关机构对奥里诺科河干流水能资源潜能进行了调研，拟兴建 5 个梯级电站，但由于各方面的原因，至今仍未得到充分的开发利用。本次研究拟对干流水能资源开发方案进行重点分析。

奥里诺科河径流年内丰枯差异较大，为保障沿岸居民生命财产安全，河流开发需考虑一定的防洪需求。此外，为满足干流沿岸矿产资源开发运输以及居民出行需求，河流开发还需考虑一定的航运需要。

综上所述，为改善奥里诺科河河流出力特性，需设置调节性水库。考虑支流瓜维亚雷河上具备修建调节性水库的地形条件，故将支流瓜维亚雷河纳入本次工作研究范围，并重点研究干流中游和下游两个河段。

1.3.3.2　梯级布置方案

1.　奥里诺科河上游支流瓜维亚雷河

瓜维亚雷河为奥里诺科河最大支流。蜿蜒向东及东北，流经北部的比查达（Vichada）和南部的瓜伊尼亚（Guainia）后注入奥里诺科河。河流自瓜维亚雷市到河口段全长640km，落差约100m，平均比降约0.016%。流域内高温多雨，是北部热带草原和南部原始森林的分界线。河流上游水流湍急，不宜通航，在流经马皮里潘（Mapiripan）镇后流速变缓，河谷展宽，具备修建调节性水库的地形条件。可在汇口下游约30km处的山谷出口处布置一座梯级库阿特罗（Cuatro Esquinas），同时在右岸山谷垭口处修建副坝，可获得总库容约340亿m³，装机容量约1580MW。库阿特罗坝址以下可布置库马拉尔（Cumaral）和瓦拉达尔（Veradal）两座首尾相连的梯级，梯级的位置如图1-15所示，共利用落差36m，装机容量1230MW。

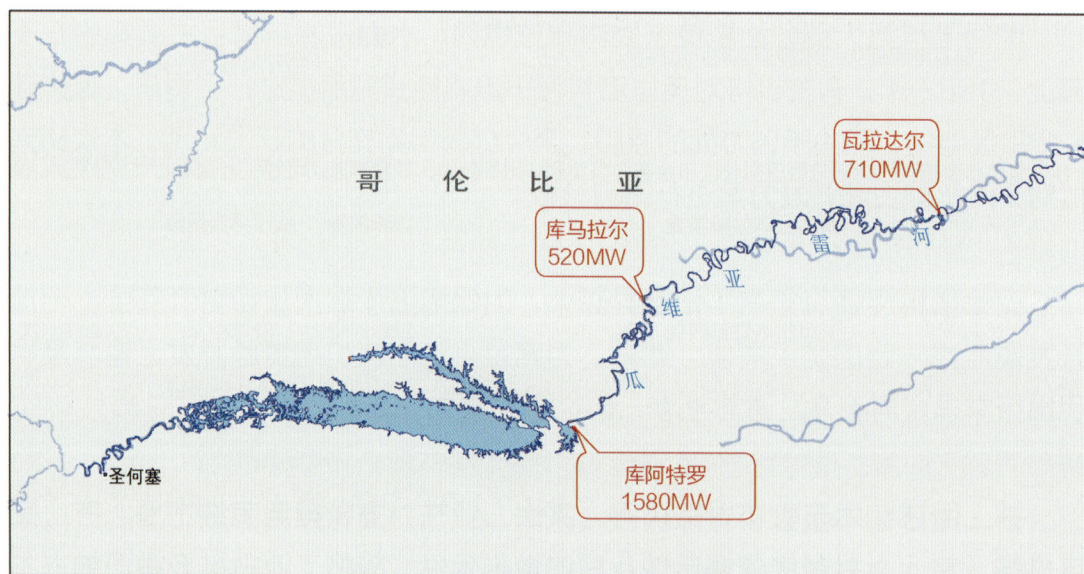

图1-15　瓜维亚雷河梯级位置示意图

2.　奥里诺科河中游圣费尔南多—帕埃斯港河段

该河段地形以浅丘和平原为主，长约310km，落差约39m，河段比降约0.013%。为避免对圣费尔南多、阿亚库乔港、帕埃斯港等重要城镇淹没影响，河段拟以低坝开发方案为主。根据地形条件，从上至下可布置马里波索（Mariposo）、阿亚库乔港和帕埃斯港三座首尾相接的梯级，梯级位置如图1-16所示，共利用落差56m，装机容量10.87GW。

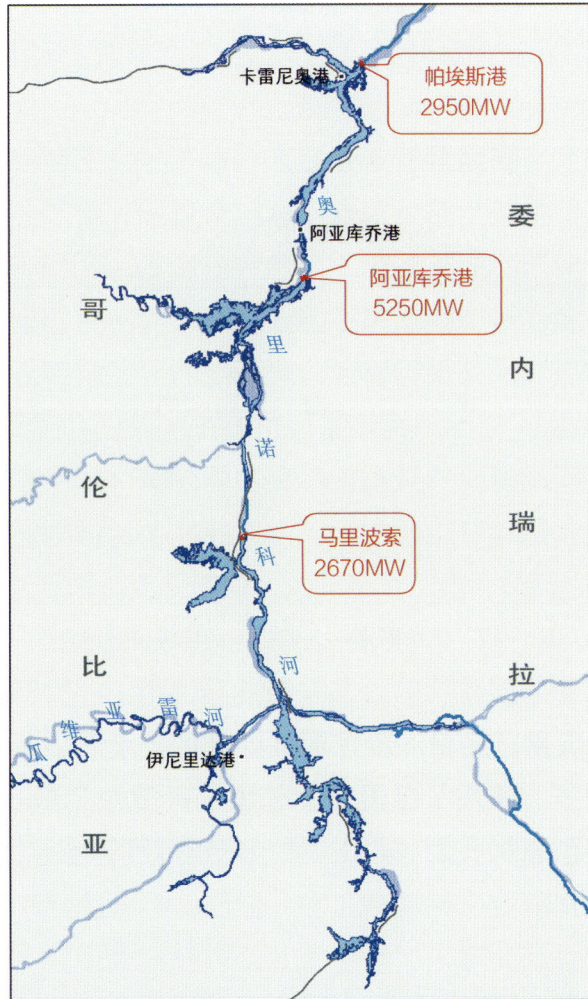

图1-16　圣费尔南多—帕埃斯港河段梯级位置示意图

3. 奥里诺科河下游帕埃斯港—入海口河段

该河段地形以浅丘、平原地貌为主，长约930km，落差约38m，河段比降约0.004%。河段两岸地形平坦，河谷平均宽度在10km以上，建坝和成库条件相对较差。根据地形条件，可在马皮雷镇下游约27km处河谷收窄处布置一座梯级马皮雷。为避免电站建设对凯卡拉（Caicara）、卡夫鲁塔（Cabruta）等重要城镇的淹没影响，水库水位不宜高于35m，可利用落差约20m，装机容量约 7000MW。马皮雷坝址以下河段河谷宽阔，且河谷内有重要城市玻利瓦尔城和圭亚那两座重要城市，基本不具备开发条件，梯级位置如图 1-17 所示。

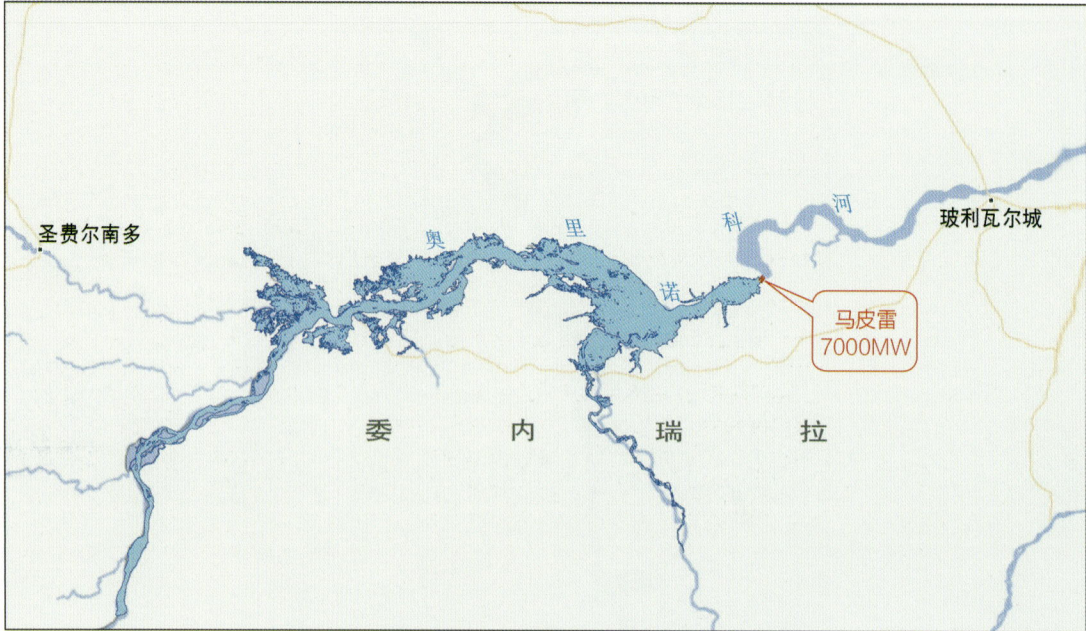

图 1-17 帕埃斯港—入海口河段梯级位置示意图

综合上述研究成果，结合河段地形地质条件、淹没影响及水能资源利用等情况，奥里诺科河干流采用 7 级开发，总装机容量为 20.68GW，年发电量约 105.3TWh。7 级电站的开发方案和主要技术指标测算结果见表 1-22，梯级剖面图如图 1-18 所示。

表1-22　奥里诺科河干流梯级开发方案主要指标

项目		奥里诺科河干流梯级开发方案主要指标						
		Cuatro Esquinas	Cumaral	Veradal	Mariposo	Puerto Ayacucho	Puerto Paez	Mapire
		库阿特罗	库马拉尔	瓦拉达尔	马里波索	阿亚库乔港	帕埃斯港	马皮雷
坝址控制流域面积（km²）		53123	60525	80032	262575	337904	464158	801900
坝址多年平均流量（m³/s）		2497	2795	2795	13313	16333	19929	29366
开发方式		坝式	坝式	坝式	坝式	坝式	坝式	坝式
初估坝长（km）		0.24	0.49	0.83	1.25	2.59	1.31	0.53
正常蓄水位（m）		175	130	115	94	77	50	35
死水位（m）		172	128	113	92	75	48	33
坝址水面高程（m）		130	114	94	77	51	37	15
坝壅水高（m）		45	21	21	13	24	13	20
厂址水面高程（m）		130	114	94	77	51	37	15
利用落差（m）		45	15	21	17	26	13	20
正常蓄水位以下库容（万m³）		3432322	39115	125094	1025741	379751	263528	3167682
调节库容（万m³）		816420	10567	27060	205795	80702	64515	657641
调节能力		年调节	日调节	日调节	日调节	日调节	日调节	日调节
发电引用流量（m³/s）		4462	4468	4495	21414	26316	32262	46784
引水线路（km）		0	0	0	0	0	0	0
装机容量（MW）		1580	520	710	2670	5250	2950	7000
年发电量（GWh）	单独	7878	2611	3553	13361	26247	14710	35215
	联合	7878	2830	3847	13628	26676	14906	35542
枯期平均出力（MW）	单独	533	127	172	649	1273	712	1717
	联合	533	188	255	714	1378	760	1795
装机利用小时数	单独	4986	5021	5004	5004	5000	4986	5031
	联合	4986	5442	5419	5104	5081	5053	5077

待开发的 7 个梯级电站中，马皮雷和阿亚库乔港梯级电站资源条件优越，技术指标较好，报告采用数字平台重点研究并提出了电站的初步开发方案。

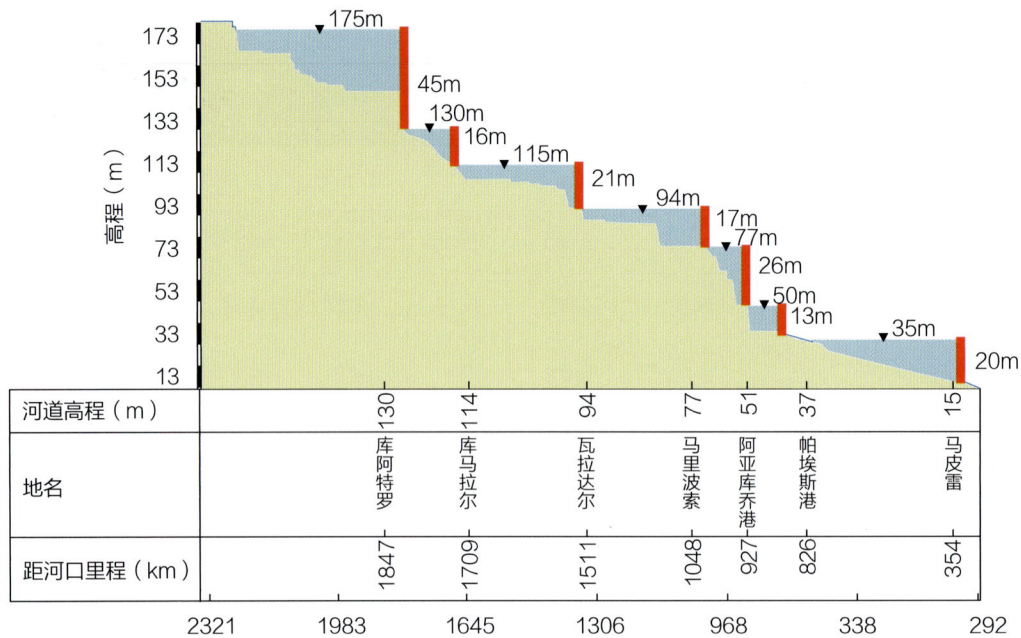

图 1-18　奥里诺科河河段梯级纵剖面示意图

1.3.3.3　水电站方案

1. 马皮雷水电站方案

基于数字化水电宏观选址方法，全面收集电站近区的建站制约性因素基础数据，经过对比分析，提出了马皮雷水电站的初步开发方案。电站位于委内瑞拉奥里诺科河下游。

（1）建设条件。水库区较平坦，两岸无大型崩塌、滑坡等不良地质体分布，地面覆盖物以草本和灌丛为主，具备建库条件，库区内无村庄等人工建筑物。库区面积约 4900km²，涉及淹没的草本、灌丛等地面覆盖物面积约为 500km²，如图 1-19 所示。水库区域靠近自然遗迹类保护区，且有部分区域位于保护区内，如图 1-20 所示，开发时需参考当地政策。

坝址及库区范围内无城镇，大部分区域人口密度小于 2 人 /km²，估算淹

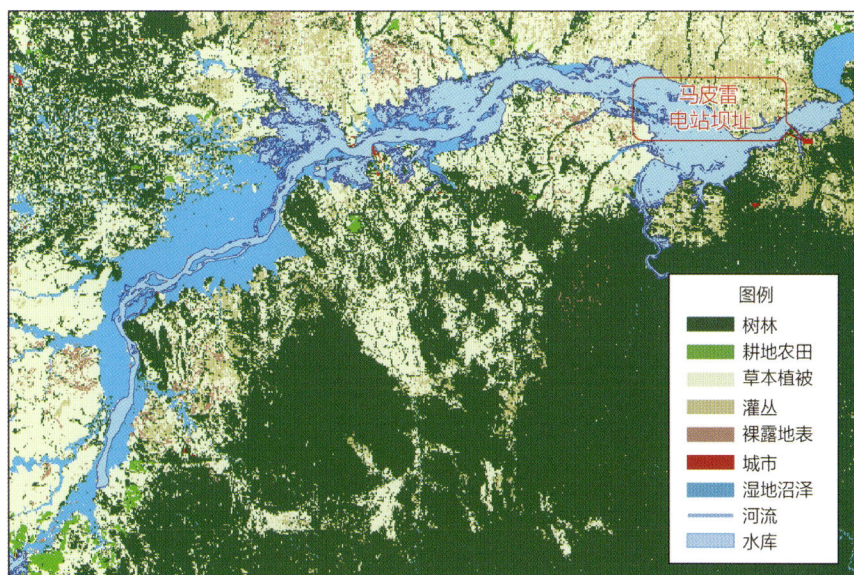

图 1-19　马皮雷水电站库区主要地面覆盖物分布情况示意图

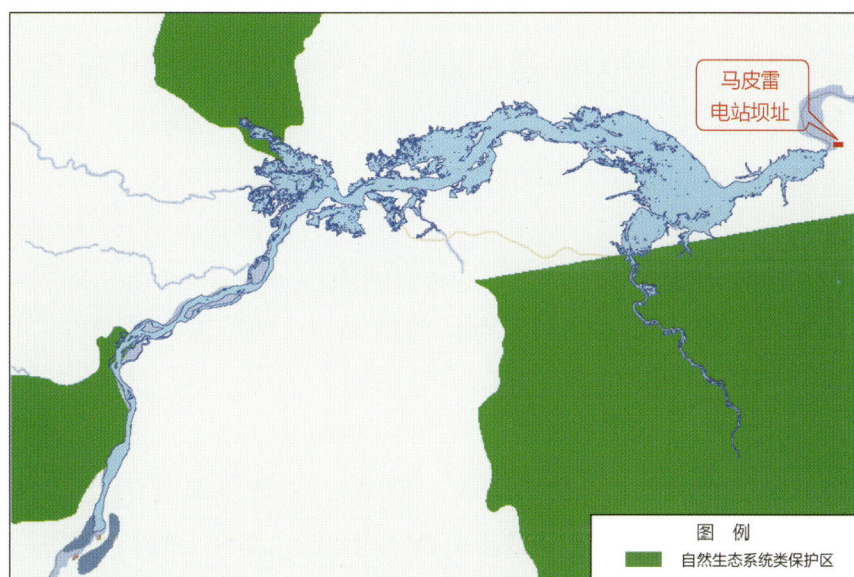

图 1-20　马皮雷水电站周边主要保护区分布示意图

没影响人口约 1000 人。马皮雷水电站区域构造稳定性好，坝址 100km 范围内无断裂带。从历史统计来看，坝址无大的历史地震记录。坝址及库区地质岩层分布如图 1-21 所示，坝址区地质条件较好。推测基础整体承载力及变形满足要求，局部软弱岩体经过适当的基础处理后可作为大坝的建基面，具备修建混凝土坝的条件。马皮雷水电站下游靠近玻利瓦尔城，无公路通向坝址区域。

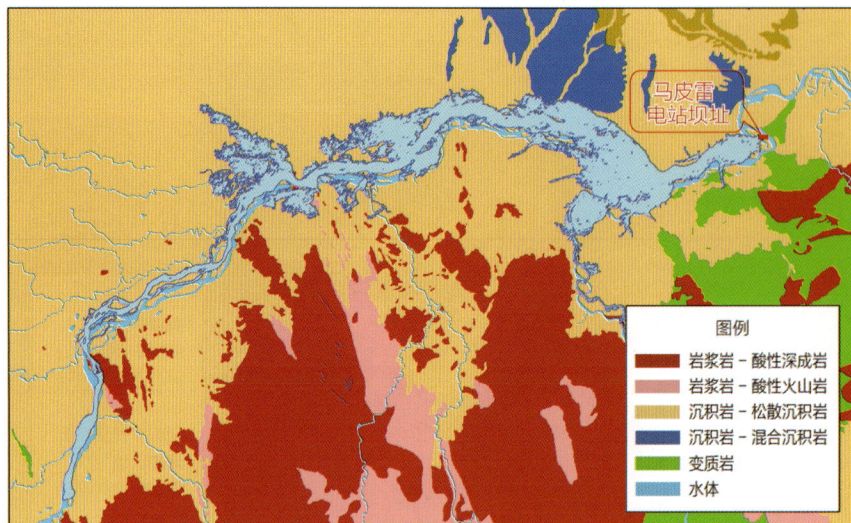

图 1-21　马皮雷水电站周边主要岩层分布示意图

（2）工程设想与投资估算。根据马皮雷水电站坝址区水文、地形、地质条件，初步拟定采用坝式开发方案。水电站正常蓄水位高程 35m，坝顶高程 37m，拦河大坝坝轴线总长约 530m，最大坝高约 22m，总库容 316.77 亿 m³。水电站枢纽主要建筑物由混凝土重力坝、泄洪闸和河床式厂房组成，其中泄洪闸布置于左岸坝段，厂房部分位于右岸坝段。

马皮雷水电站发电水头 20m，发电引用流量 46784m³/s。采用 100 台贯流式机组，单机容量 70MW，单机引用流量 468m³/s，初步拟定电站总装机容量 7000MW。工程三维效果图如图 1-22 所示。

经测算，马皮雷水电站总装机容量 7000MW，年发电量 35.54TWh，估算总投资约 150 亿美元，其中机电设备投资约 37.5 亿美元，建筑工程投资约 104 亿美元。参照南美洲水电工程建设工期、财务参数（具体可参见报告 1.1.3 节有关内容），结合项目技术指标测算，项目综合度电成本 3.90 美分 / kWh，项目经济性好。

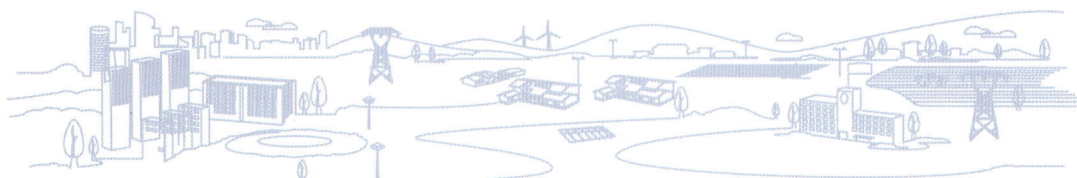

图 1-22　马皮雷水电站工程三维效果示意图

2. 阿亚库乔港水电站方案

基于数字化水电宏观选址方法，全面收集电站近区的建站制约性因素基础数据，经过对比分析，提出了阿亚库乔港水电站的初步开发方案。电站位于委内瑞拉与哥伦比亚交界的奥里诺科河中游。

（1）建设条件。水库区较平坦，两岸无大型崩塌、滑坡等不良地质体分布，地面覆盖物以草木和灌丛为主，具备建库条件，库区内无村庄等人工建筑物。库区面积约 514km²，涉及淹没的草木、灌丛等地面覆盖物面积约为 160km²，如图 1-23 所示。水库区域靠近自然遗迹类保护区，且有部分区域位于保护区

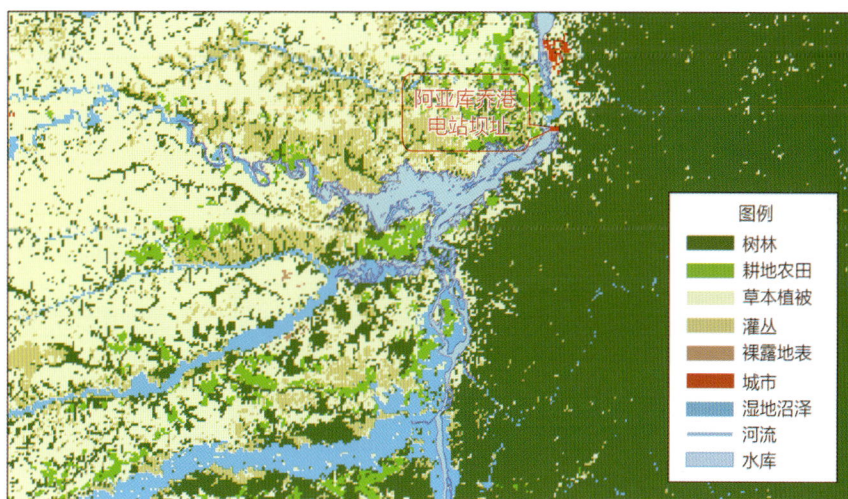

图 1-23　阿亚库乔港水电站库区主要地面覆盖物分布情况示意图

内，如图 1-24 所示，开发时需参考当地政策。

图 1-24　阿亚库乔港水电站周边主要保护区分布示意图

阿亚库乔港水电站区域构造稳定性好，坝址 100km 范围内无断裂带。从历史统计来看，坝址无大的历史地震记录。坝址及库区地质岩层分布如图 1-25 所示，坝址区地质条件较好。坝址部位两岸基岩出露，推测基础整体承载力及变形满足要求，具备修建混凝土坝的条件。阿亚库乔港水电站下游靠近阿亚库乔港，有一条国家级公路通向坝址区域。

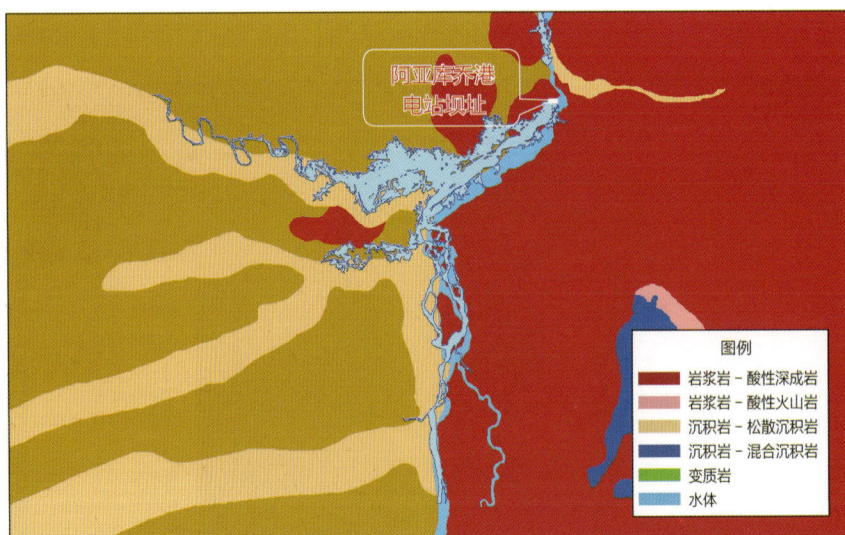

图 1-25　阿亚库乔港水电站周边主要岩层分布示意图

（2）工程设想与投资估算。根据阿亚库乔港水电站坝址区水文、地形、地质条件，初步拟定采用坝式开发方案。水电站正常蓄水位高程 77m，坝顶高程 79m，拦河大坝坝轴线总长约 2590m，最大坝高约 28m，总库容 37.98 亿 m³。水电站枢纽主要建筑物由混凝土重力坝、泄洪闸和河床式厂房组成，其中泄洪闸位于左岸坝段，厂房部分位于右岸坝段。

阿亚库乔港水电站发电水头 26m，发电引用流量 26316m³/s。采用 70 台贯流式机组，单机容量 75MW，单机引用流量 376m³/s，初步拟定电站总装机容量 5250MW。工程三维效果图如图 1-26 所示。

图 1-26　阿亚库乔港水电站工程三维效果示意图

经测算，阿亚库乔港水电站总装机容量 5250MW，年发电量 26.68TWh，估算总投资约 120 亿美元，其中机电设备投资约 27 亿美元，建筑工程投资约 84 亿美元。参照南美洲水电工程建设工期、财务参数（具体可参见报告 1.1.3 节有关内容），结合项目技术指标测算，项目综合度电成本 4.10 美分 / kWh，项目经济性好。

1.3.4　托坎廷斯河基地

托坎廷斯河（Tocantins）是巴西较大的一条河流，全长达 2384km，流域面积约 81.21 万 km²。发源于戈亚斯州巴西利亚中部阿纳波利斯附近，以阿尔马斯河（Das Almas）为源流，由南向北流，经戈亚斯州、马托格罗索州和帕拉州，在贝伦（Belem）附近注入大西洋马拉若湾，多年平均流量为 18000km³/s，是巴西的境内河。

1.3.4.1　重点河段分析

干流河源—巴拉那河（Parana）汇口处河段长 701km，落差约 608m，河段比降 0.087%。萨拉达梅萨（Serra da Messa）库区以上河段以丘陵地貌为主，在赛里斯市分布有山间盆地，是主要的农作物生产区。河谷总体较宽阔，两岸多村庄和田地，部分河段有急流，开发条件一般。萨拉达梅萨库区以下河段流经山地，河谷收窄，河水较深，落差较为集中，具有良好的建坝和成库条件，目前已建有萨拉达梅萨 1 级、2 级和萨尔瓦多（Salvador）水电站，总装机容量 1986MW。

干流巴拉那河汇口—阿拉瓜亚河（Araguaia）汇口处河段长 1198km，落差约 198m，河段比降约 0.017%。河段经阿尔维斯河、克里沙思河、索诺河等多条支流补充，流量从上游到下游迅速增大，其中因佩拉特里斯镇处多年平均流量约 3560km^3/s。河段两岸地形以丘陵地貌为主，河谷较为宽阔，两岸多城镇和田地，由于河段水量较大，水能资源较为丰富。

干流阿拉瓜亚河汇口处以下河段长约 485km，落差约 79m，河段比降约 0.016%。由于该河段有托坎廷斯河最大支流阿拉瓜亚河汇入，汇入后多年平均流量增加至 11300km^3/s。该河段流量大、落差集中，是托坎廷斯河水能资源最为富集河段。

托坎廷斯河干流水能资源理论蕴藏量为 134.62TWh/a。其中水能富集河段为中游和下游区域，各河段理论蕴藏量见表 1-23。托坎廷斯的上游米纳苏（Minacu）段，中游帕尔马斯（Palmas）—佩德罗阿方索（Pedro Afonso）段，埃斯特雷托（Estreito）—马拉巴（Maraba）段和阿拉瓜亚河汇口以下河段为蕴藏量丰富河段。

托坎廷斯河流域矿藏丰富，土壤肥沃，由于地处热带丛林地区，木材资源极为丰富。在该河上兴建梯级水电站，可为两岸的大型铝矿供电，并向巴西东北部送电；同时，梯级电站还具有改善航运条件、发展渔业和灌溉等多种综合效益。

表1-23 托坎廷斯河干流分河段水能理论蕴藏量

序号	河段	理论蕴藏量（TWh/a）
1	上游米纳苏段	6.51
2	中游帕尔马斯—佩德罗阿方索段	10.50
3	中游埃斯特雷托—马拉巴段	38.69
4	阿拉瓜亚河汇口以下河段	60.93
5	其他河段	17.99
合计		134.62

托坎廷斯河干流水能资源主要集中在中游与下游河段，但已部分开发。目前中游从上至下已建有佩谢安吉科尔（Peixe Angical）、拉吉阿多（Lajeado）、埃斯特雷托（Estreito）三座梯级，总装机容量约2442MW。下游已建有图库鲁伊（Tucurui）水电站，装机容量约8370MW。

综上分析，报告重点研究托坎廷斯河尚未开发且资源与开发条件较好的河段。主要为河源—萨拉达梅萨1级库区回水处河段、佩谢安吉科尔坝址处—拉吉阿多库区回水处河段、拉吉阿多坝址处—埃斯特雷托库区回水处河段和埃斯特雷托坝址处—马拉巴镇河段。

1.3.4.2 梯级布置方案

1. 托坎廷斯河上游河源—萨拉达梅萨库区回水处河段

该河段以丘陵地貌为主，在赛里斯市分布有山间盆地，是主要的农作物生产区。为避免河流开发对两岸大面积田地和城镇淹没影响，河段以低坝开发方案为主。根据河道两岸地形，自上至下可布置诺瓦格罗利亚（Nova Gloria）、萨奥路易兹（Sao Luiz）和坎色拉（Cancela）三座首尾相接的梯级电站，梯级位置如图1-27所示，河段梯级纵剖面如图1-28所示，正常蓄水位分别为530、510m和481m，共利用落差86m，总装机容量359MW，年发电量1612GWh。3个梯级的主要技术指标测算结果详见表1-24。

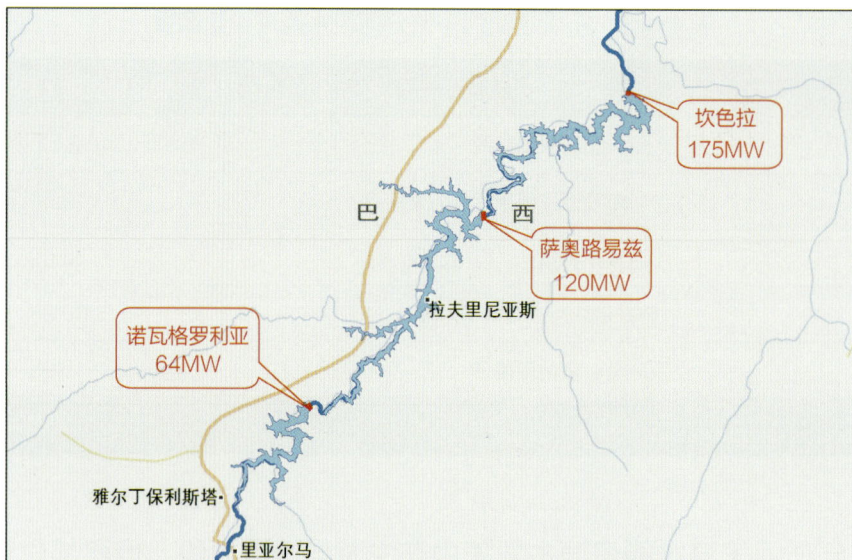

图 1-27　河源—萨拉达梅萨库区回水处河段梯级位置示意图

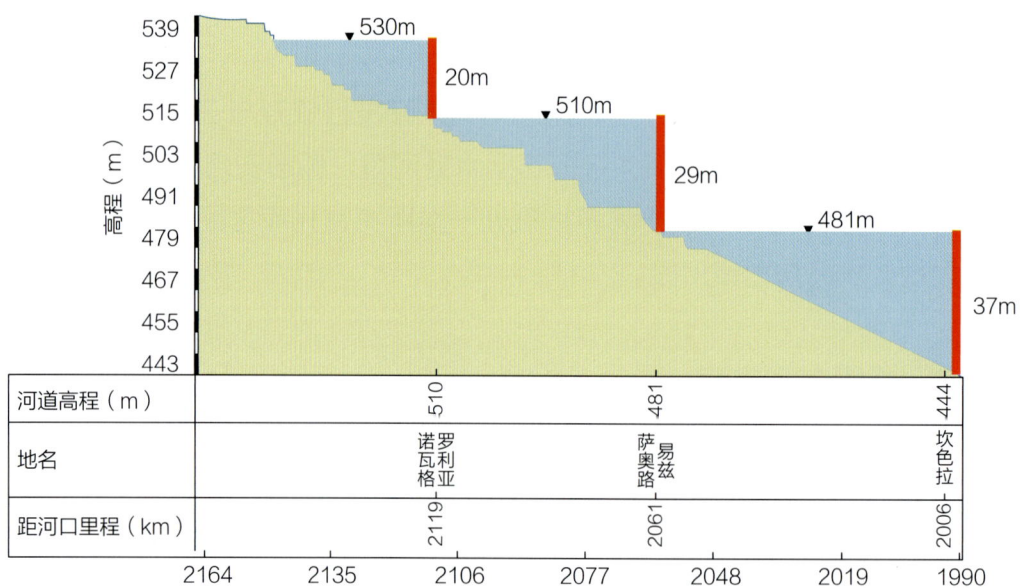

图 1-28　河源—萨拉达梅萨库区回水处河段梯级纵剖面示意图

2. 佩谢安吉科尔坝址处—拉吉阿多库区回水处河段

河段地形以丘陵地貌为主，全长约 180km，落差约 20m，平均比降约 0.010%。根据河道两岸地形，在拉吉阿多库区回水处规划一座水电站伊普尔拉斯（Ipueiras），梯级位置如图 1-29 所示，河段梯级纵剖面如图 1-30 所示，

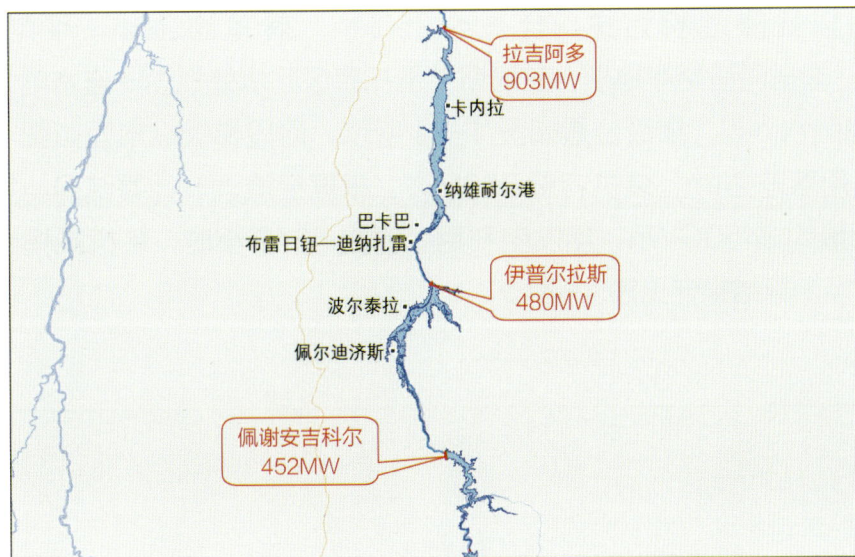

图 1-29　佩谢安吉科尔坝址处—拉吉阿多库区回水处河段梯级位置示意图 ❶

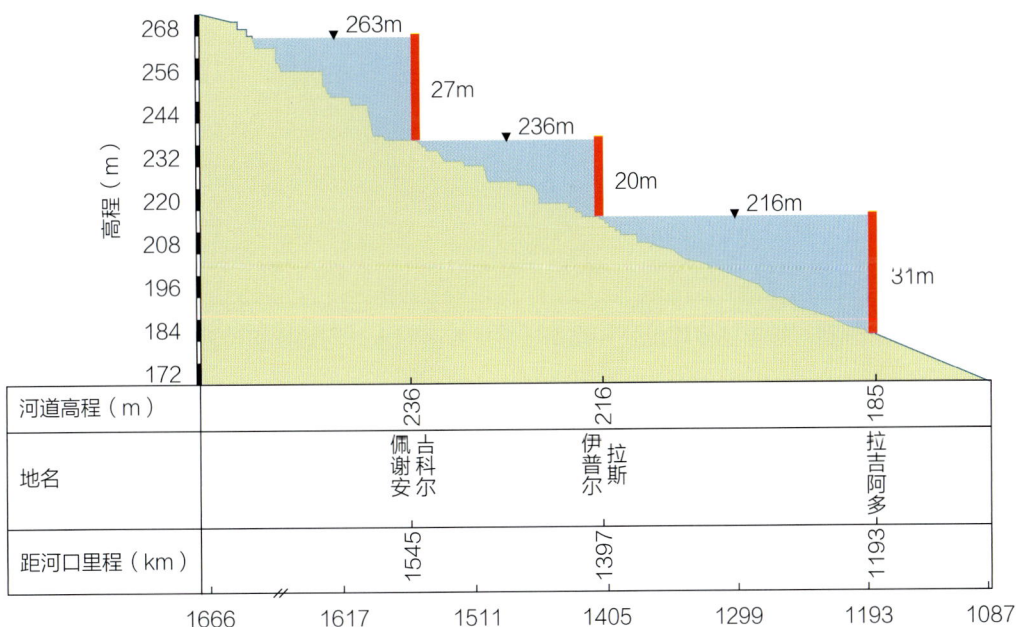

图 1-30　佩谢安吉科尔坝址处—拉吉阿多库区回水处河段梯级纵剖面示意图

❶ 本图中，除伊普尔拉斯为规划电站外，佩谢安吉科尔和拉吉阿多为已建电站，在本章前节中已介绍。

利用落差 20m，装机容量 480MW。根据径流调节计算结果，伊普尔拉斯年发电量约 2254GWh，年发电利用小时数 4695 小时 ❶，装机规模适中。主要技术指标测算结果详见表 1-24。

3. 托坎廷斯河中游拉吉阿多坝址处—埃斯特雷托库区回水处河段

河段以丘陵地貌为主，全长约 250km，落差约 24m，平均比降约 0.010%。根据河道两岸地形，在埃斯特雷托库区回水处规划一座水电站塔皮拉廷斯（Tapiratins），梯级位置如图 1-31 所示，河段梯级纵剖面如图 1-32 所示，共利用落差 24m，装机容量 620MW。根据径流调节计算结果，塔皮拉廷斯年发电量约 3450GWh，年发电利用小时数 5649 小时，装机规模适中。主要技术指标测算结果详见表 1-24。

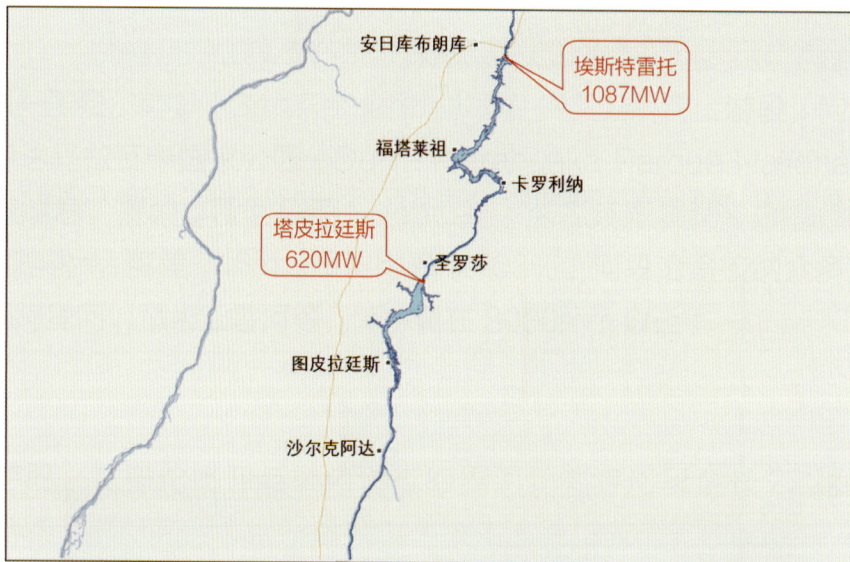

图 1-31 拉吉阿多坝址处—埃斯特雷托库区回水处河段梯级位置示意图

---

❶ 报告给出的年发电利用小时为水电站联合发电利用小时数，后同。

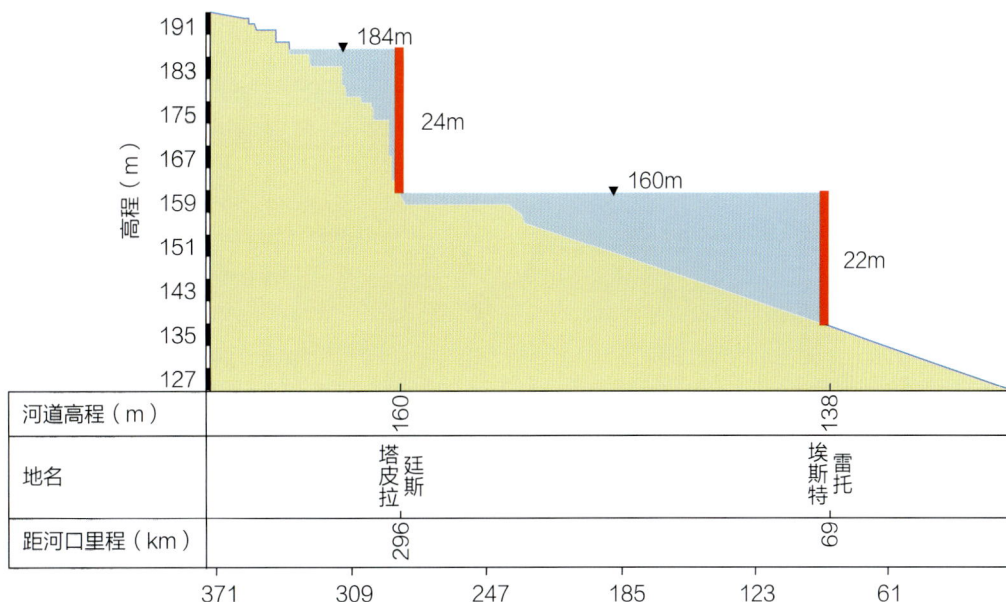

图 1-32　拉吉阿多坝址处—埃斯特雷托库区回水处河段梯级纵剖面示意图

4. 托坎廷斯河下游埃斯特雷托坝址处—马拉巴镇河段

河段全长约 320km，落差约 57m，平均比降约 0.020%。根据地形条件，为避免对伊塔瓜廷斯（Itaguatins）镇的淹没影响，可在伊塔瓜廷斯镇上游约 3.3km 处河段上布置一座梯级伊塔瓜廷斯，正常蓄水位与埃斯特雷托尾水相接，共利用落差 23m，装机容量 1030MW。为避免对因佩拉特里斯市淹没影响，在因佩拉特里斯市下游约 16km 处的河段上布置一座梯级贾托巴（Jatoba），正常蓄水位与伊塔瓜廷斯尾水相接，利用落差 10m，装机容量 400MW。为利用贾托巴坝址处—马拉巴镇河段落差，根据地形条件，在马拉巴镇上游约 18km 处可布置一座梯级马拉巴，为避免对支流阿拉瓜亚河右岸重要城镇阿拉瓜廷斯（Araguatins）的淹没影响，马拉巴水电站正常蓄水位不宜高于 100m，利用落差 19m，装机容量 2160MW。3 个梯级位置如图 1-33 所示，河段梯级纵剖面如图 1-34 所示，3 个梯级主要技术指标测算结果详见表 1-24。

综上研究成果，结合河段地形地质条件、淹没影响及水能资源利用等情况，托坎廷斯河干流采用 15 级开发（含已建电站），其中待开发电站 8 座，总装机容量 5049MW，年发电量约 24.79TWh。待开发 8 座电站的开发方案和主要技术指标测算结果见表 1-24。

图1-33　埃斯特雷托坝址处—马拉巴镇河段梯级位置示意图

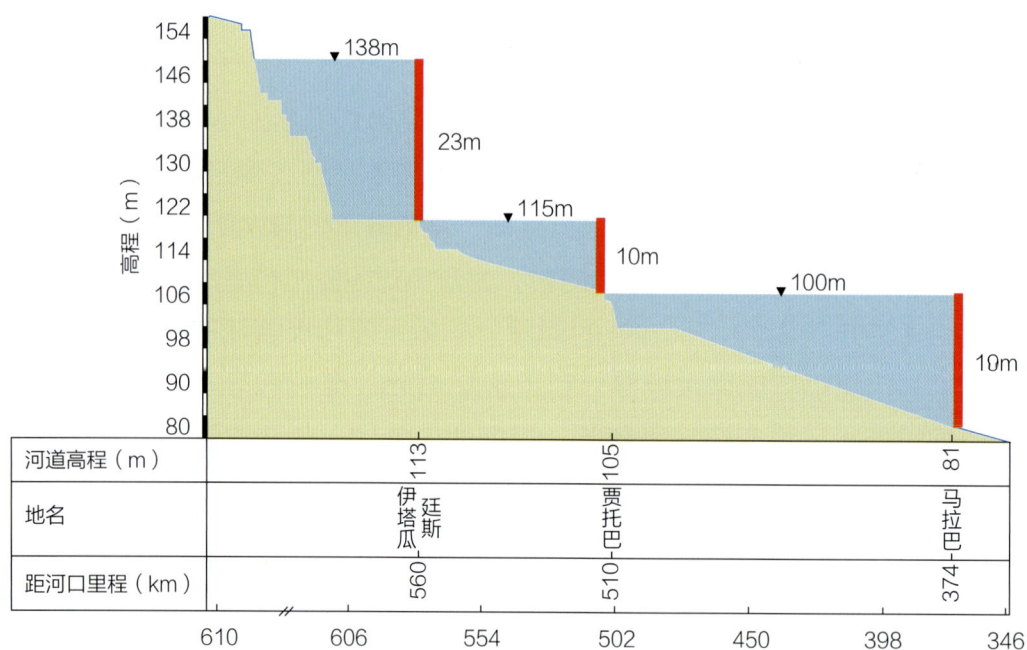

图1-34　埃斯特雷托坝址处—马拉巴镇河段梯级纵剖面示意图

　　待开发的8个梯级电站中，马拉巴和伊塔瓜廷斯梯级电站资源条件优越，技术指标较好，报告采用数字平台重点研究并提出了电站的初步开发方案。

表1-24　托坎廷斯河干流研究河段梯级开发方案主要技术指标

项目		上游河源—拉达梅萨库区回水处河段			中游拉达梅萨库区回水处—阿拉瓜亚河汇口处河段		下游阿拉瓜亚河汇口处—入海口河段		
		Nova Gloria	Sao Luiz	Cancela	Ipueiras	Tapiratins	Itaguatins	Jatoba	Maraba
		诺瓦格罗利亚	萨奥路易兹	坎色拉	伊普尔拉斯	塔皮拉廷斯	伊塔瓜廷斯	贾托巴	马拉巴
坝址控制流域面积（km²）		14343	18271	20213	177339	267003	311770	314701	730151
坝址多年平均流量（m³/s）		242	308	341	2027	3052	3564	3598	11377
开发方式		坝式	坝式	坝式	坝式	坝式	坝式	坝式	坝式
初估坝长（km）		1.13	1.40	0.78	3.29	2.51	1.44	1.79	3.83
正常蓄水位（m）		530	510	481	236	184	138	115	100
死水位（m）		528	508	479	234	182	136	113	98
坝址水面高程（m）		510	481	444	216	160	115	105	81
坝壅水高（m）		20	29	36	19	24	23	10	19
厂址水面高程（m）		510	481	444	216	160	115	105	81
利用落差（m）		20	29	37	20	24	23	10	19
正常蓄水位以下库容（万m³）		28289	61000	69099	317291	442015	195563	15093	391328
调节库容（万m³）		5593	11399	10186	88659	80165	37546	5137	118347
调节能力		日调节	日调节	日调节	日调节	日调节	日调节	日调节	日调节
发电引用流量（m³/s）		428	535	602	3208	3390	5900	6015	15285
引水线路（km）		0	0	0	0	0	0	0	0
装机容量（MW）		64	120	175	480	620	1030	400	2160
年发电量（GWh）	单独	286	543	783	2218	3452	4625	1785	10950
	联合	286	543	783	2254	3502	4667	1800	10950
枯期平均出力（MW）	单独	13.7	26.1	37.4	93.3	171.7	191.4	73.6	592.8
	联合	13.7	26.1	37.4	99.6	179.4	198.7	76.4	592.8
装机利用小时数	单独	4469	4526	4475	4620	5568	4490	4462	5069
	联合	4469	4526	4475	4695	5649	4531	4501	5069

1.3.4.3 水电站方案

1. 马拉巴水电站方案

基于数字化水电宏观选址方法，全面收集电站近区的建站制约性因素基础数据，经过对比分析，提出了马拉巴水电站的初步开发方案。电站位于巴西北部的托坎廷斯河中游。

（1）建设条件。水库区地形平缓，无大型崩塌、滑坡等不良地质体分布，地面覆盖物以草本植被为主，具备建库条件，库区内无村庄等人工建筑物。库区面积约 772km²，涉及淹没的林地、灌丛等地面覆盖物面积约为 190km²，如图 1-35 所示。库区上游紧邻自然保护区，如图 1-36 所示。

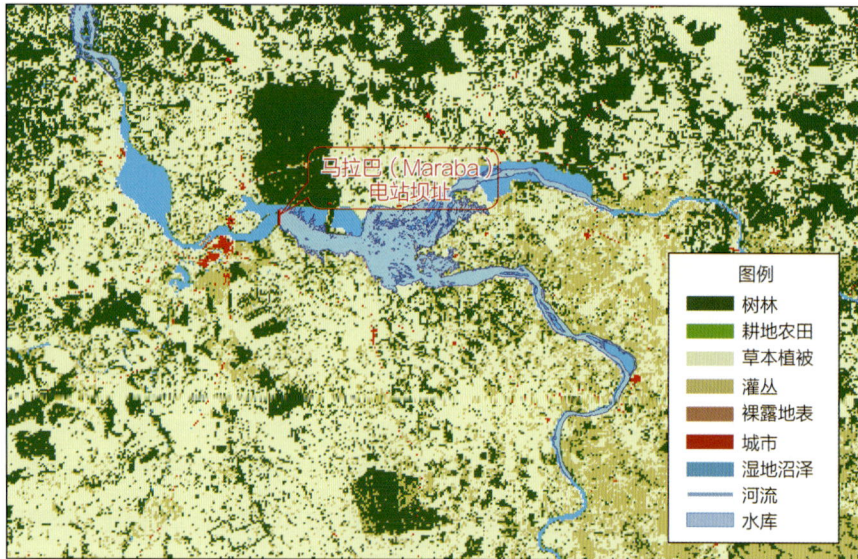

图 1-35　马拉巴水电站库区主要地面覆盖物分布情况示意图

电站下游 66km 处有巴西托坎廷斯州的阿拉瓜南（Araguanã），总面积约 800km²，人口密度 6.1 人/km²。库区范围内人烟稀少，人口密度约为 1 人/km²，估算淹没影响人口 700 人。

图 1-36 马拉巴水电站周边主要保护区分布示意图

马拉巴水电站区域构造稳定性好，坝址距离最近断裂带 56km。从历史统计来看，坝址无大的历史地震记录。坝址及库区地质岩层分布如图 1-37 所示，初拟的重力坝建基于变质岩上，推测基础整体承载力及变形满足要求，局部软弱岩体经过适当的基础处理后可作为大坝的建基面。初拟采用坝后式厂房建基于基岩。坝址下游有城镇马拉巴，坝址及水库区域附近有一条公路，运输条件较好。

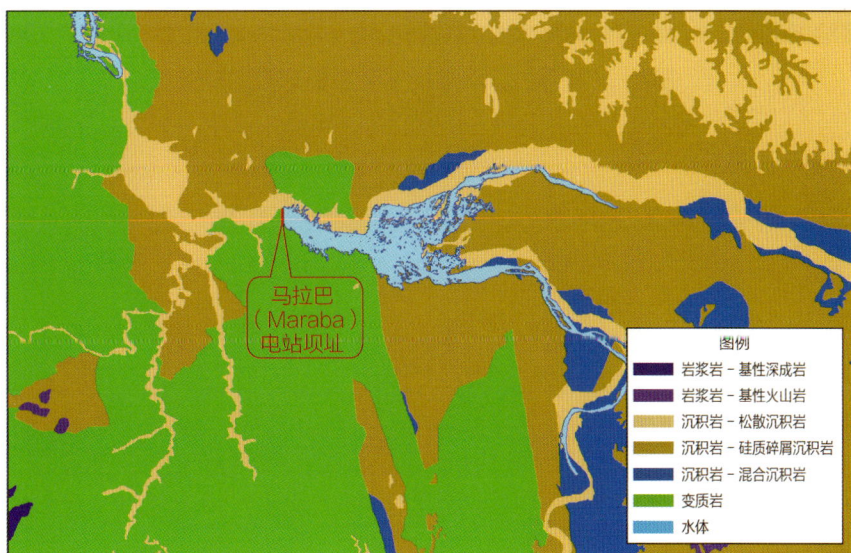

图 1-37 马拉巴水电站周边主要岩层分布示意图

（2）工程设想与投资估算。根据马拉巴水电站坝址区水文、地形、地质条件，初步拟定采用坝式开发方案。水电站正常蓄水位高程 100m，坝顶高程 102m，拦河大坝坝轴线总长约 3830m，最大坝高约 21m，总库容 39.13 亿 m^3。水电站枢纽主要建筑物由混凝土重力坝、泄洪闸和河床式厂房组成。其中泄洪闸布置于右岸坝段，厂房部分位于左岸坝段。

马拉巴水电站发电水头 19m，发电引用流量 15285m^3/s。采用 30 台贯流式机组，单机容量 72MW，单机引用流量 509.5m^3/s，初步拟定电站总装机容量 2160MW。工程三维效果图如图 1-38 所示。

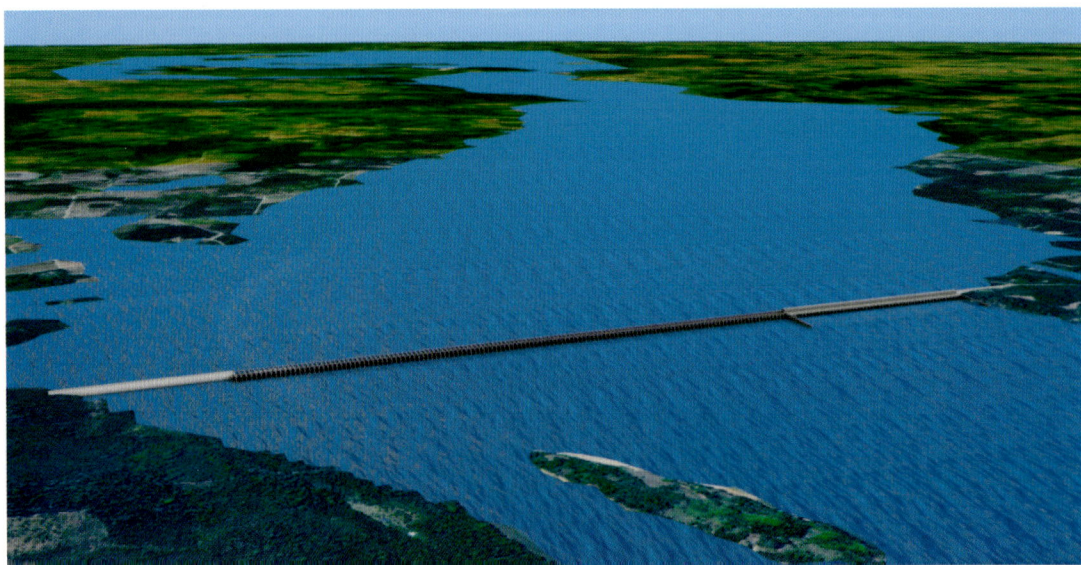

图 1-38　马拉巴水电站工程三维效果示意图

经测算，马拉巴水电站总装机容量 2160MW，年发电量 10.95TWh，估算总投资约 52.5 亿美元，其中机电设备投资约 11.25 亿美元，建筑工程投资约 38 亿美元。参照南美洲水电工程建设工期、财务参数（具体可参见报告 1.1.3 节有关内容），结合项目技术指标，经测算，项目综合度电成本 4.57 美分 / kWh，项目经济性好。

2．伊塔瓜廷斯水电站方案

基于数字化水电宏观选址方法，全面收集电站近区的建站制约性因素基础数据，经过对比分析，提出了伊塔瓜廷斯水电站的初步开发方案。电站位于巴西北部的托坎廷斯河中游。

（1）建设条件。水库区地形平缓，无大型崩塌、滑坡等不良地质体分布，地面覆盖物以灌丛为主，具备建库条件，库区内无村庄等人工建筑物。库区面积约 209km²，涉及淹没的灌丛及林地等地面覆盖物面积约为 119km²，如图 1-39 所示。水库部分区域紧邻自然保护区，如图 1-40 所示。

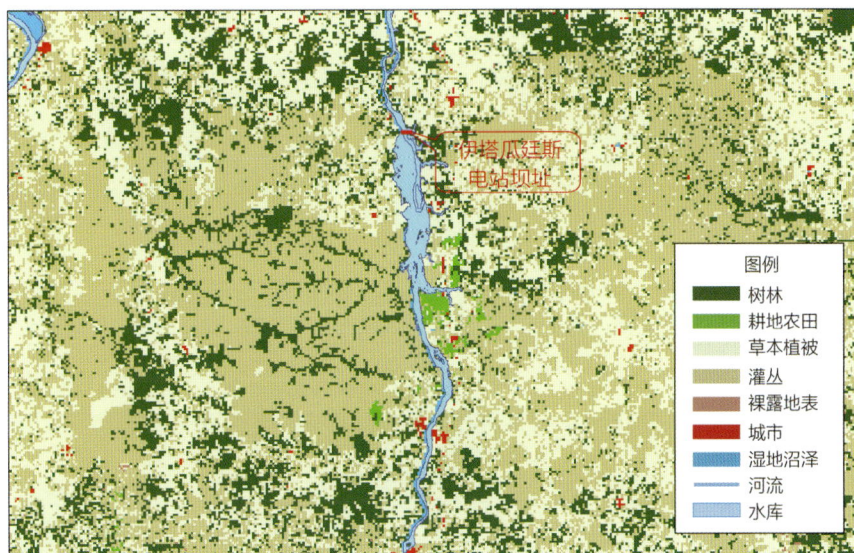

图 1-39　伊塔瓜廷斯水电站库区主要地面覆盖物分布情况示意图

电站下游有巴西马拉尼昂州的埃斯特雷托，总面积约 2000km²，人口密度 9.7 人/km²。整个库区范围内人口密度约为 7 人/km²，估算淹没影响人口 1400 人。

伊塔瓜廷斯水电站区域构造稳定性好，坝址距离最近断裂带 78km。从历史统计来看，坝址无大的历史地震记录。坝址及库区地质岩层分布如图 1-41 所

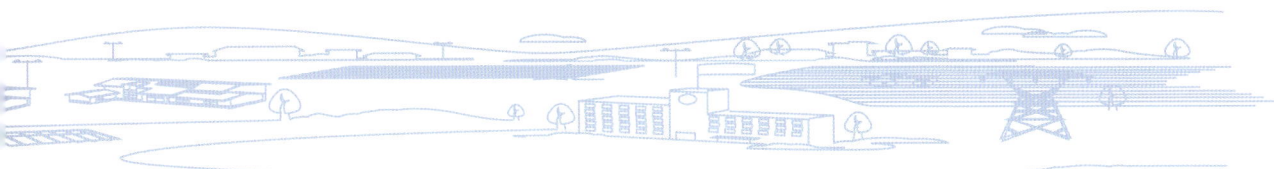

示，初拟的重力坝建基于松散沉积岩上，推测经过适当的基础处理后可作为大坝的建基面，其基础整体承载力及变形满足要求。初拟采用坝后式厂房建基于基岩。坝址附近有国家级公路 1 条，运输条件较好。

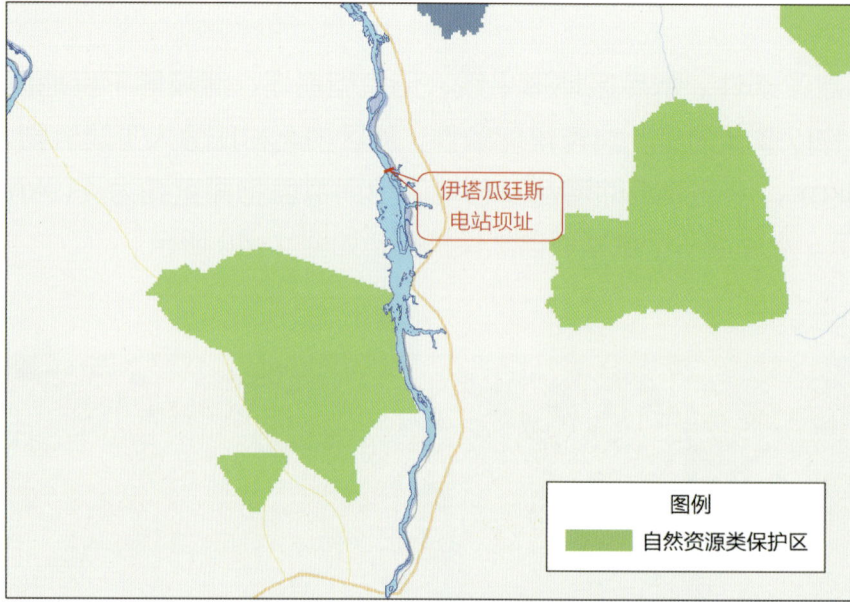

图 1-40　伊塔瓜廷斯水电站周边主要保护区分布示意图

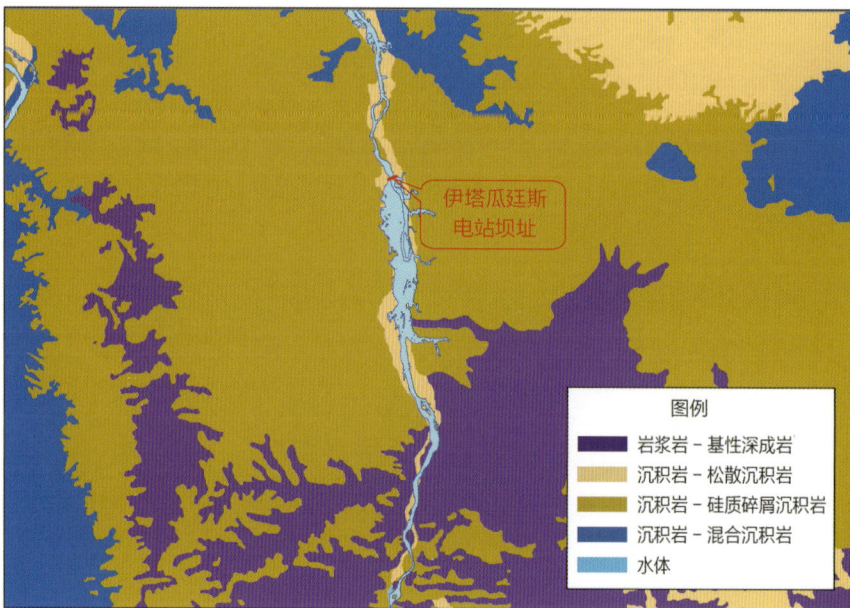

图 1-41　伊塔瓜廷斯水电站周边主要岩层分布示意图

（2）工程设想与投资估算。根据伊塔瓜廷斯水电站坝址区水文、地形、地质条件，初步拟定采用坝式开发方案。水电站正常蓄水位高程 138m，坝顶高程 140m，拦河大坝坝轴线总长约 1440m，最大坝高约 25m，总库容 19.56 亿 m³。水电站枢纽主要建筑物由混凝土重力坝、泄洪闸和河床式厂房组成，泄洪闸位于右岸坝段，厂房布置于左岸坝段。

伊塔瓜廷斯水电站发电水头 23m，发电引用流量 5900m³/s。采用 20 台贯流式机组，单机容量 51.5MW，单机引用流量 295m³/s，初步拟定电站总装机容量 1030MW。工程三维效果图如图 1-42 所示。

图 1-42　伊塔瓜廷斯水电站工程三维效果示意图

经测算，伊塔瓜廷斯水电站总装机容量 1030MW，年发电量 4.67TWh，估算总投资约 20 亿美元，其中机电设备投资约 7 亿美元，建筑工程投资约 12 亿美元。参照南美洲水电工程建设工期、财务参数（具体可参见报告 1.1.3 节有关内容），结合项目技术指标，经测算，项目综合度电成本 4.24 美分 / kWh，项目经济性好。

1.3.5 亚马孙塔帕若斯河基地

塔帕若斯河全长约 1947km，位于巴西境内亚马孙河中游段南岸，流域面积约 30 万 km²。源自巴西境内马托格罗索高原北部的帕雷西斯山脉东南电站萨克尔 2 号（Sacre 2），装机容量 30MW，其余河段尚未开发。塔帕若斯河干流水能富集河段为上游和中游区域，富集河段水能资源理论蕴藏量占总蕴藏量的近 91%，适宜开发。报告重点研究茹鲁埃那（Juruena）—加里母波（Garimpo）河段、加里母波—伊泰图巴（Itaituba）河段。

1.3.5.1 重点河段分析

干流茹鲁埃那加里母波为塔帕若斯河上游段，河段长约 862km，落差约 455m，河段比降 0.050%。河段两岸以丘陵地貌为主，水流整体较平缓，水系呈网状分布，其中丰塔尼利亚斯镇（Fontanillas）—桑格（Sangue）镇河汇口处河段有多处跌水，是河段水能资源较为集中区域。

干流加里母波—伊泰图巴市镇段为塔帕若斯河中游段，河段长约 809km，落差约 169m，河段比降约 0.020%。河段两岸以丘陵地貌为主，穿过热带雨林地区，经大量降水和支流补给后，流量迅速增大，其中伊泰图巴市多年平均流量达 10800km³/s。河段两岸植被茂密，人口稀少，且流量大、落差集中，是塔帕若斯河水能资源最为富集河段。

1.3.5.2 梯级布置方案

1. 茹鲁埃那—加里母波河段

该河段长约 862km，落差约 455m，河段比降 0.050%。河段两岸地形以浅丘为主，两岸有较多田地分布。该河段规划梯级电站自上而下分别为 JRN-577、图库玛（Tucuma）和埃斯孔蒂多（Escondido），装机容量分别为 450、1380MW 和 590MW。

2. 加里母波—伊泰图巴河段

该河段以丘陵地貌为主，长约 809km，落差约 196m，河段比降约 0.020%。河段经热带雨林丰沛降水补给，流量较大，坡降相对平缓，宜采用低水头河床式开发方案。该河段规划梯级电站自上而下分别为萨尔托奥格斯托巴伊克索（Salto Augusto Baixo）等四座梯级，装机容量分别为 2.10、3.75、5.00GW 和 10.30GW。

综上所述，结合河段地形地质条件、淹没影响及水能资源利用等情况，两个河段共采用 7 级开发，总装机容量为 23.57GW，年发电量约 118TWh，梯级电站的开发方案和主要技术指标测算结果见表 1-25。

表 1-25　塔帕若斯河干流研究河段梯级开发方案主要指标

项目	塔帕若斯河干流研究河段						
	JRN-577	Tucuma	Escondido	Salto Augusto Baixo	Sao simao alto	Chacorao	Sao Luiz do Tapajos
	—	图库玛	埃斯孔蒂多	萨尔托奥格斯托巴伊克索	圣斯毛阿尔托	卡克拉奥	圣路易兹多塔帕若斯
坝址控制流域面积（km²）	61628	99085	170666	182516	184800	362595	471104
坝址多年平均流量（m³/s）	1488	2638	4440	4748	4808	10127	13158
开发方式	坝式	坝式	坝式	坝式	坝式	坝式	坝式
初估坝长（km）	1.43	1.23	1.15	0.89	1.91	1.43	1.28
正常蓄水位（m）	265	243	206	195	163	106	69
死水位（m）	263	241	204	193	158	104	64
坝址水面高程（m）	243	206	195	163	106	69	10
坝壅水高（m）	22	34	10	32	59	36	60
厂址水面高程（m）	243	206	195	163	106	69	10
利用落差（m）	22	37	11	32	57	37	59
正常蓄水位以下库容（万m³）	572761	733318	326314	26920	352098	749294	2672183
调节库容（万m³）	117097	106488	74325	4893	101161	100265	682627
调节能力	日调节	日调节	日调节	日调节	日调节	日调节	日调节

续表

项目		塔帕若斯河干流研究河段					
		JRN-577	Tucuma 图库玛	Escondido 埃斯孔蒂多	Salto Augusto Baixo 萨尔托奥格斯托巴伊克索	Sao simao alto 圣斯毛阿尔托	Chacorao 卡克拉奥	Sao Luiz do Tapajos 圣路易兹多塔帕若斯
发电引用流量（m³/s）		2707	4743	7886	8421	8432	17186	22326
引水线路（km）		0	0	0	0	0	0	0
装机容量（MW）		450	1380	590	2100	3750	5000	10300
年发电量（GWh）	单独	2222	6893	2936	10464	18863	25042	51591
	联合	2222	6893	2936	10464	18863	25042	51591
枯期平均出力（MW）	单独	198	613	190	679	1226	1580	3254
	联合	198	613	190	679	1226	1580	3254
装机利用小时数	单独	4938	4995	4976	4983	5030	5008	5009
	联合	4938	4995	4976	4983	5030	5008	5009

(注：表头含 JRN-577 下方为"—"，其余各列有中英文名称)

1.3.6　亚马孙马拉尼翁河基地

马拉尼翁河为亚马孙河干流上游河段，位于秘鲁境内。河流发源于秘鲁中部劳里科查（Lauricocha）湖之上的覆雪安第斯山区，自源头向西北流经海拔约 3650m 的向风高原，深切安第斯山脉，形成深邃峡谷地貌。中游段通过高地丛林，形成一系列无法航行的急滩瀑布。在流经庞戈—德蒙塞里奇（Pongo de Manseriche）急滩后，河流由急变缓，蜿蜒东流，经过炎热、人口稀少的雨林区，接纳瓦亚加（Huallaga）河。在瑙塔（Nauta）河下游与乌卡亚利（Ucayali）河汇流后，始称亚马孙河，其中庞戈—德蒙塞里奇以下河段可通航。

1.3.6.1　重点河段分析

干流劳里科查湖—塔各塔戈（Tagtago）镇河段为马拉尼翁河上游河段，长约 600km，落差约 3360m，河段比降 0.560%。河段两岸山体雄厚，河谷狭长，形态呈深 V 型，期间形成一系列急流、险滩和瀑布。河段水能资源丰富且较为集中，河谷植被、人烟稀少，两岸山体多基岩出露，开发条件较好。目前河段已建成 1 座水电站。

干流塔各塔戈镇—贝亚维斯塔（Bellavista）镇河段为马拉尼翁河中游河段，长约 80km，落差约 130m，河段比降约 0.200%。河段两岸以丘陵地貌为主，河谷由窄变宽，水流变缓，形成大量江心岛。河谷两岸支流发育，汇口处形成大量冲积扇，冲积扇上有大量居民区和田地分布。河谷雨季受洪水冲刷影响，形成大量洪泛区，在洪泛区上分布有季节性耕地。总体来看，河段水能资源相对丰富，但开发条件较差。目前河段尚无已建和在建水电站，河段开发应兼顾沿线城镇防洪、灌溉、供水等需求。

干流贝亚维斯塔镇—奥雷亚纳镇河段为马拉尼翁河中游河段，长约 160km，落差约 130m，河段比降约 0.080%。河段穿过热带雨林区，两岸植被丰富，降水逐渐增多，河段水量逐渐增大。河谷两岸以山体为主，地形狭长，有多处急流险滩，水能资源丰富。目前河段尚无已建或在建电站。

干流奥雷亚纳镇—乌卡亚利河汇口处河段为马拉尼翁河下游河段，长约 680km，落差约 128m，河段比降约 0.020%。河流由急变缓，水面展宽至 800~1000m，水系呈网状分布。河水蜿蜒东流，经大量降水和支流水量补给后，流量迅速增大。两岸以平原为主，植被茂密，人烟稀少，开发条件较差。目前河段尚无已建或在建电站。

1.3.6.2 梯级布置方案

1. 劳里科查湖—塔各塔戈镇河段

华卡班巴（Huacaybamba）镇以上河段流量较小，且河段已建成马拉农（Maranon）引水式电站，故本次重点对华卡班巴镇以下河段梯级布置方案进行初步研究。根据河段两岸地形，自上至下可布置鲁帕科（Rupac）和奎切斯（Quiches）等 11 座首尾相接的梯级电站，共利用落差 1860m，总装机容量 8955MW，年发电量 44.70TWh。其中鲁帕科电站具有年调节能力。

2. 塔各塔戈镇—贝亚维斯塔镇河段

河段江心岛、河漫滩、支流汇口处冲积扇地区有大量人口居住区和田地分布，为最大化利用该河段水能资源，同时尽量减少梯级开发对城镇和田地的淹没影响，可在艾尔瓦勒（Elvalor）镇上游约 7.6km 处布置一座梯级贝亚维斯塔，利用落差 23m，装机容量 215MW。

3. 贝亚维斯塔镇—奥雷亚纳镇河段

可在干流河段峡谷出口处筑坝，同时在基里阿科（Chiriaco）行政区所在地南侧约 2km 的支流上布置一座梯级基里阿科。为避免对阿曼戈（Armango）镇淹没影响，水库正常蓄水位不宜高于 370m，共利用落差 83m，装机容量约 930MW。在奥雷亚纳镇下游约 5km 处的山谷出口处布置一座梯级奥拉祖扎（Oracuzar）。为避免梯级对易马西塔（Imacita）镇淹没影响，正常蓄水位不宜高于 275m，共利用落差 65m，装机容量约 890MW。

4. 奥雷亚纳镇—乌卡亚利河汇口处河段

河段穿过亚马孙热带雨林地区，河谷宽阔，两岸地形平缓，建坝条件和成库条件一般。根据地形条件，自上而下可布置曼色里克（Manseriche）等四座梯级。为避免对圣玛利亚德涅瓦和圣佩德罗、圣罗伦索等重要城镇淹没影响，各梯级正常蓄水位分别不宜高于 205、161、145m 和 125m。四座梯级共利用落差 89m，装机容量 1610MW。

结合河段地形地质条件、淹没影响及水能资源利用等情况，马拉尼翁河干流采用 18 级开发，总装机容量为 12.6GW，年发电量约 63TWh。开发方案见表 1-26 和表 1-27。

表1-26 马拉尼翁河干流研究河段梯级开发方案主要技术指标（1）

项目	马拉尼翁河干流研究河段（1）								
	Rupac 鲁帕科	Quiches 奎切斯	Huayo 胡阿育	Pana 帕那	Longotea 隆戈蒂	Chorobamba 科洛班巴	Balsas 巴尔萨斯	Mapish 马皮什	Ocalli 奥卡利
坝址控制流域面积（km²）	14483	15587	18054	27504	28489	28536	29528	30286	32877
坝址多年平均流量（m³/s）	216	252	296	418	433	434	449	462	512
开发方式	混合式	引水式	坝式	混合式	坝式	坝式	坝式	坝式	混合式
初估坝长（km）	0.51	1.21	0.50	1.50	0.47	0.36	0.63	0.25	0.20
正常蓄水位（m）	2360	2135	1825	1715	1000	960	905	855	810
死水位（m）	2355	2135	1820	1710	998	955	903	853	808
坝址水面高程（m）	2283	2130	1719	1621	960	909	860	810	779
坝壅水高（m）	7?	5	111	94	40	51	45	45	31
厂址水面高程（m）	2130	1825	1719	1003	960	909	860	810	638
利用落差（m）	225	310	106	712	40	51	45	45	172
正常蓄水位以下库容（万m³）	1829321	15215	64357	4463352	12885	10112	13833	11266	95112

续表

马拉尼翁河干流研究河段（1）

项目		Rupac 鲁帕科	Qiches 奎切斯	Huayo 胡阿育	Pana 帕那	Longotea 隆戈蒂	Chorobamba 科洛班巴	Balsas 巴尔萨斯	Mapish 马皮什	Ocalli 奥卡利
调节库容（万 m³）		126750	0	8795	252059	1405	1603	1067	1056	6662
调节能力		年调节	日调节	日调节	年调节	日调节	日调节	日调节	日调节	日调节
发电引用流量（m³/s）		348	405	528	632	760	772	797	825	915
引水线路（km）		1.54	1.76	0	3.24	0	0	0	0	0.48
装机容量（MW）		590	340	450	3350	240	305	285	295	1170
年发电量（GWh）	单独	2938	4686	2250	16723	1219	1526	1429	1473	5832
	联合	2938	4686	2250	16728	1219	1526	1429	1473	5832
枯期平均出力（MW）	单独	335	293	152	1920	82	103	97	100	395
	联合	335	498	228	2273	160	200	184	187	708
装机利用小时数	单独	4979	4985	5000	4992	5078	5003	5015	4992	4985
	联合	4979	4985	5000	4993	5078	5003	5015	4992	4985

表1-27 马拉尼翁河干流研究河段梯级开发方案主要指标（2）

马拉尼翁河干流研究河段（2）

项目	Yamon 亚门	Cumba 昆巴	Bellavista 贝亚维斯塔	Chiriaco 基里阿科	Oracuzar 奥拉祖扎	Manseriche 曼色里克	Esperanza 埃斯佩兰萨	Barranca 巴兰卡	Maipuko 迈普科
坝址控制流域面积（km²）	36685	36737	46197	64763	79108	116063	116482	137203	291975
坝址多年平均流量（m³/s）	659	660	696	795	977	1131	1135	1233	2264
开发方式	坝式	坝式	坝式	坝式	坝式	坝式	坝式	坝式	坝式
初估坝长（km）	0.70	0.47	0.54	0.53	0.52	1.09	0.55	0.68	1.31
正常蓄水位（m）	638	511	425	370	275	205	161	145	125
死水位（m）	633	506	423	365	270	203	159	143	123
坝址水面高程（m）	511	484	402	287	210	161	149	128	109
坝雉水高（m）	129	26	23	83	65	44	11	17	16
厂址水面高程（m）	511	484	402	287	210	161	149	128	109
利用落差（m）	127	27	23	83	65	44	12	17	16
正常蓄水位以下库容（万m³）	52065	2473	6680	217231	203122	619947	10753	79016	366060

马拉尼翁河干流研究河段（2）

项目		Yamon 亚门	Cumba 昆巴	Bellavista 贝亚维斯塔	Chiriaco 基里阿科	Oracuzar 奥拉祖扎	Manseriche 曼色里克	Esperanza 埃斯佩兰萨	Barranca 巴兰卡	Maipuko 迈普科
调节库容（万 m³）		4786	848	1244	32065	48912	147706	2422	18195	98854
调节能力		日调节	日调节	日调节	日调节	日调节	年调节	日调节	日调节	日调节
发电引用流量（m³/s）		1184	1177	1232	1407	1741	2023	2045	2165	4039
引水线路（km）		0	0	0	0	0	0	0	0	0
装机容量（MW）		1100	230	215	930	890	700	170	270	470
年发电量（GWh）	单独	5459	1149	1083	4684	4450	3488	841	1370	2348
	联合	5459	1149	1083	4684	4450	3497	841	1370	2348
枯期平均出力（MW）	单独	369	78	73	317	301	279	57	93	159
	联合	598	126	116	479	427	369	88	139	202
装机利用小时数	单独	4963	4996	5035	5037	5000	4983	4945	5075	4996
	联合	4963	4996	5035	5037	5000	4996	4945	5075	4996

1.3.7 亚马孙马代拉河基地

马代拉河是亚马孙河右岸最大支流，河流发源于玻利维亚安第斯山脉，由贝尼河和马莫雷河在巴西和玻利维亚边境的贝亚（Bella）镇汇合而成，向东北流至马瑙斯以下约 150km 处注入亚马孙河。若以凯内（Caine）河为正源计算，马代拉河干流全长约 3240km，流域面积约 138 万 km^2，河口处多年平均流量约 $31400km^3/s$。上游河段主要位于玻利维亚境内，中下游位于巴西境内。

1.3.7.1 重点河段分析

马代拉河干流水能资源理论蕴藏量十分丰富，除波罗马（Poroma）镇—阿瓦波（Abapo）镇河段外，其余未开发河段基本不具备梯级布置所需的地形和地质条件。该河段又称格兰德（Grande）河，全长约 300km，落差 1250m，平均比降约 0.420%。河段两岸以山地为主，河谷狭长、河水深切，多急流、险滩、瀑布，河谷植被、人烟稀少，两岸山体多基岩出露，开发条件较好。目前河段尚无已建和在建电站。

1.3.7.2 初拟梯级布置

河段两岸人烟稀少，基本无淹没和环境制约因素，因此梯级布置原则以首尾衔接为主。根据地形条件，该河段自上至下可布置马塔拉（Matara）和苏利马（Surima）等 12 座首尾相接的梯级电站，共利用落差 1181m，总装机容量 2105MW，年发电量 12.09TWh。开发方案见表 1-28 和表 1-29。

表1-28 马代拉河波罗马镇—阿瓦波镇河段梯级开发方案主要技术指标（1）

项目		波罗马镇—阿瓦波镇河段（1）					
		Matara	Surima	Charobamba	Quebrada	Ceivas	Quinori 1
		马塔拉	苏利马	卡罗班巴	奎布拉达	塞瓦斯	奎因洛里1级
坝址控制流域面积（km²）		24622	24903	28660	28880	32091	35813
坝址多年平均流量（m³/s）		87	88	101	102	114	127
开发方式		坝式	坝式	坝式	坝式	坝式	坝式
初估坝长（km）		0.46	0.30	0.31	0.29	0.36	1.38
正常蓄水位（m）		1660	1595	1540	1463	1395	1295
死水位（m）		1655	1590	1535	1460	1376	1290
坝址水面高程（m）		1597	1542	1463	1394	1295	1175
坝壅水高（m）		63	53	77	71	100	120
厂址水面高程（m）		1597	1542	1463	1394	1295	1175
利用落差（m）		63	53	77	68	100	120
正常蓄水位以下库容（万m³）		21161	27104	50783	32039	290865	1822456
调节库容（万m³）		2652	4254	7423	2290	81669	99641
调节能力		日调节	日调节	日调节	日调节	年调节	年调节
发电引用流量（m³/s）		111	112	128	128	186	211
引水线路（km）		0	0	0	0	0	0
装机容量（MW）		55	46	78	71	140	205
年发电量（GWh）	单独	273	229	390	355	699	1019
	联合	273	229	390	355	699	1050
枯期平均出力（MW）	单独	22	18	31	28	77	116
	联合	22	18	31	28	77	159
装机利用小时数	单独	4962	4977	4997	5001	4994	4970
	联合	4962	4977	4997	5001	4994	5121

表1-29　马代拉河波罗马镇—阿瓦波镇河段梯级开发方案主要技术指标（2）

项目		波罗马镇—阿瓦波镇河段（2）					
		Quinori 2	Pucara	Alto Seco 1	Alto Seco 2	Las Juntas	Abapo
		奎因洛里2级	普卡拉	阿托申科1级	阿托申科2级	拉斯君塔斯	阿瓦波
坝址控制流域面积（km²）		35833	47654	48992	56094	58195	66172
坝址多年平均流量（m³/s）		127	169	173	199	206	234
开发方式		坝式	坝式	坝式	坝式	坝式	坝式
初估坝长（km）		0.40	1.48	0.56	0.37	0.41	0.90
正常蓄水位（m）		1175	1105	905	805	695	579
死水位（m）		1170	1090	900	800	690	572
坝址水面高程（m）		1108	906	809	696	579	466
坝壅水高（m）		67	199	96	109	116	119
厂址水面高程（m）		1108	906	809	696	579	466
利用落差（m）		67	199	96	109	116	113
正常蓄水位以下库容（万m³）		14082	847967	190956	260327	208617	605460
调节库容（万m³）		1211	157742	23392	23257	20937	142015
调节能力		日调节	年调节	日调节	日调节	日调节	年调节
发电引用流量（m³/s）		161	286	221	251	257	376
引水线路（km）		0	0	0	0	0	0
装机容量（MW）		85	455	170	220	240	340
年发电量（GWh）	单独	423	2268	844	1097	1205	1704
	联合	579	2343	1083	1507	1670	1916
枯期平均出力（MW）	单独	34	272	67	88	97	178
	联合	85	431	170	220	240	340
装机利用小时数	单独	4974	4984	4964	4987	5023	5011
	联合	6813	5150	6368	6850	6957	5635

1.3.8 亚马孙乌卡亚利河基地

乌卡亚利河发源于秘鲁阿雷基帕省奇尔卡（Chilca）山以北凯约马附近。干流全长约 1609km（若包括阿普里马克河，其总长为 2738km），多年平均流量 9544m³/s，落差 122m，河道平均比降 0.010%，流域面积 357300km²。

1.3.8.1 重点河段分析

乌卡亚利河干流水能资源理论蕴藏量一般，由于保护珍稀动物原因，未布置电站。但其支流水能资源较丰富，其中以埃内河和曼塔罗河较为突出。

埃内河汇集海拔 4000～5000m 的安第斯山区大小支流，由南向北流，水量丰沛，旱季（5—10 月）流量约为 800m³/s，雨季（11 月—次年 4 月）约为 2500m³/s。河段目前已建 3 座梯级电站。

曼塔罗河发源自海拔 4080m 的胡宁湖，是乌卡亚利河的支流，与阿普里马克河汇合成埃纳河，曼塔罗河流域目前已建成 3 座水电站，流域内天然湖泊较多，对曼塔罗径流有一定的天然调蓄作用。

1.3.8.2 梯级布置方案

埃内河河段全长 330km，落差 251m，河道平均比降 0.080%，集水面积约 133950km²，上游水能资源丰富。根据地形条件，该河段自上至下可布置奎坦尼（Quiteni）和下波萨特尼（Bajo Potsateni）2 座梯级电站，共利用落差 91m，总装机容量 120MW，年发电量 0.63 TWh。

曼塔罗河段全长 771km，落差 3765m，河道平均比降 0.490%，集水面积约 34880km²，上游水能资源丰富。根据地形条件，该河段自上至下可布置帕查（Paccha）等共 12 座梯级电站，共利用落差 953m，总装机容量 822MW，年发电量 4.03 TWh。开发方案见表 1-30。

表1-30 乌卡亚利河研究河段梯级开发方案主要技术指标

项目	曼塔罗河河段												埃内河河段	
	Paccha 帕查	Huari 胡阿里	Pachacayo 帕卡卡约	Pilchaca 皮尔哈卡	PUEB 普埃博	CPNP 斯皮恩	INIE XVII 伊涅十六	Surcu2 苏库2	Surcu3 苏库3	Surcu4 苏库4	Canayre 卡奈雷	Tanquin 坦金	Quiteni 奎坦尼	Bajo Potsateni 下波萨特尼
坝址控制流域面积（km²）	5845	7245	7991	16962	17226	17563	19161	34625	34949	35758	35977	36331	43460	45310
坝址多年平均流量（km³/s）	23	34	37	68	69	70	75	103	103	103	103	104	105	105
开发方式	坝式	坝式	坝式	坝式	坝式	坝式	坝式	坝式	坝式	坝式	坝式	坝式	坝式	坝式
初估坝长（km）	0.49	0.84	0.59	0.45	0.32	0.30	0.55	0.52	0.46	0.55	0.45	0.57	1.12	0.55
正常蓄水位（m）	3800	3710	3620	3100	2965	2890	2830	820	740	680	580	515	415	360
死水位（m）	3795	3690	3615	3070	2960	2885	2825	815	735	675	575	508	410	355
坝址水面高程（m）	3746	3617	3534	2961	2902	2838	2734	739	682	579	515	441	369	315
坝雍水高（m）	54	93	86	139	63	52	96	81	58	101	65	74	46	45
厂址水面高程（m）	3746	3617	3534	2961	2902	2838	2734	739	682	579	515	441	369	315
利用落差（m）	54	90	86	135	63	52	96	80	58	100	65	74	46	45
正常蓄水位以下库容（万m³）	7445	32385	23581	48956	9585	2841	11373	8582	6796	40864	14107	238154	132013	34635

续表

项目		Paccha 帕查	Huari 胡阿里	Pachacayo 帕卡卡约	Pilchaca 皮尔恰卡	PUEB 普埃博	CPNP 斯皮恩	INIE XVII 伊涅十六	Surcu2 苏库2	Surcu3 苏库3	Surcu4 苏库4	Canayre 卡奈雷	Tanquin 坦金	Quiteni 奎坦尼	Bajo Potsateni 下波萨特尼
河段					曼塔罗河河段								埃内河河段		
调节库容（万 m³）		1360	13231	2696	22463	1403	534	1368	1304	1130	4204	2286	43316	41947	8958
调节能力		日调节	年调节	日调节	年调节	日调节	日调节	日调节	日调节	日调节	日调节	日调节	年调节	年调节	日调节
发电引用流量（km³/s）		29	68	47	136	87	87	95	132	132	130	127	216	211	130
引水线路（km）		0	0	0	0	0	0	0	0	0	0	0	0	0	0
装机容量（MW）		12	47	32	140	43	35	73	85	60	105	65	125	75	45
年发电量（GWh）	单独	0.54	1.88	1.43	5.64	1.94	1.59	3.29	3.81	2.68	4.75	2.96	4.96	3.05	2.04
	联合	0.54	1.88	1.70	5.81	2.42	1.99	4.06	4.46	3.14	5.57	3.49	5.22	3.31	3.01
枯期平均出力（MW）	单独	3	11	8	33	11	9	18	21	15	26	16	31	19	11
	联合	3	11	12	39	19	16	31	32	22	40	25	41	32	32
装机利用小时数	单独	4540	4009	4481	4029	4501	4532	4506	4480	4473	4522	4560	3969	4064	4542
	联合	4540	4009	5312	4152	5637	5676	5555	5248	5238	5308	5365	4175	4415	6683

1.3.9　莫塔瓜河基地

1.3.9.1　重点河段分析

莫塔瓜河是危地马拉南部河流，发源于危地马拉中部高原，向东流经奇马尔特南戈省、萨卡帕省和伊萨瓦尔省，在与洪都拉斯交界处注入洪都拉斯湾。莫塔瓜河干流全长约403km，该河为危地马拉最长河流，流域面积约17536km^2。河段落差约为2366m，平均坡降为0.580%。莫塔瓜河水能资源较丰富，目前尚未开发梯级电站。

1.3.9.2　梯级布置方案

莫塔瓜河上游落差较大，水能资源丰富。根据地形条件，该河段自上至下可布置8座梯级电站，共利用落差926m，总装机容量486MW，年发电量2.41TWh。开发方案见表1-31。

表1-31　莫塔瓜河研究河段梯级开发方案主要技术指标

项目	莫塔瓜河梯级研究河段							
	Joyabaj	Chuarrancho	Elchol 1	Elchol 2	Quirigua	Elvigia	Morales 1	Morales 2
	霍亚瓦赫	丘阿兰乔	埃尔乔尔1	埃尔乔尔2	基里瓜	埃尔比乔亚	莫拉莱斯1	莫拉莱斯2
坝址控制流域面积（km^2）	927.2	2816.6	4789.8	5653	12300.3	12481.3	13206.5	13725.2
坝址多年平均流量（m^3/s）	12.42	40.8	47.61	48.42	82.2	83.94	89.43	93.90
开发方式	坝式	坝式	坝式	坝式	坝式	坝式	坝式	坝式
初估坝长（km）	1.50	1.40	0.95	0.6	0.49	0.16	0.36	0.35
正常蓄水位（m）	1405	850	560	390	165	138	118	100
死水位（m）	1400	848	555	381	164	137	117	99
坝址水面高程（m）	1083	561	390	309	139	132	101	85
坝壅水高（m）	322	289	170	81	26	6	17	15
厂址水面高程（m）	1083	561	390	309	139	132	101	85

续表

项目	莫塔瓜河梯级研究河段							
	Joyabaj	Chuarrancho	Elchol 1	Elchol 2	Quirigua	Elvigia	Morales 1	Morales 2
	霍亚瓦赫	丘阿兰乔	埃尔乔尔1	埃尔乔尔2	基里瓜	埃尔比乔亚	莫拉莱斯1	莫拉莱斯2
利用落差（m）	322	289	170	81	26	6	17	15
正常蓄水位以下库容（万 m^3）	254879	688693	139746	42253	3691	330	1590	6108
调节库容（万 m^3）	11837	14017	11200	10684	368	70	264	893
调节能力	年调节	日调节	日调节	日调节	无调节	无调节	无调节	无调节
发电引用流量（m^3/s）	20.74	66.47	76.85	79.08	133.27	133.55	145.70	166.66
引水线路（km）	0	0	0	0	0	0	0	0
装机容量（MW）	60	170	120	60	30	6	20	20
年发电量（GWh）	292	852	592	299	151	31	100	92
装机利用小时数	4876	5001	5047	4987	5025	5120	5000	4590

2 风能资源评估与开发

中南美洲风能资源丰富，开发潜力巨大。报告对中南美洲进行了评估，测算得出风能资源理论蕴藏量约 184.0PWh/a，适宜集中开发的装机规模约 6783.5GW，主要集中在南美洲北部的阿根廷南部、巴西东北部和哥伦比亚北部临近加勒比海地区，年发电量 19.8PWh，现有风电装机容量不足技术可开发量的万分之一。综合考虑资源特性和开发条件，采用风电数字化平台，研究开展了巴西巴伊亚、阿根廷内格罗河和尼加拉瓜博阿科等 9 个大型风电基地的选址开发方案，提出了主要技术和经济性指标，总装机规模约 99.70GW。研究成果将助力中南美洲风能资源的开发和利用、提振中南美洲风电基础设施投资信心，推进中南美洲能源清洁化发展进程。

2.1　方法与数据

风能是空气流动所产生的动能，是太阳能的一种转化形式。由于太阳辐射造成地球表面各部分受热不均匀，引起大气层中压力分布不平衡，在水平气压梯度作用下，空气沿水平方向运动形成风。风能资源评估基础数据主要包括资源类数据、地理信息类数据以及人类活动和经济性资料等。

报告选用理论蕴藏量、技术可开发量和经济可开发量 3 个指标开展风能资源的评估测算。

2.1.1　资源评估方法

风能资源理论蕴藏量是指评估区域内一定高度上可利用风的总动能，单位为 kWh。数字化评估风能资源理论蕴藏量，可将评估转化为计算每个格点面积与该格点对应风功率密度乘积的累加。

风电技术可开发量是指在评估年份技术水平下可以进行开发的装机容量总和，单位为千瓦。评估分析主要包括可用面积计算、装机面积计算、装机密度计算 3 个关键环节，评估流程如图 2-1 所示。

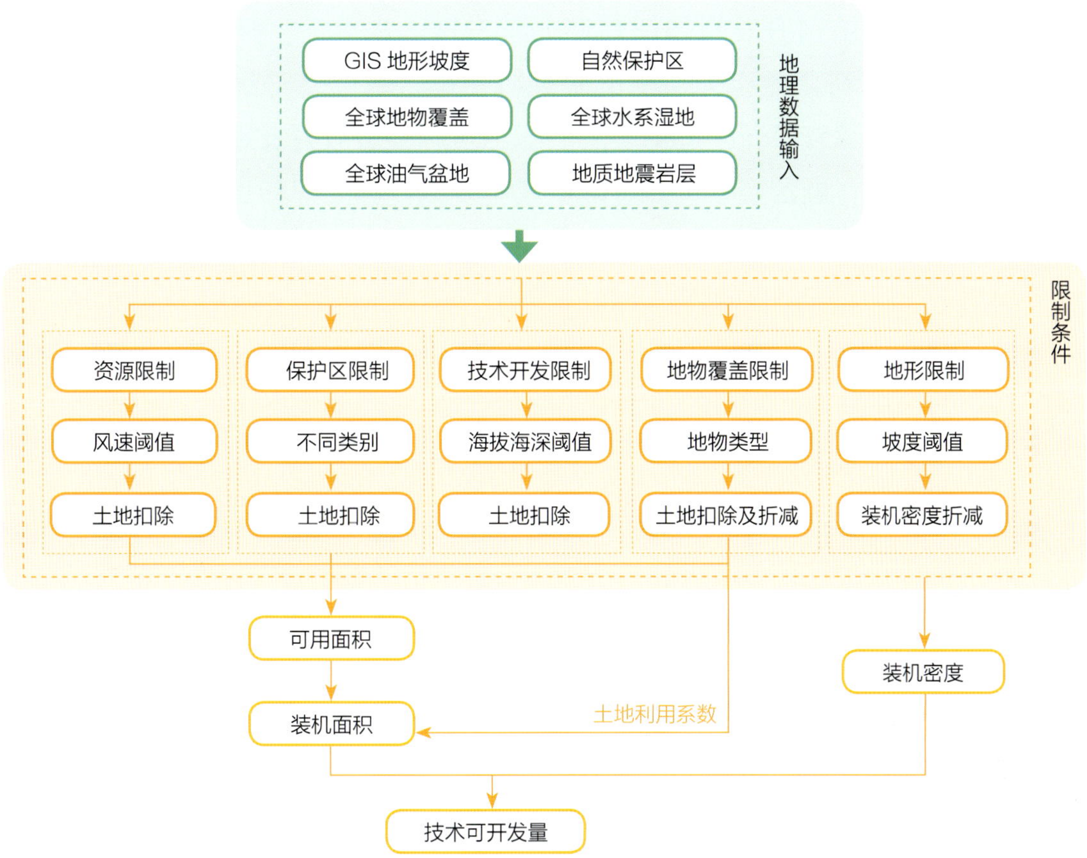

图 2-1　风电技术可开发量评估流程

具体的，技术可开发量评估的关键在于剔除因地形、海拔、土地利用及风速资源等限制而产生的不可利用面积。一方面，扣除选定区域内不宜开发的土地，得到风电开发可利用面积，结合不同地物类型设定土地利用系数，进而得到有效装机面积；另一方面，在典型风能资源条件下，测算平坦地表单位面积的装机容量，结合目前不同地形坡度下风电工程实际情况，确定相应的装机密度影响因子，计算每个格点的有效装机面积与单位面积装机容量、装机密度影响因子的乘积并累加得到区域的风电技术可开发量。

根据风能资源禀赋，通常采用年均风速作为技术指标，结合当前技术条件下的风机发电出力特性进行机组选型，采用逐小时风速数据开展计算与统计，按照选定的风机功率曲线，考虑风机效率、切入、切出风速影响等，计算得到年发电量。

风能资源经济可开发量是指在评估年份技术水平下，开发风电的度电成本低于受电地区可承受电力价格的总装机容量，单位为千瓦。报告采用平准化度电成本法，建立了一种适用于清洁能源资源经济可开发量的计算模型，通过选定评估地区、确定技术参数、确定成本参数、确定财务参数、确定政策参数、计算度电成本、经济性判断和结果计算等 8 个主要流程实现风能资源经济可开发量评估，评估流程如图 2-2 所示。具体的，将每个地理格点视为一个计算单元，计算每个格点的度电成本并与给出的综合参考电价进行对比，将具有经济性的格点容量按照地域面积进行累加，即可得到该区域的风电经济可开发量。

风能资源开发经济性分析中，基地的建设投资除设备成本、建设成本（不含场外道路）、运维成本等外，还需要重点计算并网成本和场外交通成本。

并网成本是指将开发的清洁能源发电资源接入电网所需新增建设电网设施的费用。一般清洁能源基地工程多建设在远离城镇等人口密集的地区，需要修建更长的并网工程，增加了开发投资成本。并网主要受格点风电接网与消纳方式影响，需要开展针对性测算。对于本地消纳的风电，其并网成本是风电厂到最近电网接入点的输电成本，与接入电压等级和距离有关，多采用交流输电方式，输电成本包括受端变电站和输电线路。对于需要远距离外送消纳的风电，其并网成本是风电厂到本地电力汇集站以及远距离外送工程的输电成本之和。外送工程多采用直流输电方式，输电距离不同，输电成本也不同，成本包括送受端换流站和直流线路成本。清洁能源并网成本构成如图 2-3 所示。不同规模、不同距离的电源并网需要采用不同输电方式和电压等级，相应的成本水平差异较大。报告基于中国工程经验，提出了不同输电方式、电压等级的不同并网成本因子，结合待评估格点的最短并网距离，量化测算了并网条件对不同区域清洁能源资源开发成本的影响。

```
┌─────────────────┐
│ 1. 选定评估区域 │
└─────────────────┘
        ↓
┌─────────────────────────────────────────────────┐
│ 单位格点测算      ┌─────────────────┐            │
│                   │ 2. 确定技术参数 │            │
│                   └─────────────────┘            │
│   ┌─────────┐   ┌─────────┐   ┌───────────┐     │
│   │ 装机容量 │   │ 年发电量 │   │ 利用小时数 │     │
│   └─────────┘   └─────────┘   └───────────┘     │
└─────────────────────────────────────────────────┘
        ↓
┌─────────────────────────────────────────────────────────────────┐
│                  ┌─────────────────┐                             │
│                  │ 3. 确定成本参数 │                             │
│                  └─────────────────┘                             │
│ ┌─────────┐ ┌─────────┐ ┌─────────┐ ┌─────────┐                │
│ │ 设备成本 │ │ 建设成本 │ │ 并网成本 │ │ 运维成本 │                │
│ ├─────────┤ ├─────────┤ ├─────────┤ ├─────────┤                │
│ │风机、塔筒、│ │风机基础、变│ │输电方式选型、│ │运维年限、年│             │
│ │箱式变压器、│ │电站、建筑、│ │输电距离、单│ │运维费用占比、│           │
│ │升压站设备、│ │施工辅助、交│ │位输电成本等│ │人工费用等 │             │
│ │集电线路等 │ │通、环评、水│ └─────────┘ └─────────┘              │
│ └─────────┘ │土保持、劳动│                                       │
│             │安全等     │                                       │
│             └─────────┘                                       │
└─────────────────────────────────────────────────────────────────┘
        ↓
┌─────────────────────────────────────────────────┐
│                  ┌─────────────────┐            │
│                  │ 4. 确定财务参数 │            │
│                  └─────────────────┘            │
│  ┌─────────┐  ┌─────────┐  ┌─────────┐          │
│  │ 资本金比例 │  │ 贷款利息 │  │ 贷款年限 │          │
│  └─────────┘  └─────────┘  └─────────┘          │
│  ┌─────────┐  ┌─────────┐  ┌─────────┐          │
│  │ 内部收益率 │  │ 项目残值 │  │ 折旧    │          │
│  └─────────┘  └─────────┘  └─────────┘          │
└─────────────────────────────────────────────────┘
        ↓
┌─────────────────────────────────────────────────┐
│                  ┌─────────────────┐            │
│                  │ 5. 确定政策参数 │            │
│                  └─────────────────┘            │
│ ┌───────┐ ┌───────┐ ┌───────┐ ┌───────┐        │
│ │ 增值税 │ │ 所得税 │ │ 附加税 │ │ 政府补贴 │     │
│ └───────┘ └───────┘ └───────┘ └───────┘        │
│ ┌───────┐ ┌───────┐ ┌───────┐ ┌───────┐        │
│ │ 低息贷款 │ │ 无息贷款 │ │ 贷款贴息 │ │ 政府担保 │     │
│ └───────┘ └───────┘ └───────┘ └───────┘        │
└─────────────────────────────────────────────────┘
        ↓
┌─────────────────┐
│ 6. 计算度电成本 │
└─────────────────┘
        ↓
┌─────────────────┐
│ 7. 经济性判断   │
└─────────────────┘
┌─────────────────────────────────────────────────┐
│              ┌─────────────────┐                │
│              │ 预设参考电价    │                │
│              └─────────────────┘                │
│ ┌───────────┐ ┌─────────────┐ ┌───────────┐    │
│ │当地平均上网电价│ │主要发电品种平均电价│ │外受电平均电价│ │
│ └───────────┘ └─────────────┘ └───────────┘    │
│ ┌───────────┐          ┌───────────────────┐   │
│ │ 扣除不经济格点 │          │ 统计经济格点装机容量及电量 │ │
│ └───────────┘          └───────────────────┘   │
└─────────────────────────────────────────────────┘
        ↓
┌─────────────────┐
│ 8. 输出结果     │
└─────────────────┘
```

参数修正

方法与数据

2.1 方法与数据

计算模型

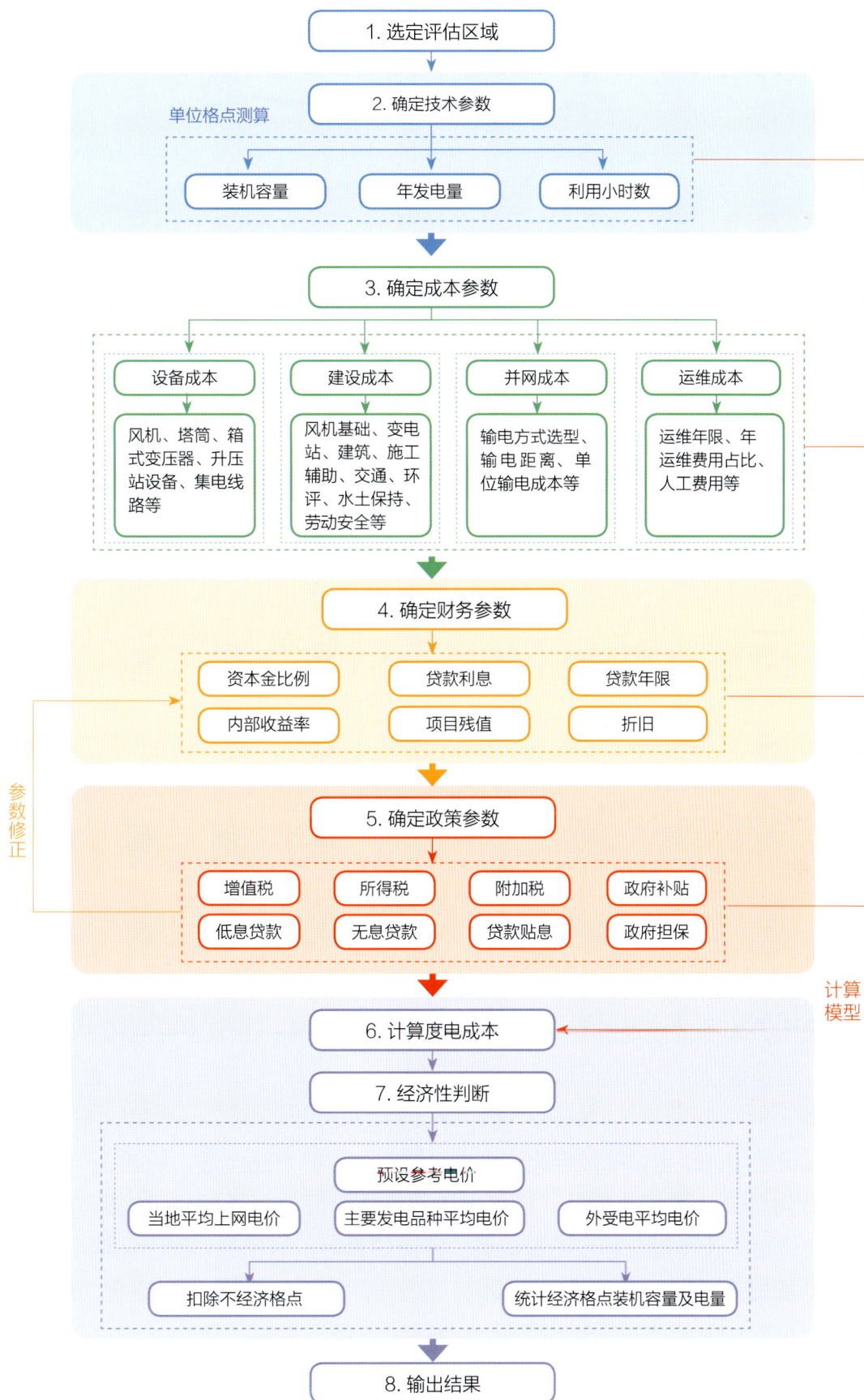

图 2-2　基于平准化度电成本的经济可开发量评估流程

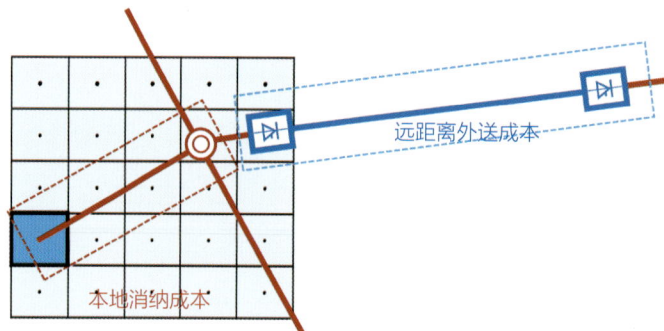

图 2-3　风电开发并网成本构成示意图

　　场外交通成本是指为开发清洁能源发电资源而新增建设从现有交通设施路网（包括公路、铁路等）到资源地的交通设施费用。本报告主要考虑公路交通设施。一般大型清洁能源发电基地与现有公路之间有一定距离，需要修建必要的场外引接公路才能满足工程建设需要，这部分增加的建设成本应计入资源的开发总成本。报告采用了交通成本因子法，基于覆盖全球的公路路网数据，计算待开发格点到最近外部运输道路的长度，即最短公路运距，综合山地、平原等不同地形条件下场外运输道路的平均单位里程成本，可以量化测算场外交通对开发成本的影响。

2.1.2　宏观选址方法

　　风电场选址研究应贯彻资源保护、统一规划、综合利用、科学开发的原则。开展风电场规划选址时，需充分了解区域内风能资源状况，掌握风速、风向、风能密度等风能资源的时间与空间分布，初步确定适宜建站的资源富集地区。然后再详细考虑限制性因素，风电场选址应规避森林、耕地、城市等不适宜集中式风电开发的地面覆盖物、保护区、地震高发区等，选取没有或较少限制性因素、工程建设条件好的区域进行基地开发。

　　风电场与光伏电站的数字化宏观选址具有相似的方法流程，如图 2-4 所示，基于覆盖全球范围基础数据，其关键流程包括资源储量计算、开发条件分析、数字化选址、设备排布、发电量估算、投资估算等。具体的，对于风电场选址，首先分析拟开发区域的风能资源情况，在了解平均风速、风速年变化、风功率密度、风向和风能玫瑰图等资源特性基础上，基于地理信息技术的规划方法，以风能资源数据和地理数据为基础，综合考虑土地利用性质、保护区、工程地质等限制性因素，利用空间分析工具，筛选适宜的开发用地。随后根据平原、山地不同的用地类型进行技术可开发量评估，并开展风机自动排布，根据风机排布结果，计算电场装机容量、发电量、年利用小时数、出力特性等技术参数。结合初选场址的并网条件、外部交通条件开展经济性测算分析，获得经济可开发量评估、匡算投资以及平均度电成本。

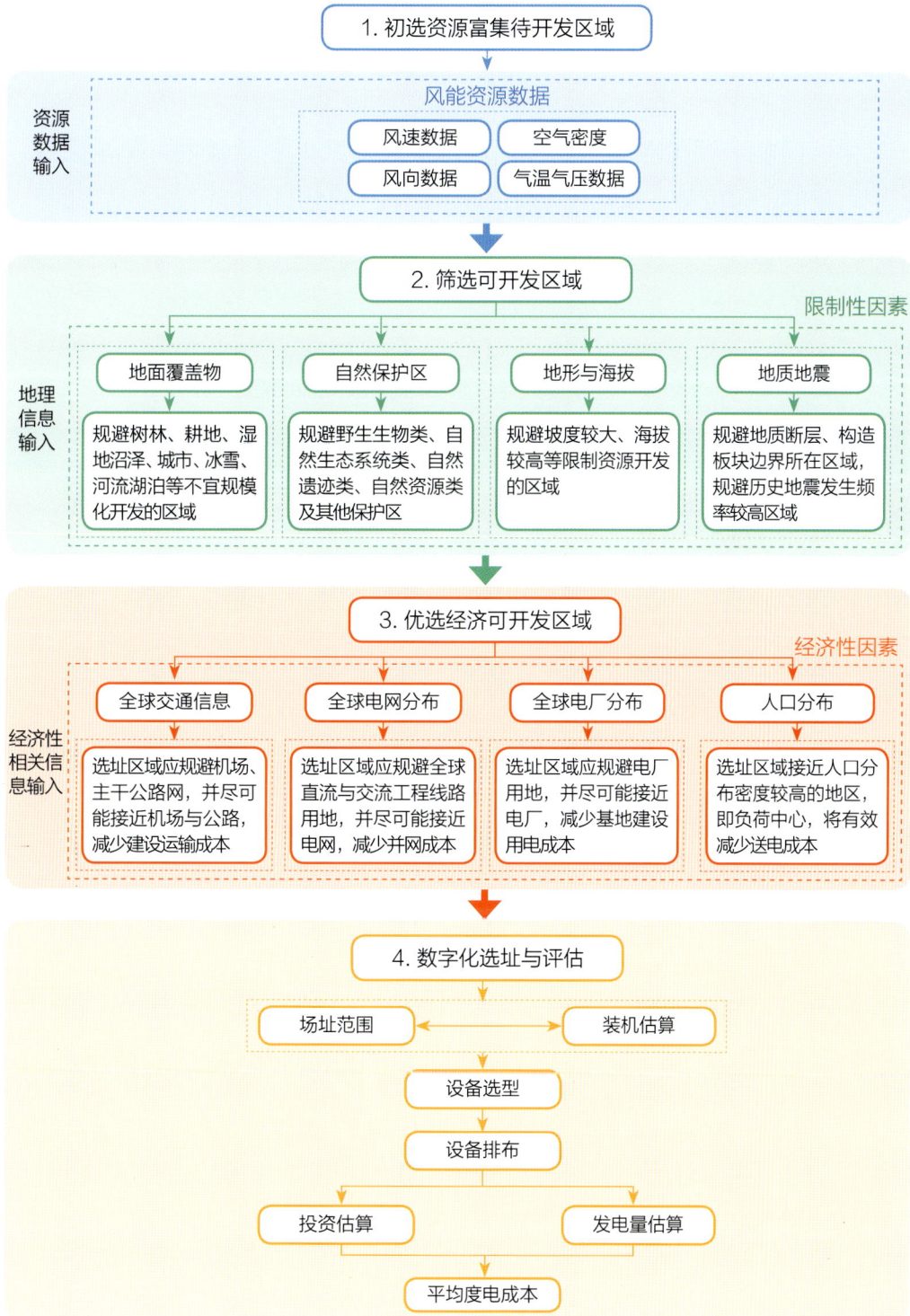

图 2-4　风电场宏观选址流程

2.1.3 基础数据与参数

2.1.3.1 基础数据

为实现数字化风能资源评估，报告建立了资源类、地理信息类、人类活动和经济性资料等 3 类 16 项覆盖全球范围的资源评估基础数据库。

其中，风能资源类数据主要包括全球中尺度风能资源数据，包含风速、风向、空气密度、温度等，采用了 Vortex 计算生产的全球风能气象资源数据[1]，时间分辨率为典型年的逐小时数据，空间分辨率为 9km×9km，其他的关键基础数据介绍见表 2-1。

表 2-1　全球风能资源和地理信息基础数据

序号	数据名称	空间分辨率	数据类型
1	全球中尺度风能资源数据	9km×9km	栅格数据
2	全球地面覆盖物分类信息	30m×30m	栅格数据
3	全球主要保护区分布	—	矢量数据
4	全球主要水库分布	—	矢量数据
5	全球湖泊和湿地分布	1km×1km	栅格数据
6	全球主要断层分布	—	矢量数据
7	全球板块边界分布 空间范围：南纬 66°—北纬 87°	—	矢量数据
8	全球历史地震频度分布	5km×5km	栅格数据
9	全球主要岩层分布	—	矢量数据
10	全球地形卫星图片	0.5m×0.5m	栅格数据
11	全球地理高程数据 空间范围：南纬 83°—北纬 83° 间陆地	30m×30m	栅格数据
12	全球海洋边界数据	—	矢量数据
13	全球人口分布	900m×900m	栅格数据
14	全球交通基础设施分布	—	矢量数据
15	全球电网地理接线图	—	矢量数据
16	全球电厂信息及地理分布	—	矢量数据

注：2—16 项数据来源同表 1-1。

---

[1] Vortex ERA5 downscaling:validation results, 2017 November.
Vortex System Technical Description, 2017 January.

2.1.3.2　计算参数

报告重点关注并评估全球范围内适宜集中式开发的风能资源,将低风速区域、保护区、森林、耕地和城市等区域作为不适宜开发区域排除在外。

> **专栏 2-1　风电的集中式和分散式开发**
>
> 在风能资源条件好、人口密度低、地面粗糙度小的地区,大面积连片开发风能资源,集中接入电网,工程的建设、运维集约化、效率高,可以显著降低工程投资,获得大规模清洁电力,有利于加快能源清洁转型。作为大型电力基础设施,集中开发的大型风电场建设要求高,对土地资源利用有较严格的要求,不能占用各类自然保护区、文物和风景名胜区、林地和耕地等,一般选址在草原和荒漠,或风能资源条件优越的山地,开发场景如专栏2-1图1所示。中国从2005年开始,采用大规模集中开发方式在北部、西北部风能资源富集地区加速风电开发,并快速建立和完善了风电设计、制造、建设和运维产业链,风电成本快速下降。

专栏 2-1 图 1　集中式风电开发场景

　　分散式风电，一般位于用电负荷附近，利用工业园区的开阔地带，或者利用耕地、山地、林地等特殊微地形条件产生的散落分布的低风速资源。分散式风电不以大规模、远距离输送电力为目的，产生的清洁电力就近接入当地电网消纳，开发场景如专栏2-1图2所示。准确、高效的资源评估是分散式风电开发的基本要求，照搬集中式风电场的评估办法成本高昂，建立测风塔耗时长。经过多年的实践，中国分散式风电开发的先行者已经基本形成一套集成了中尺度数值模拟、小尺度数值模式计算、邻近区域测风塔数据或激光测风雷达数据校核的系统性方法。2015年开始，中国采取了"集中"和"分散"并举的策略❶，因地制宜开发中东部地区的低风速风能资源，预计到2020年规模将超过20GW。

专栏2-1图2　分散式风电开发场景

---

❶ 2016年11月，中国国家发展改革委、国家能源局下发《电力发展"十三五"规划》。

1. 技术指标测算参数

　　结合工程建设实践，一般认为年均风速低于 5m/s 的地区，资源开发效率较低、经济性较差，不宜进行集中式风电开发。海拔超过 4000m 的高原，空气稀薄，风功率密度下降，同时多有冰川分布，建设难度大，严重影响自然环境，不推荐进行集中式开发。野生动物、自然环境、风景名胜等各类保护区，森林、耕地、湿地沼泽、城市、冰川等地面覆盖物类型的区域不宜开发。对于适宜开发的灌丛、草本植被以及裸露地表等 3 种区域类型，结合风力发电技术特点以及当前设备水平，分别设置了土地利用系数。不同地形坡度将显著影响单位土地面积上的装机能力，报告对 0°～30° 不同坡度条件，设定了坡度利用系数。具体技术指标和参数见表 2-2。

　　按此推荐参数计算得到的结果是评估范围内适宜集中开发的风电技术可装机规模称为"技术可开发量"。

表 2-2　全球风能资源评估模型采用的主要技术指标和参数

类型	限制因素	阈值	参数（%）
资源限制	风速	＞5m/s	—
技术开发限制	陆地海拔	＜4000m	—
	近海海深	＜150m	—
保护区限制	自然生态系统	不宜开发	0
	野生生物类	不宜开发	0
	自然遗迹类	不宜开发	0
	自然资源类	不宜开发	0
	其他保护区	不宜开发	0
地面覆盖物限制	树林	不宜开发	0
	耕地	不宜开发	0
	湿地沼泽	不宜开发	0
	城市	不宜开发	0
	冰雪	不宜开发	0
	灌丛	适宜开发	80
	草本植被	适宜开发	80
	裸露地表	适宜开发	100

类型	限制因素	阈值	参数（%）
地形坡度限制	0°~1.7°	适宜开发	100
	1.8°~3.4°	适宜开发	50
	3.5°~16.7°	适宜开发	30
	16.8°~30°	适宜开发	15
	>30°	不宜开发	0

2. 经济指标测算参数

报告采用平准化度电成本法建立了一种适用于风能资源经济可开发量的计算模型。为了对未来规划水平年的基地投资水平与开发经济性进行评估，研究综合多元线性回归预测法与基于深度自学习神经元网络关联度分析预测法，建立了风电开发投资水平预测模型。结合中南美洲发展水平以及风电技术装备、非技术类投资成本的预测结果，提出了 2035 年中南美洲陆地风电综合初始投资的组成及其推荐取值，主要包含设备及安装、建筑工程和其他费用 3 个类别，见表 2-3。报告给出了主要的财务参数、场外交通成本、并网经济性参数等的推荐取值，详情见表 2-4 和表 2-5。其中，场外交通成本按照中国工程经验，综合山地、平原一级公路建设费用水平进行测算，并网经济性参数参照中国超高压交流、直流输电工程造价水平进行测算。

表 2-3　中南美洲 2035 年陆地风电开发初始投资组成与推荐取值

美元 /kW

序号	投资组成	总造价
1	设备及安装	580~659
1.1	设备费	549~624
1.2	安装费	30~35
2	建筑工程	168~191
3	其他	50~57
总计		798~907

表 2-4　中南美洲 2035 年陆地风电经济性计算的财务参数推荐取值

序号	投资组成	推荐取值
1	贷款年限	7 年
2	贷款比例	70%
3	贷款利率	3%
4	贴现率	2%
5	建设年限	1 年
6	运行年限	20 年
7	残值比例	0%
8	运维占比	3.6%
9	场外交通	800 美元 /km

表 2-5　中南美洲 2035 年陆地风电开发并网经济性参数推荐取值

交流输电		
电压等级（kV）	输电距离（km）	单位输电成本［美元 /（km·kW）］
1000	500	0.28
745~765（750）	400	0.34
500	300	0.39
380~400（400）	220	0.59
300~330	200	0.65
220	150	1.06
110~161（110）	100	1.37
直流输电		
电压等级（kV）	输电距离（km）	单位输电成本［美元 /（km·kW）］
±800	1500~3000	0.15

2.2 资源评估

风速、地面覆盖物、保护区分布影响区域集中开发利用风能的技术可行性，公路、电网等基础设施条件影响区域风能开发的经济性水平。报告基于覆盖中南美洲的数据、信息，采用统一指标和参数完成了中南美洲风能资源评估研究。

2.2.1 风速分布

报告采用 votex 公司生产得到的风能资源数据开展风能资源评估，资源数据包括风速、温度、气压和空气密度等。中南美洲蕴藏着巨大的风能开发潜力，风速分布如图 2-5 所示。从风速角度看，南美洲南部的阿根廷、乌拉圭、玻利维亚，东部的巴西以及中美洲地区的尼加拉瓜等国部分地区的风能资源条件优异，年平均风速在 6m/s 以上，利于开展大型风电基地开发。

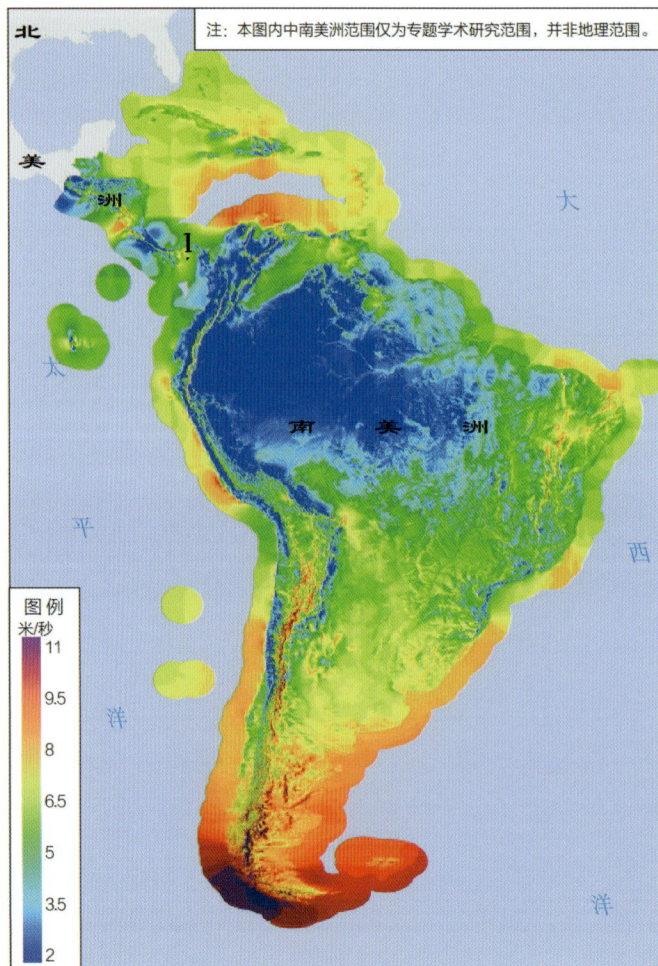

图 2-5 中南美洲风速分布示意图

专栏 2-2　　全球风能资源中尺度数值模拟

　　地球大气系统是一个极其复杂的非线性系统，其动力、热力过程可以通过偏微分方程组描述，但是方程组的复杂性导致难以获得解析解。随着大气探测技术、通信技术和计算机技术不断发展，借助现代高性能计算集群可以实现大规模数值模拟计算，并成为最高效的风能资源气象数据获取手段。影响风机发电的天气与气候现象具有中尺度特性，所以一般使用中尺度模式开展模拟计算，并对原始方程模式进行必要简化以有效节省时间及计算成本。天气研究与预测模型 WRF（Weather Research & Forecasting Model）作为中尺度气象模式的典型代表，能够有效捕捉大、中尺度大气环流过程，适合宏观区域风能资源普查研究，也广泛应用于大气研究和气象预报领域。西班牙 Vortex 公司即采用了中尺度 WRF 模型，通过嵌套模拟链实现了从数百米到数百千米多种空间尺度的覆盖。模型采用了多种覆盖全球范围的地球物理和气象数据库。Vortex 公司把再分析生产的风速数据与全球超过 400 个站点的实测风速数据集进行了对比分析和检测校核。报告采用的是 Vortex 公司生产的全球范围 9km 分辨率，50、100m 和 150m 共 3 个高程的风能资源图谱及逐小时时间序列数据，该数据也是世界银行 World Bank Wind Atlas 平台的基础数据之一，在全球获得广泛应用。

2.2.2　地面覆盖物

　　从适宜大规模集中开发的土地资源角度分析，森林、耕地、水体湿地、城市和冰川是影响风能资源集中开发的主要地表覆盖物限制性因素。中美洲大部分地区及南美洲西北部地区属于热带雨林气候与热带草原气候，全年气温都在20℃以上，其中热带雨林地区植被种类丰富，地面覆盖物以树林和草本植被为主；受热带草原与热带雨林气候影响，土地肥沃，降水适宜，适宜耕种和畜牧业发展，位于南美洲东部的巴西和东南部的阿根廷是中南美洲农业大国。图2-6为中南美洲上述5种主要限制风电集中开发的地面覆盖物分布情况。

图 2-6　中南美洲森林、耕地、水体湿地、城市和冰川分布情况示意图

2.2.3 保护区分布

保护区是影响风能资源开发的重要土地性质的限制性因素，一般情况下，大型风电基地的选址开发应规避所有类型的保护区。南美洲西部部分地区属于热带雨林气候，世界上最大的热带雨林——亚马孙热带雨林为各种动物栖息提供了天然场所，野生动物种类繁多，分布着众多野生生物类、自然生态系统类、自然资源类保护区，全洲保护区总面积高达 442 万 km²。巴西西北部亚马孙流域绝大部分面积属于亚马孙自然保护区，保护区类型较多，分布广。图 2-7 为中南美洲主要保护区分布情况。

图 2-7 中南美洲主要保护区分布情况示意图

2.2.4 交通设施

风能资源富集地区的交通设施发达程度越高、公路干网等分布越广泛，将越有利于大型风电基地的开发建设，利于工程设备与材料的进场运输，提高基地开发经济性。开展风能资源开发经济性的研究，需要结合交通设施的分布情况进行综合分析和测算。图 2-8 为中南美洲主干公路和铁路分布情况示意图。

图 2-8 中南美洲主干公路和铁路分布情况示意图

公路方面，基于全球基础信息数据库统计，中南美洲高等级公路的总里程约 10 万 km，公路总里程超过 90 万 km，基本遍布中南美洲全境。具体来看，南美洲北部的亚马孙雨林地区，鲜有公路穿越，多数地区距离最近的干线公路距离超过 200km，巴西西北部、哥伦比亚南部、委内瑞拉南部的公路交通设施密度较低。

铁路方面，基于全球基础信息数据库统计，中南美洲铁路里程总计约 9 万 km，主要分布在南美洲南部的阿根廷与智利、南美洲东部大西洋沿岸的巴西、南美洲西部大西洋沿岸的哥伦比亚与厄瓜多尔、加勒比海北部的古巴等国。总体来看，中南美洲铁路里程短，未来有较大发展空间。

2.2.5 电网设施

电网基础设施条件越好，大型风电基地的并网成本越低，越有利于开展集中式风电开发。中南美洲风能资源开发经济性的评估考虑了并网条件的影响，在平准化度电成本中增加了并网成本内容。

根据数据统计，中南美洲高压电网线路路径总长度约 35.7 万 km，其中 300kV 以上的交流线路长度超过 11.7 万 km，直流线路超过 1 万 km，其中 ±800kV 直流线路约 4615km，±660kV 直流线路约 6281km。表 2-6 为中南美洲不同电压等级的交、直流电网线路建设情况。

表 2-6　中南美洲不同电压等级的交、直流电网线路建设情况

交流线路		直流线路	
电压等级（kV）	线路长度（km）	电压等级（kV）	线路长度（km）
745～765	4802	±800	4615
380～500	100591	±660	6281
300～330	11361	—	—
220～275	146880	—	—
110～161 及以下	76192	—	—
总计	339826	总计	10896

专栏 2-3   **中南美洲电网设施现状**

大型清洁能源基地开发，通常需要通过并网的方式将基地电能送至负荷端，基地离电网的远近直接影响了基地的开发成本。中南美洲电网基础设施较好，整体电力普及率较高。

一方面，中南美洲部分国家电网发展水平较高，跨国电网互联有一定基础。巴西、阿根廷、委内瑞拉、哥伦比亚、乌拉圭等国已形成比较坚强的 500kV（委内瑞拉为 400kV）交流电网主网架。南美洲巴西最高电压等级达到交流 750kV、直流 ±800kV；委内瑞拉最高电压等级达到交流 765kV；秘鲁和智利初步形成了 500kV 交流主网架，其他国家以 230kV 及以下交流主网架为主。中美洲形成了从危地马拉至巴拿马贯穿 6 国的 230kV 交流联网。总体上，洲内虽具有一定电网跨国互联基础，但电力保障与电网配置能力有待加强，仍需大力升级电网基础设施，提高电网的清洁能源资源优化配置能力。

另一方面，中南美洲整体电力普及率较高。2016 年中南美洲总用电量约 1.1PWh[1]，占全球总用电量的 5.3%。其中，南美洲占 87%，近 60% 的电力消费集中在巴西和阿根廷。中南美洲整体电力普及率较高，2016 年达到 97%[2]，其中南美洲 99%、中美洲 92%、加勒比地区 84%，部分国家农村和边远地区存在无电人口。中南美洲年人均用电量 2083kWh，约为世界平均水平的 60%，其中智利年人均用电量最高，达到 4088kWh。中美洲和加勒比地区部分国家和地区存在不同程度的能源电力供应短缺问题；巴西和委内瑞拉等国由于水电比重偏高，易受干旱影响而出现电力短缺。总体上，中南美洲电力普及率较高，但仍具有一定电力需求缺口，可以大力开发风能、太阳能等清洁能源。

---

[1] 数据来源：美国能源信息署。
[2] 数据来源：世界银行。

中南美洲电网 110kV 及以上基础设施热力分布情况示意图如图 2-9 所示。总体上，中南美洲电网基础设施较好，但中南美洲大陆的亚马孙热带雨林，哥伦比亚、秘鲁和玻利维亚三国安第斯山以东没有高压电网覆盖。上述区域在 300km 以内没有高压电网，大型风电基地开发的并网条件相对较差。

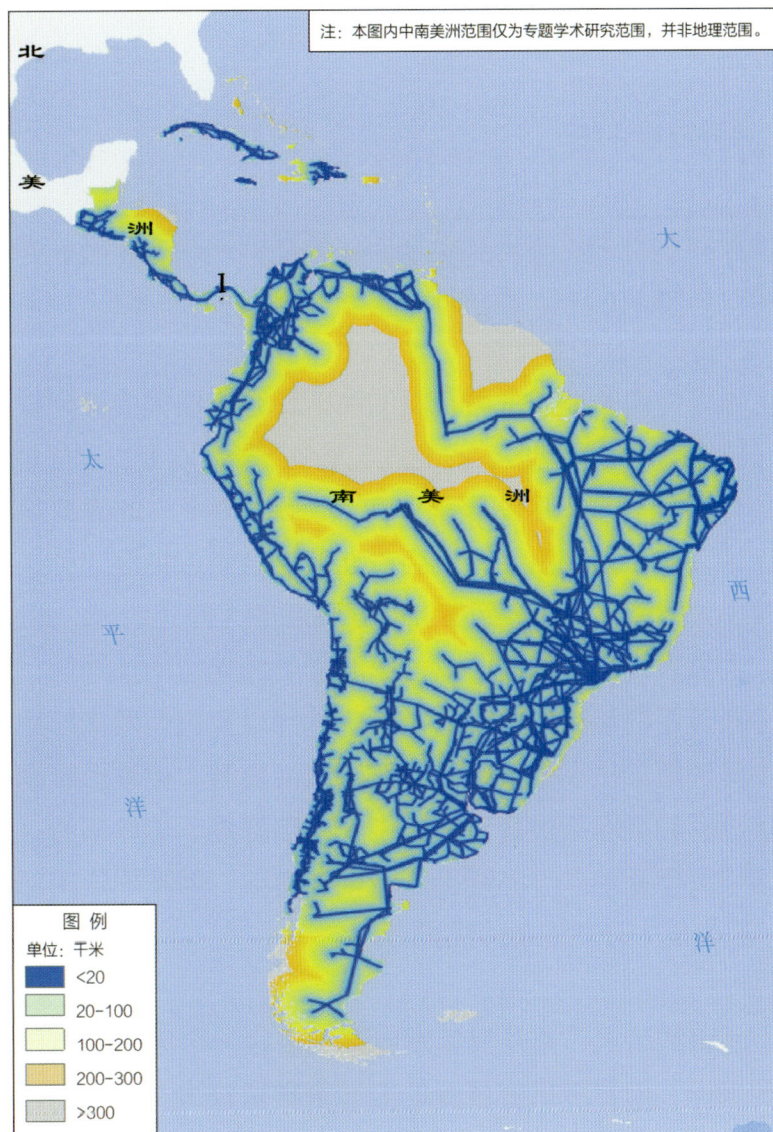

图 2-9 中南美洲电网设施热力分布示意图

2.2.6　评估结果

1.　理论蕴藏量评估

根据 100m 高度的风速数据测算，中南美洲风能资源理论蕴藏量 184.0 PWh/a，占全球总量的 9%。从分布上看，南美洲东部的巴西、南部的阿根廷，玻利维亚、智利和西部的哥伦比亚理论蕴藏量较高。

2.　技术可开发量评估

综合考虑资源和各类技术限制条件后，经评估测算，中南美洲适宜集中开发的风电规模约 6783.5GW，占全球总量的 5%，年发电量约 19.8PWh/a。

从分布上看，中南美洲技术可开发的风能资源主要集中在阿根廷南部、巴西东北部和乌拉圭东南沿海地区，占全洲总量的 80% 以上。上述地区除阿根廷南部处于高原地带，其余地区海拔基本在 1000m 以下，地表覆盖物主要是草本植被、裸露地表和少量灌丛，除巴西东北部的少量保护区之外，绝大部分地区非常适合建设大型风电基地。南美洲中部和西部大部分地区，如巴西西北部、秘鲁东北部、厄瓜多尔东部地区、哥伦比亚和委内瑞拉南部地区，风能资源条件较差且多分布茂密的热带雨林；阿根廷东北部以及巴西西南部地区农业耕地广泛分布；中美洲尼加拉瓜南部有较丰富的风能资源，但地形陡峭，多覆盖热带雨林，上述国家和地区不适宜建设集中式风电基地。总体来看，中南美洲具备集中开发建设风电基地条件的陆上区域相对有限，但阿根廷南部地区综合各种技术条件，风电集中开发的条件优异。

单位国土面积的装机容量及其年发电量是表征一个区域风电技术可开发资源条件的重要指标，但是装机容量受地形坡度影响较大，相比而言，采用年发电量与装机容量的比值，即装机利用小时数（容量因子，Capacity Factor）也能够从另一个角度反映区域资源技术开发条件的好坏，且可以与单位面积装机容量结合，共同作为衡量一个地区风能资源条件优劣的判断标准。中南美洲风电技术可开发区域及其利用小时分布示意图如图 2-10 所示。

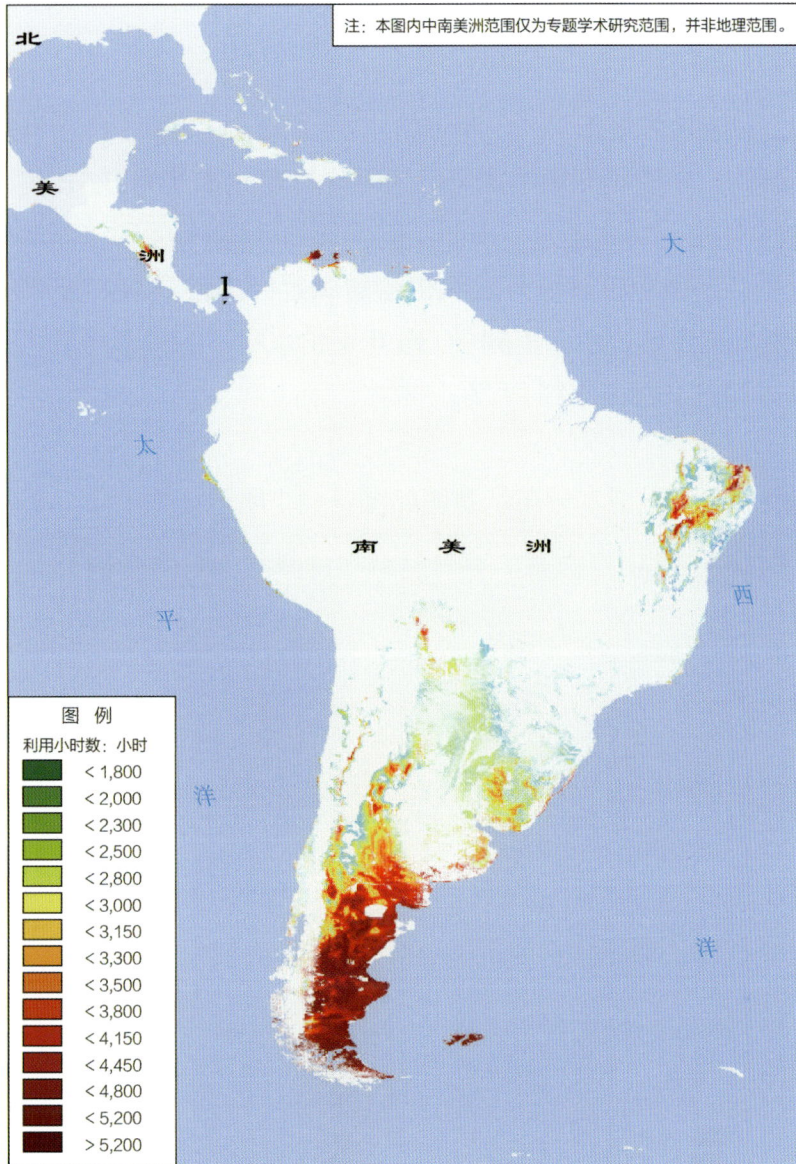

图2-10　中南美洲风电技术可开发区域及其利用小时分布示意图

　　从技术指标来看，全洲风电技术可开发装机的平均利用小时约2916小时（平均容量因子约0.33），其中阿根廷南部、智利南部太平洋沿岸、巴西东北部、哥伦比亚北部加勒比海沿岸、委内瑞拉北部加勒比海沿岸、环加勒比海近海，风电利用小时在3500~4500小时，资源条件优越，最大值出现在阿根廷南部的圣克鲁斯（Santa Cruz）附近，超过5400小时。

3. 开发成本评估

按照陆上风电技术装备 2035 年造价水平预测结果测算，综合考虑交通和电网基础设施条件，中南美洲集中式风电的平均开发成本 [1] 为 3.18 美分，各国平均开发成本在 1.98~7.72 美分。按照当前全球约 8 美分的平均电价水平评估 [2]，中南美洲近乎全部风电技术可开发装机容量满足经济性要求。按照全球 5 美分风电平均开发成本评估，中南美洲 2035 年造价水平下的风电经济可开发规模约 6.4TW，技术可开发量占比约 95%。

中南美洲风电开发成本分布示意图如图 2-11 所示。

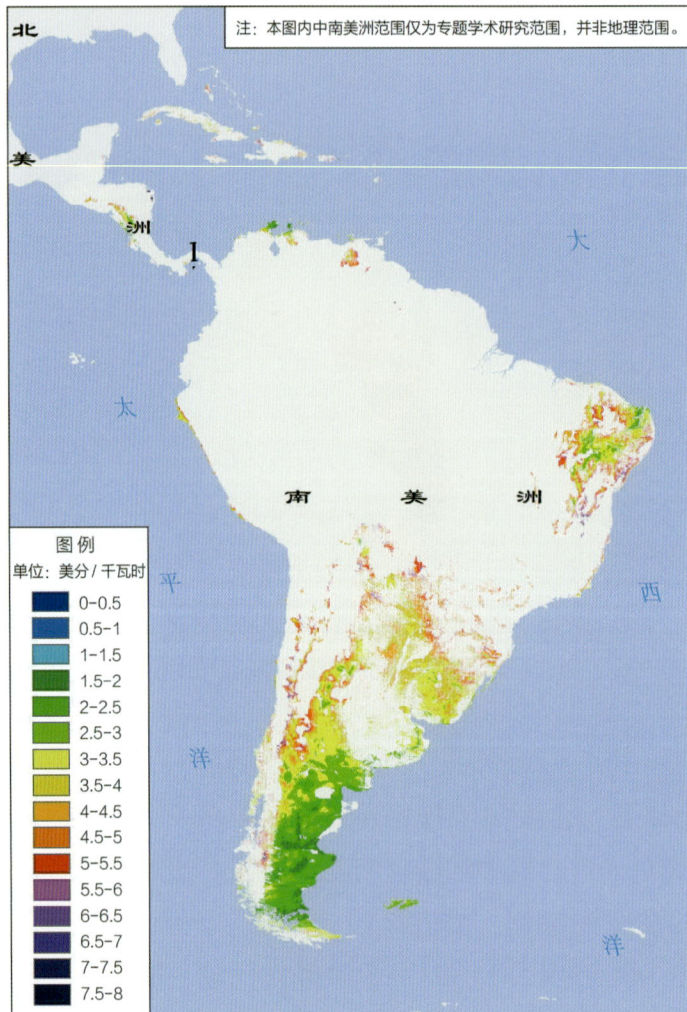

图 2-11　中南美洲风电开发成本分布示意图

---

[1] 中南美洲集中式风电的平均开发成本为洲内各国家平均开发成本及其年发电量的加权平均值。

[2] 可再生能源发电价格参考国际可再生能源署（IRENA）的报告：《RENEWABLE POWER GENERATION COSTS IN 2018》，燃气、燃煤和核电价格参考国际能源署（IEA）的报告：《Projected Costs of Generating Electricity》.

　　从风电经济性指标来看，资源条件优异，同时交通、电网基础设施条件相对较好的国家和地区风电开发成本低，经济性更好。整体而言，中南美洲可开发的风能资源，绝大部分经济性较好，但玻利维亚、圭亚那、苏里南、古巴等 17 个国家和地区风电开发的最高度电成本存在高于 8 美分的情况。从最经济的开发区域来看，哥伦比亚、巴西、智利、阿根廷、尼加拉瓜、哥斯达黎加等 9 国风电的最低开发成本低于 2.5 美分，开发经济性好，其中开发成本最低的出现在阿根廷南部圣克鲁斯省（Santa Cruz）格雷戈雷斯省长镇（Gobernadorgregores）西部，为 1.63 美分。

　　从平均水平来看，哥伦比亚的平均开发成本最低，为 2.41 美分。

专栏 2-4　　　　阿根廷风能资源

　　阿根廷地处南美洲南部，国土总面积约 278 万 km^2。根据测算，境内最高海拔高度 6807m，最大地形坡度 72.6°。

　　阿根廷风能资源好，距地面 100m 高度全年风速为 2.1～13.0m/s，全国平均风速 6.7m/s，主导风向为 WNW。全年风速大于 6m/s 的区域主要分布在南部及东部地区，西部及北部部分地区年平均风速均低于 3.5m/s，资源相对较差。

1. 主要限制性因素

　　阿根廷境内设有不同类型的保护区，包括自然生态系统类保护区 7.65 万 km^2、野生生物类保护区 10.30 万 km^2、自然遗迹类保护区面积 0.41 万 km^2、自然资源类保护区 8.92 万 km^2 等，保护区总面积为 28.15 万 km^2，以上区域均不宜进行风能资源规模化开发。阿根廷主要保护区面积测算结果详见专栏 2-4 表 1。

专栏 2-4 表 1　阿根廷主要保护区面积测算结果

万 km²

总面积	自然生态系统	野生生物	自然遗迹	自然资源	其他
28.15	7.65	10.30	0.41	8.92	0.87

阿根廷地面覆盖物类型以草本植被为主，地表草本植被覆盖面积94.08 万 km²，占总陆地面积 34.4%；耕地 61.28 万 km²，占 22.4%；灌丛面积 58.79 万 km²，占 21.5%。阿根廷主要地面覆盖物分析结果见专栏 2-4 表 2。草本植被和裸露地表适宜集中开发风电，按照确定的土地利用系数测算，阿根廷可进行风能集中式开发的总面积约 138.6 万 km²，占比约 49.9%。

专栏 2-4 表 2　阿根廷主要地面覆盖物分析结果

万 km²

国土总面积	河流面积	陆地面积								
		总计	森林	灌丛	草本植被	耕地	湿地沼泽	裸露地表	城市	冰雪
278.02	4.45	273.57	31.52	58.79	94.08	61.28	9.44	16.29	1.16	1.01

2. 其他工程建设条件

阿根廷地震发生频率较频繁，历史发生的地震记录主要集中于西部和北部山区，风电开发应规避主要地层断裂带、地震带及地震高发区域。阿根廷岩层分布丰富，在风能资源丰富的地区以基性火山岩、松散沉积岩和硅碎屑沉积岩为主。

阿根廷人口 4404 万人，人口密度超过 3.5 万人 /km² 的人口密集地区主要集中在东部及北部城市地区，西部及南部人口密度较低，规模化开发风电一般应远离人口密集地区。

3. 评估结果

根据测算，阿根廷陆地风能资源的理论蕴藏量 76126.4TWh/a；集中式开发的技术可开发量 4029.1GW，年发电量 12712.9TWh，平均利用小时数 3155 小时（容量因子 0.36）。阿根廷南部及中部地区风能开发条件好，部分地区的装机能力可达到 5MW/km²，全国风电技术可开发量及开发成本分布示意图如专栏 2-4 图 1 所示。

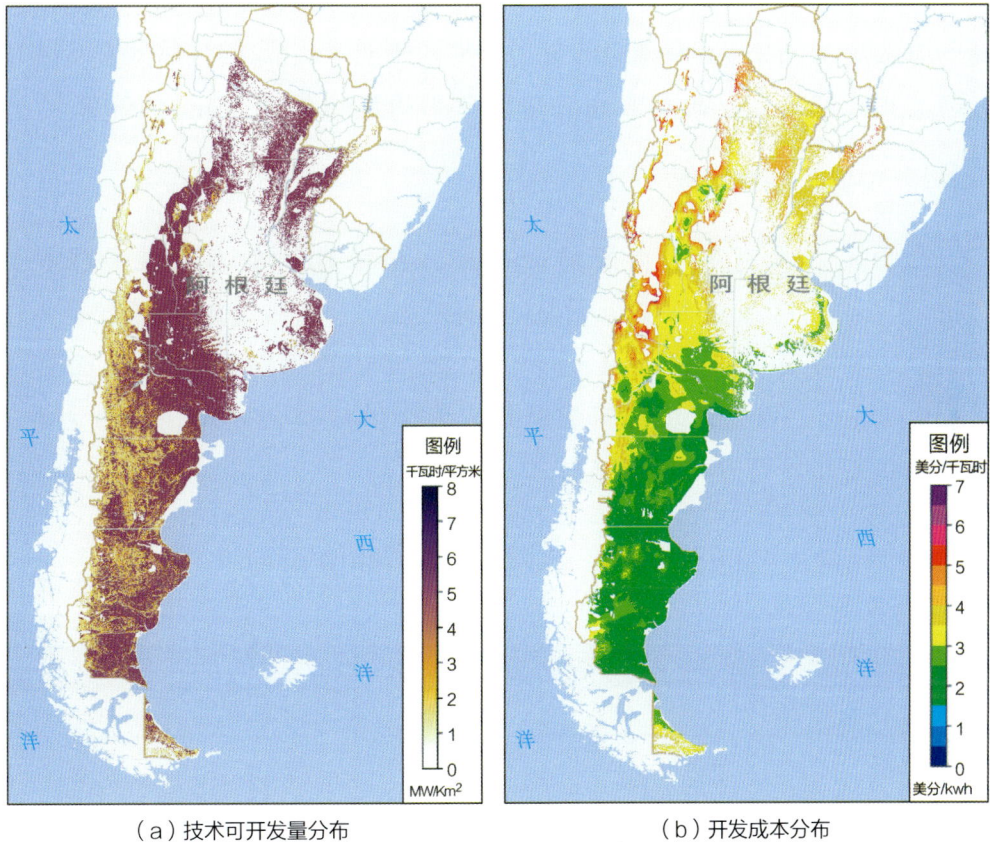

（a）技术可开发量分布　　　　　　（b）开发成本分布

专栏 2-4 图 1　阿根廷风电技术可开发量以及开发成本分布示意图

　　根据测算，阿根廷陆地风电的平均开发成本为 2.93 美分 / kWh，其中开发条件最好的地区，开发成本低至 1.65 美分 / kWh。阿根廷适合风电大规模经济开发的区域主要分布于中部及南部地区。

专栏 2-5

巴西风能资源

巴西地处中南美洲东北部,国土总面积 851 万 km²。根据测算,境内最高海拔高度 2783m,最大地形坡度 71.3°。

巴西风能资源一般,距地面 100m 高度全年风速范围为 1.3~9.3m/s,全国平均风速 3.8m/s,主导风向为 E。全年风速大于 6m/s 的区域主要分布在南部及东北部地区,西部亚马孙地区年平均风速低于 3.5m/s,资源较差。

1. 主要限制性因素

巴西境内设有不同类型的保护区,包括自然生态系统类保护区 45.30 万 km²、野生生物类保护区 5.13 万 km²、自然遗迹类保护区 6.07 万 km²、自然资源类保护区面积 182.72 万 km² 等,保护区总面积为 252.19 万 km²,以上区域均不宜进行风能资源规模化开发。巴西主要保护区面积测算详见专栏 2-5 表 1。

专栏 2-5 表 1　巴西主要保护区面积测算结果

万 km²

总面积	自然生态系统	野生生物	自然遗迹	自然资源	其他
252.19	45.30	5.13	6.07	182.72	12.97

巴西地表森林覆盖面积 417.09 万 km²,占总陆地面积 49.7%;灌丛面积 133.74 万 km²,占 15.9%;耕地 129.64 万 km²,占 15.5%;草本植被覆盖面积 116.74 万 km²,占总陆地面积 13.9%;巴西主要地面覆盖物分析结果见专栏 2-5 表 2。灌丛、草本植被和裸露地表适宜集中开发风电,按照确定的土地利用系数测算,巴西可进行风能集中式开发的面积约 200.8 万 km²,占比 23.6%。

专栏 2-5 表 2　巴西主要地面覆盖物分析结果

万 km²

国土总面积	河流面积	陆地面积								
		总计	森林	灌丛	草本植被	耕地	湿地沼泽	裸露地表	城市	冰雪
851.47	12.84	838.63	417.09	133.74	116.74	129.64	37.45	0.61	3.36	0.00

2.　其他工程建设条件

巴西全境地震活动不频繁，历史发生的地震记录主要集中于东北部沿海地区，风电开发应规避主要地层断裂带、地震带及地震高发区域。巴西岩层分布丰富，在风能资源丰富的地区岩层分布以变质岩、酸性深成岩和松散沉积岩为主。

巴西人口约 20280 万人，人口密度超过 3.5 万人 /km² 的人口密集地区主要集中在东南部城市地区，西部及北部人口密度较低，规模化开发风电一般应远离人口密集地区。

3.　评估结果

根据测算，巴西陆地风能资源的理论蕴藏量 48.3PWh/a；技术可开发量 1429.9GW，年发电量 3466.2TWh，综合利用小时数 2424 小时（容量因子 0.28）。巴西东北部及南部地区风能开发条件好，部分东北部和南部平原地区的装机能力可以达到 5MW/km²，全国风电技术可开发量分布及开发成本分布图谱如专栏 2-5 图 1 所示。

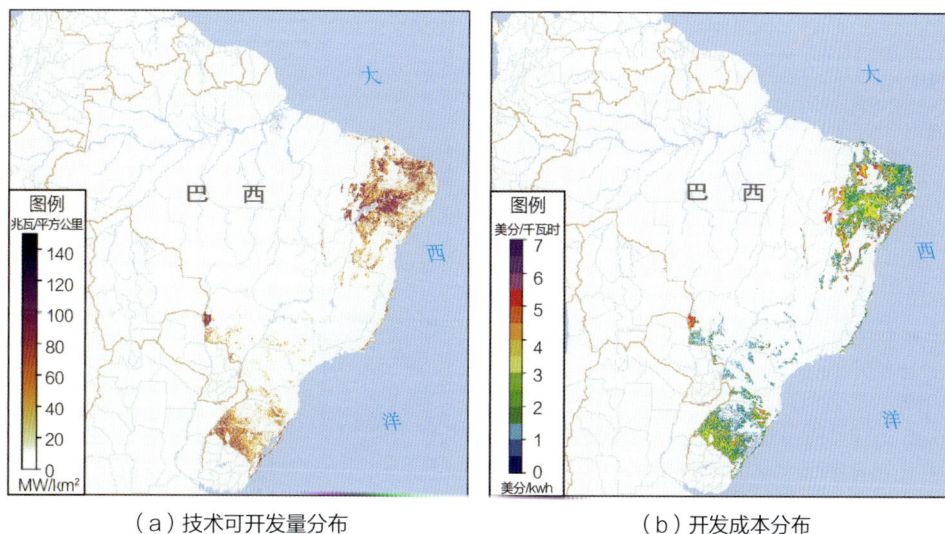

（a）技术可开发量分布　　　　　（b）开发成本分布

专栏 2-5 图 1　巴西风电技术可开发量以及开发成本分布示意图

根据测算，巴西陆地风电的平均开发成本为 3.73 美分 / kWh，其中开发条件最好的地区，开发成本低至 1.83 美分 / kWh。巴西适合风电大规模经济开发的区域主要分布于东北部及南部。

中南美洲 35 个国家和地区风能资源评估结果见表 2-7，包括理论蕴藏量、集中式开发规模以及按国别平均的开发成本。其中，技术可开发量的评估结果是按照报告 2.1.3 给定的评估参数计算获得，是满足集中式开发条件区域的装机容量。

具体来看，中美洲绝大多数国家和地区地形陡峭，多覆盖热带雨林，可开发面积有限，基本不具备集中式风电开发条件。南美洲圭亚那、苏里南和法属圭亚那森林覆盖率较高，集中式风电开发条件差。

表 2-7　中南美洲 35 个国家和地区风能资源评估结果

序号	国家	理论蕴藏量（TWh/a）	集中式开发规模（GW）	年发电量（TWh/a）	可利用小时数（小时）	可利用面积比例	平均开发成本（美分/kWh）
1	哥伦比亚	2717.5	35.1	131.4	3746	0.69%	2.41
2	委内瑞拉	4165.4	87.9	223.5	2541	2.30%	3.52
3	秘鲁	2568.5	63.1	148.0	2346	1.20%	3.76
4	厄瓜多尔	477.2	0.2	0.3	1746	0.03%	5.08
5	玻利维亚	10277.2	86.5	224.8	2599	1.91%	4.37
6	巴拉圭	6498.1	377.1	888.1	2355	19.30%	4.13
7	圭亚那	799.0	0.7	1.2	1726	0.14%	6.39
8	苏里南	586.8	0.6	1.0	1754	0.07%	7.2
9	法属圭亚那	388.2	0.3	0.5	1592	0.09%	7.72
10	巴西	48335.3	1429.9	3466.2	2424	4.56%	3.73
11	智利	20691.3	213.5	781.9	3662	11.84%	2.87
12	阿根廷	76126.4	4029.1	12712.9	3155	35.80%	2.93
13	乌拉圭	3440.3	362.0	956.0	2641	49.08%	3.42
14	危地马拉	471.1	2.4	5.3	2204	1.01%	4.09
15	伯利兹	165.9	1.4	2.7	1931	1.21%	5.04
16	萨尔瓦多	155.5	0.6	1.3	2248	1.70%	4.12
17	洪都拉斯	737.4	6.5	14.0	2157	2.75%	4.96
18	尼加拉瓜	1566.1	31.7	85.2	2688	9.90%	3.45
19	哥斯达黎加	396.5	3.1	8.8	2809	2.10%	3.15
20	巴拿马	562.2	2.5	5.5	2213	0.97%	4.22
21	古巴	1673.8	30.2	72.9	2414	6.05%	3.74

序号	国家	理论蕴藏量（TWh/a）	集中式开发规模（GW）	年发电量（TWh/a）	可利用小时数（小时）	可利用面积比例	平均开发成本（美分/kWh）
22	牙买加	112.1	1.0	2.0	2053	3.57%	4.29
23	巴哈马	269.7	6.2	16.8	2718	92.63%	4.81
24	开曼群岛（英）	4.7	4.2×10^{-2}	0.1	2664	3.20%	6.13
25	海地	189.9	2.0	4.6	2292	2.95%	5.49
26	多米尼加	380.9	7.1	15.6	2199	3.95%	4.06
27	波多黎各	119.6	2.0	4.4	2220	7.87%	5.97
28	维尔京群岛（英）	3.1	2.6×10^{-2}	0.1	3121	7.50%	5.09
29	安圭拉（英）	2.5	0.1	0.2	3190	15.97%	5.25
30	安提瓜和巴布达	14.5	0.1	0.4	3238	8.09%	5.79
31	圣基茨和尼维斯	5.8	2.6×10^{-2}	0.1	3403	5.51%	6.39
32	蒙特塞拉特（英）	3.9	3.4×10^{-2}	0.1	3616	19.31%	6.19
33	瓜德罗普岛（法）	34.0	0.4	1.1	2726	36.16%	6.8
34	特立尼达和多巴哥	59.6	0.1	0.1	1720	0.25%	6.04
35	阿鲁巴（荷）	10.6	0.1	0.6	5165	16.92%	1.98
	合计	184010.6	6783.5	19777.7	2916	9.94%	3.18

注：1. 中南美洲风电可利用小时数为洲内年总发电量与总技术可开发量的比值。

2. 中南美洲风电可利用面积比例为洲内总可利用面积与全洲总面积的比值。

3. 中南美洲风电平均开发成本为洲内各国家平均开发成本及其年发电量的加权平均值。

2.3 基地开发

2.3.1 开发现状

从 2014 年起中南美洲风电装机规模开始较快增长，2018 年总装机规模达到 20845MW，中南美洲历年风电总装机容量如图 2-12（a）所示[1]。其中，巴西、智利和乌拉圭风电装机容量较大，分别为 14280、1614MW 和 1518MW，智利和乌拉圭发电量分别为 3586GWh 和 4732GWh，具体情况见表 2-8[2]。图 2-12（b）为中南美洲主要国家历年风电装机容量，由图可知，从 2010 年到 2018 年，巴西和智利风电装机容量增长较快。巴西大型风电场 Praia Formosa，装机容量 105MW，2017 年新建了 Vila Parma 一期、二期和三期风电场，装机容量共 75MW。智利大型风电场 EL ARRAYAN，装机容量 115MW。

根据彭博社统计，2010—2018 年，中南美洲巴西、智利、秘鲁等主要国家风电年投资从 15 亿美元增至 52 亿美元后又降至 15 亿美元[3]。

根据 IRENA 统计，从 2010 年至 2018 年，中南美洲风电加权平均的初投资水平下降加快，其中巴西风电加权平均的初投资水平从 2400 美元 / kW 降至 1800 美元 / kW，风电加权平均的度电成本从 9.0 美分 / kWh 降至 6.0 美分 / kWh[4]；南美洲其他国家从 2600 美元 / kW 降至 1500 美元 /kW，风电加权平均的度电成本从 10.0 美分 / kWh 降至 5.0 美分 / kWh；中美洲及加勒比从 2700 美元 /kW 降至 1800 美元 / kW，风电加权平均的度电成本从 7.5 美分 / kWh 降至 5.7 美分 / kWh。

表 2-8　2018 年中南美洲主要国家风电开发情况

国家	风电装机容量（MW）	风电发电量（GWh）
智利	1614	3586
乌拉圭	1518	4732
秘鲁	371	1494
巴拿马	323	589

[1] International Renewable Energy Agency. Renewable capacity statistics 2019[R]. Abu Dhabi: IRENA, 2019.

[2] 彭博社 . 全球装机和发电量统计 [EB/OL],2020-02-24.

[3] 彭博社 . 全球投资统计 [EB/OL],2020-07-13.

[4] International Renewable Energy Agency. Renewable Power Cost in 2018[R]. Abu Dhabi: IRENA, 2019.

（a）中南美洲历年风电总装机容量

（b）中南美洲主要国家历年风电装机容量

图 2-12   中南美洲风电装机容量

2.3.2   基地布局

根据中南美洲风能资源评估结果，综合考虑资源特性和开发条件，中南美洲大型风电基地宜在技术指标高、开发成本低的区域进行布局。综合当地用电需求，根据中南美洲能源互联网主要战略输电通道布局，未来在中南美洲东部将开发巴西巴伊亚（Bahia）、巴西帕拉伊巴（Paraiba）风电基地，2035 年开发规模可达到 40GW；西部哥伦比亚巴耶杜帕尔（Valledupar）风电基地，2035 年开发规模可达到 10GW；在南部将开发巴拉圭库鲁瓜提（Curuguaty）、乌拉圭塔垮伦博（Tacuarembo），阿根廷内格罗河（Rio Negro）、阿根廷丘布特（Chubut）和阿根廷圣克鲁斯（Santa Cruz）风电基地，2035 年开发规模可达到 49GW；在中美洲将开发尼加拉瓜博阿科（Boaco）风电基地，2035 年开发规模可达到 700MW。

报告基于数字化选址模型和软件，对上述 9 个风电基地的开发条件、装机规模、工程设想、发电特性和投资水平进行了研究，提出了初步开发方案。上述 9 个风电基地的总装机规模约 99.70GW，年发电量 364.43TWh/a。根据远景规划，未来总开发规模有望超过 207GW。按照 2035 年中南美洲陆上风电造价预测成果，基于项目基本情况进行投资估算，中南美洲风电基地总投资约 885.56 亿美元，度电成本区间为 1.82~3.47 美分 / kWh。

中南美洲大型风电基地布局示意图如图 2-13 所示。

图 2-13　中南美洲大型风电基地布局示意图

2.3.3　基地概述

报告提出的中南美洲 9 个主要风电基地选址的总体情况如下。

1. 哥伦比亚巴耶杜帕尔基地

基地位于哥伦比亚瓜希拉省（Guajira）北部，年平均风速 6.89m/s，主导风向 N。基地占地面积 2558.26km²，海拔高程范围 0～138.5m，主要地形为平原和山地。基地选址避让了保护区，考虑地面覆盖物、地形坡度等因素影响，可装机面积 2017.53km²，利用率 78.86%。按照初步开发方案，基地装机容量 10.00GW，年发电量 31981GWh；项目总投资 86.23 亿美元，综合度电成本 2.75 美分 / kWh。

2. 巴西巴伊亚基地

基地位于巴西巴伊亚州（Bahia）东北部，年平均风速 7.04m/s，主导风向 SE。基地占地面积 5476.54km²，海拔高程范围 359.5~799m，主要地形为平原和山地。基地选址避让了保护区，考虑地面覆盖物、地形坡度等因素影响，可装机面积 4364.64km²，利用率 79.70%。按照初步开发方案，基地装机容量 20.00GW，年发电量 59182GWh；项目总投资 177.68 亿美元，综合度电成本 3.07 美分 / kWh。

3. 巴西帕拉伊巴基地

基地位于巴西帕拉伊巴州（Paraiba）北部，年平均风速 7.29m/s，主导风向 ESE。基地占地面积 7184.22km²，海拔高程范围 81~720m，主要地形为平原和山地。基地选址避让了保护区，考虑地面覆盖物、地形坡度等因素影响，可装机面积 5135.41km²，利用率 71.48%。按照初步开发方案，基地装机容量 20.00GW，年发电量 62216GWh；项目总投资 173.17 亿美元，综合度电成本 2.85 美分 / kWh。

4. 巴拉圭库鲁瓜提基地

基地位于巴拉圭博克龙省（Boqueron）中东部，年平均风速 6.25m/s，主导风向 NNE。基地占地面积 1019.31km²，海拔高程范围 137~156.5m，主要地形为平原。基地选址避让了保护区，考虑地面覆盖物、地形坡度等因素影响，可装机面积 801.03km²，利用率 78.59%。按照初步开发方案，基地装机容量 4.00GW，年发电量 10715GWh；项目总投资 36.41 亿美元，综合度电成本 3.47 美分 / kWh。

5. 乌拉圭塔垮伦博基地

基地位于乌拉圭佛罗里达省（Florida）中部，基地年平均风速 6.46m/s，主导风向 ENE。基地占地面积 637.83km²，海拔高程范围 146.5~321.5m，主要地形为平原。基地选址避让了保护区，考虑地面覆盖物、地形坡度等因素影响，可装机面积 507.24km²，利用率 79.53%。按照初步开发方案，基地装机容量 2.00GW，年发电量 5663GWh；项目总投资 17.03 亿美元，综合度电成本 3.07 美分 / kWh。

6. 阿根廷内格罗河基地

基地位于阿根廷内格罗河省（Rio Negro）南部，年平均风速 8.93m/s，主导风向 W。基地占地面积 6170.09km²，海拔高程范围 878.5～1575.5m，主要地形为高原和山地。基地选址避让了保护区，考虑地面覆盖物、地形坡度等因素影响，可装机面积 4922.51km²，利用率 79.78%。按照初步开发方案，基地装机容量 18.00GW，年发电量 70188GWh；项目总投资 161.80 亿美元，综合度电成本 2.35 美分 / kWh。

7. 阿根廷丘布特基地

基地位于阿根廷丘布特省（Chubut）南部，年平均风速 10.58m/s，主导风向 W。基地占地面积 8010.48km²，海拔高程范围 280～1559.5m，主要地形为平原和山地。基地选址避让了保护区，考虑地面覆盖物、地形坡度等因素影响，可装机面积 6379.92km²，利用率 79.64%。按照初步开发方案，基地装机容量 15.00GW，年发电量 72899GWh；项目总投资 139.74 亿美元，综合度电成本 1.96 美分 / kWh。

8. 阿根廷圣克鲁斯基地

基地位于阿根廷圣克鲁斯省（Santa Cruz）北部，年平均风速 10.58m/s，主导风向 W。基地占地面积 3856.93km²，海拔高程范围 51.5～777m，主要地形为平原和山地。基地选址避让了保护区，考虑地面覆盖物、地形坡度等因素影响，可装机面积 3080.68km²，利用率 79.87%。按照初步开发方案，基地装机容量 10.00GW，年发电量 49142GWh；项目总投资 87.39 亿美元，综合度电成本 1.82 美分 / kWh。

9. 尼加拉瓜博阿科基地

基地位于尼加拉瓜博阿科省中部，基地年平均风速 7.68m/s，主导风向 NE。基地占地面积 455.56km^2，海拔高程范围 120~997.5m，主要地形为平原和山地。基地选址避让了保护区，考虑地面覆盖物、地形坡度等因素影响，可装机面积 348.15km^2，利用率 76.42%。按照初步开发方案，基地装机容量 0.70GW，年发电量 2440GWh；项目总投资 6.11 亿美元，综合度电成本 2.56 美分 / kWh。

各大型风电基地主要技术经济指标见表 2-9。

表 2-9　中南美洲主要大型风电基地技术经济指标

序号	基地名称	国家	占地面积（km^2）	主要地形	年均风速（m/s）	装机容量（GW）	年发电量（GWh）	总投资（亿美元）	度电成本（美分 / kWh）
1	巴耶杜帕尔	哥伦比亚	2558.26	平原和山地	6.89	10.00	31981	86.23	2.75
2	巴伊亚	巴西	5476.54	平原和山地	7.04	20.00	59182	177.68	3.07
3	帕拉伊巴	巴西	7184.22	平原和山地	7.29	20.00	62216	173.17	2.85
4	库鲁瓜提	巴拉圭	1019.31	平原	6.25	4.00	10715	36.41	3.47
5	塔垮伦博	乌拉圭	637.83	平原	6.46	2.00	5663	17.03	3.07
6	内格罗河	阿根廷	6170.09	高原和山地	8.93	18.00	70188	161.80	2.35
7	丘布特	阿根廷	8010.48	平原和山地	10.58	15.00	72899	139.74	1.96
8	圣克鲁斯	阿根廷	3856.93	平原和山地	10.58	10.00	49142	87.39	1.82
9	博阿科	尼加拉瓜	455.56	平原和山地	7.68	0.70	2440	6.11	2.56
合计	—	—	—	—	—	99.70	364426	885.56	—

2.3.4 基地选址研究

报告给出了阿根廷圣克鲁斯和巴西帕拉伊巴 2 个风电基地选址研究的详细结果，可供项目开发研究参考。

2.3.4.1 阿根廷圣克鲁斯风电基地

1. 主要开发条件分析

风能资源条件。圣克鲁斯风电基地位于阿根廷圣克鲁斯省北部，距地面100m 高度的全年平均风速范围 8.97～11.49m/s，综合平均风速 10.58m/s，区域主导风向 W，总体资源条件优越，适宜进行风能资源的规模化开发。圣克鲁斯地区 100m 高度年平均风速分布示意图如图 2-14 所示。

地形地貌。区域地处阿根廷南部平原地带，区域内的海拔高程范围51.5～777m，最大坡度 24.5 度，基本为平原和山地，适宜开发大型风电基地。

主要限制性因素。圣克鲁斯风电基地占地总面积 3856.93km²，基地选址示意图如图 2-15 所示。

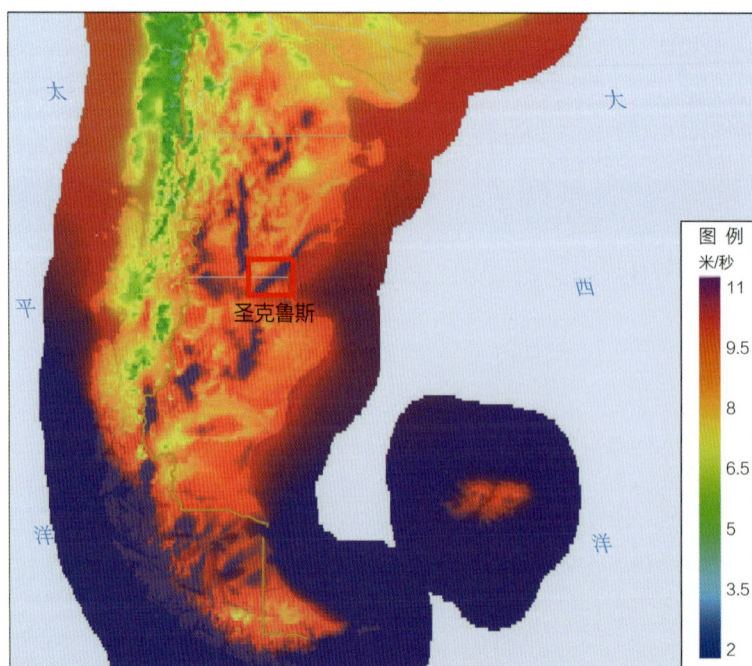

图 2-14　圣克鲁斯风电基地风速分布示意图

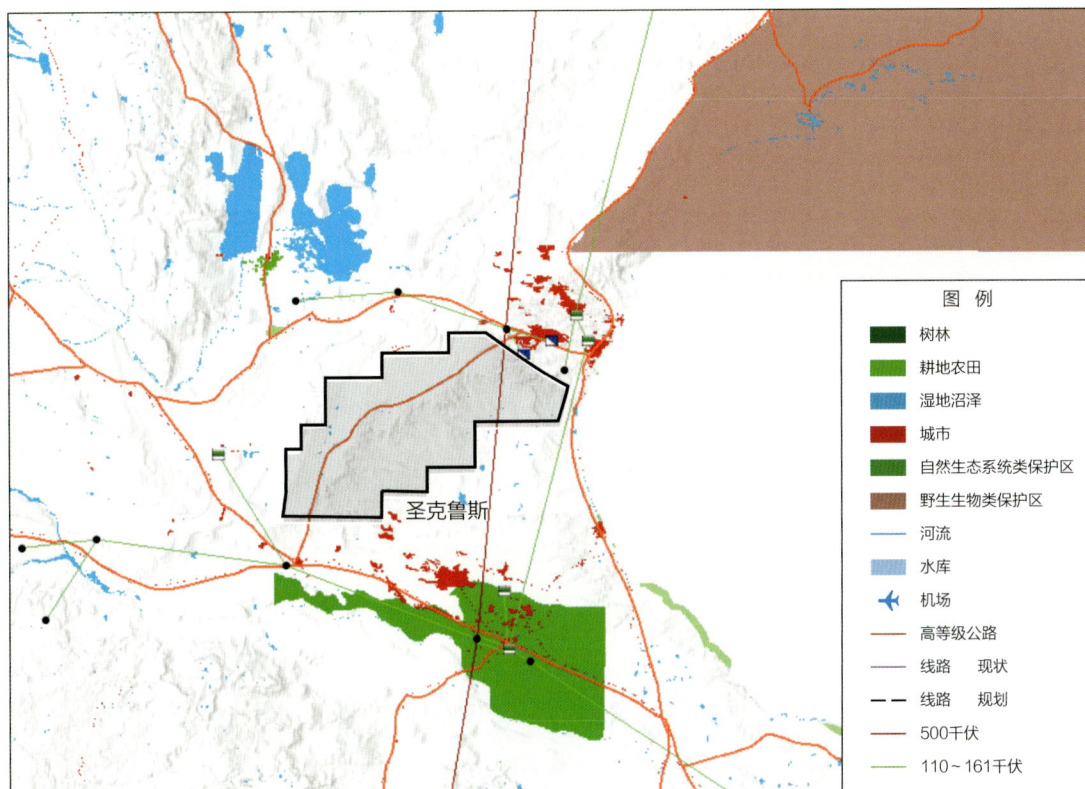

图 2-15　圣克鲁斯风电基地选址示意图

区域内地面覆盖物类型主要为草本植被和灌丛。区域内无自然保护区等限制性因素，选址主要避让北部 40km 处的野生生物保护区、南部 20km 处的自然生态系统类保护区以及西北部 25km 处的自然资源类保护区。交通设施方面，区域西北部 209km 以及西南部 205km 处分别有 Balmaceda 机场和 Chile Chico 机场。基地北部 5km 有公路通过，东部 3km 以及南部 14km 处均有公路通过，交通便利。电网方面，基地东侧约 2km、北侧 4km 以及南侧 7km 各有 1 条 110kV 交流输电通道，另有一条 500kV 交流通道穿过基地，接入电网条件较好。

基地范围内硅质碎屑沉积岩和火焰碎屑岩主要发育。基地西北侧 200km 处接触断层分布，距离最近的存在历史地震记录的地区约 230km，地质结构稳定。基地岩层分布及地震情况如图 2-16 所示。基地区域内植被稀疏，无大型城镇等人类活动密集区，距离最近人口密集区域（3.5 万人 /km^2）超过 500km，距离基地最近的大型城市为丹帕—德尔卡斯蒂约（Pampa-Delcastillo）。

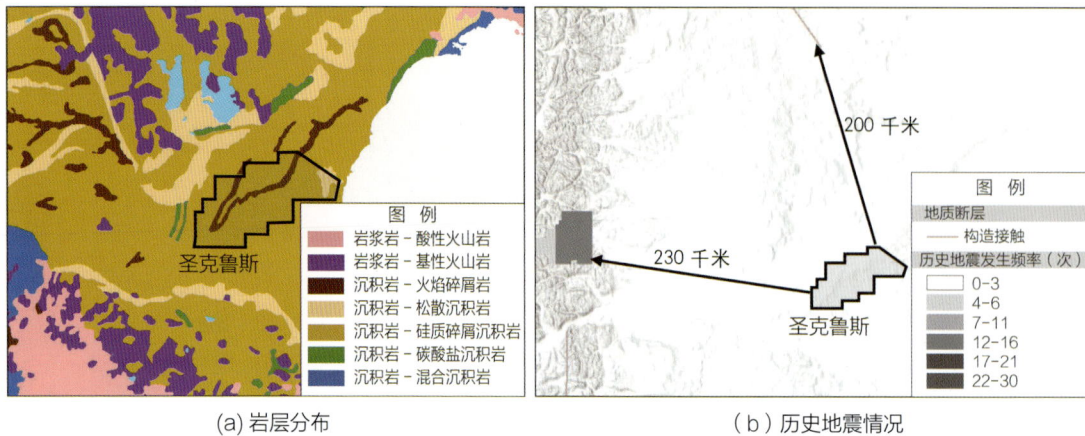

(a) 岩层分布 （b）历史地震情况

图 2-16　圣克鲁斯风电基地岩层分布及地震情况示意图

2. 开发规模与资源特性

经测算，圣克鲁斯风电基地风能资源理论蕴藏总量为 374.19TWh/a。装机容量 10.00GW，年发电量 49142GWh，利用小时数 4923。基地风能年发电量分布示意如图 2-17（a）所示；基地东部地形起伏相对较大，装机密度低于平原地区。基地 8760 逐小时出力系数热力分布如图 2-17（b）所示，其横坐标代表 24 小时，纵坐标代表 365 天，反映了 8760 小时风电出力随时间变化的规律。

选择代表点对基地发电特性进行分析。圣克鲁斯风电基地的风向玫瑰图和风速威布尔分布图如图 2-18 所示，风速和风功率密度的典型日变化和年变化曲线如图 2-19 所示，对应风能发电的典型日出力和年出力曲线如图 2-20 所示。从风频分布来看，主要风速分布集中在 9~12m/s。从日变化来看，大风时段主要集中在

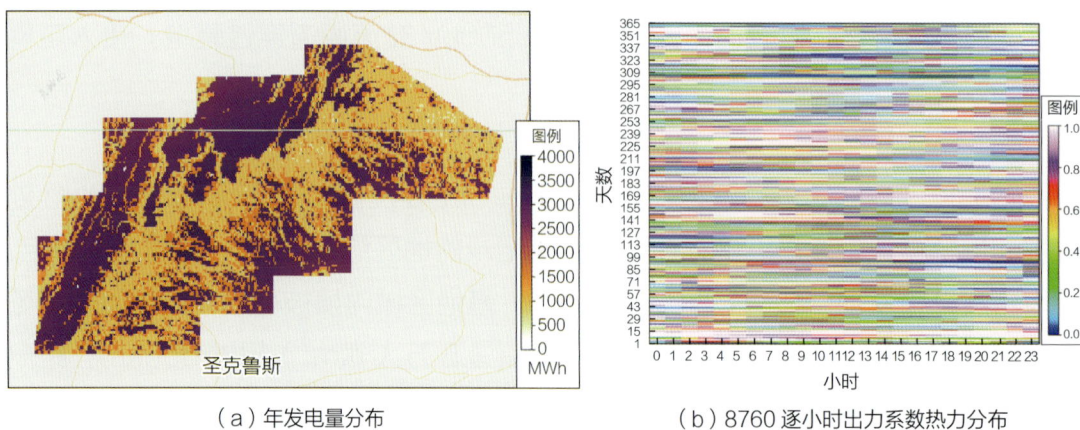

（a）年发电量分布 （b）8760 逐小时出力系数热力分布

图 2-17　圣克鲁斯风电基地年发电量分布和 8760 逐小时出力系数热力分布图

18—21时（世界标准时间，下同，折算到阿根廷当地时间为15—18时），中风速时段为1—5时以及16—18时，小风时段主要集中在9—13时。从月度变化来看，全年4—6月以及11月—次年1月风速大，发电能力强，2月风速小，发电能力低。

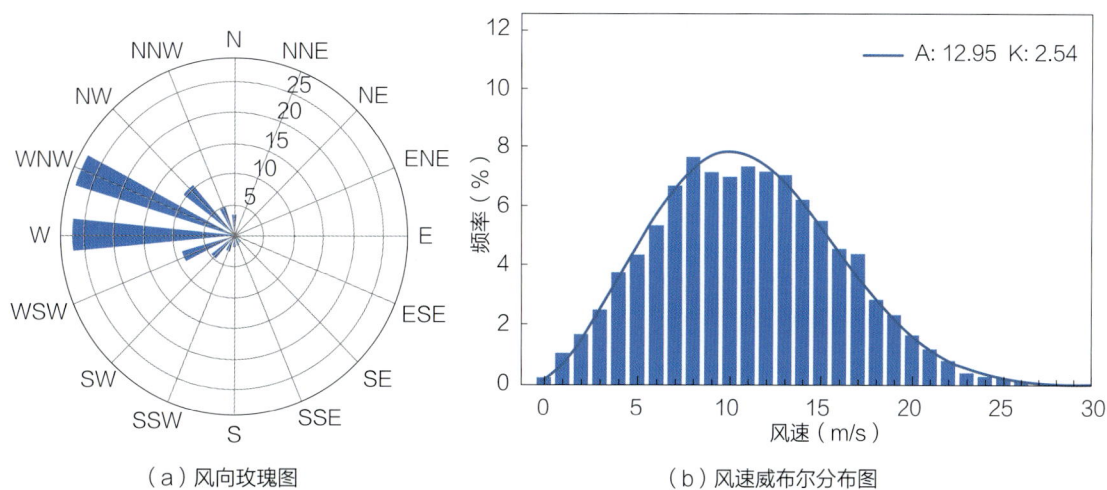

（a）风向玫瑰图　　　　　　　　　（b）风速威布尔分布图

图2-18　圣克鲁斯风电基地风向玫瑰图和风速威布尔分布图

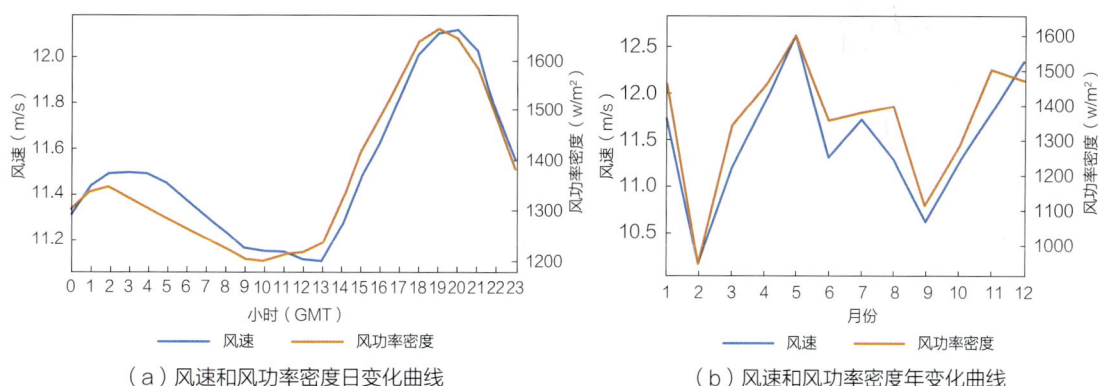

（a）风速和风功率密度日变化曲线　　　　　（b）风速和风功率密度年变化曲线

图2-19　圣克鲁斯风电基地风速和风功率密度的典型日变化和年变化曲线

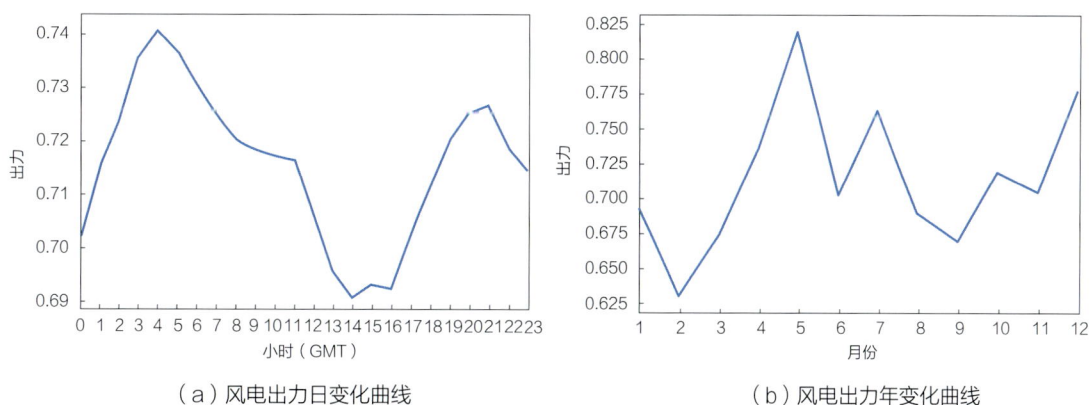

（a）风电出力日变化曲线　　　　　　　（b）风电出力年变化曲线

图2-20　圣克鲁斯风电基地典型日出力和年出力曲线

3. 工程设想与经济性分析

圣克鲁斯风电基地装机容量 10.00GW，暂按单机容量 3.0MW、叶轮直径 140m 的风机开展风机排布研究。综合考虑风向和地形等条件，并基于中国大型风电场设计经验及相关风机排布原则，采用风电基地宏观选址规划数字化方法，开展圣克鲁斯风电基地的风机自动排布。风机排布采用梅花型布机方式，即每行（沿主风能方向）分别采用 9 倍叶轮直径等间距布置，每 6 行设置一个 2.7km 风速恢复带；行内间距（垂直主风能方向）采用 3.5 倍叶轮直径。按此原则测算，基地内需布置风机 3334 台。基地部分区域风机布置示意图如图 2-21 所示。

图 2-21 圣克鲁斯风电基地部分区域风机布置示意图

按照对陆上风电技术装备 2035 年经济性水平预测，综合考虑交通和电网基础设施条件，圣克鲁斯风电基地总投资估算 87.39 亿美元，其中并网及交通成本 3.54 亿美元。风电基地投资匡算见表 2-10。按此测算，基地开发后平均度电成本为 1.82 美分 / kWh。基于 12% 内部收益率测算的上网电价为 3.17 美分 / kWh。

表 2-10 圣克鲁斯风电基地投资匡算表

编号	项目内容	圣克鲁斯风电基地
1	设备成本（亿美元）	60.89
2	建设成本（亿美元）	17.67
3	其他成本（亿美元）	5.29
4	并网及交通成本（亿美元）	3.54
5	单位千瓦投资（美元）	873.90

2.3.4.2 巴西帕拉伊巴风电基地

1. 主要开发条件分析

风能资源条件。帕拉伊巴风电基地位于巴西帕拉伊巴州北部，距地面 100m 高度的全年平均风速范围 5.44~8.90m/s，综合平均风速 7.29m/s，区域主导风向 ESE，总体资源条件较好，适宜进行风能资源的规模化开发。帕拉伊巴地区 100m 高度年平均风速分布示意图如图 2-22 所示。

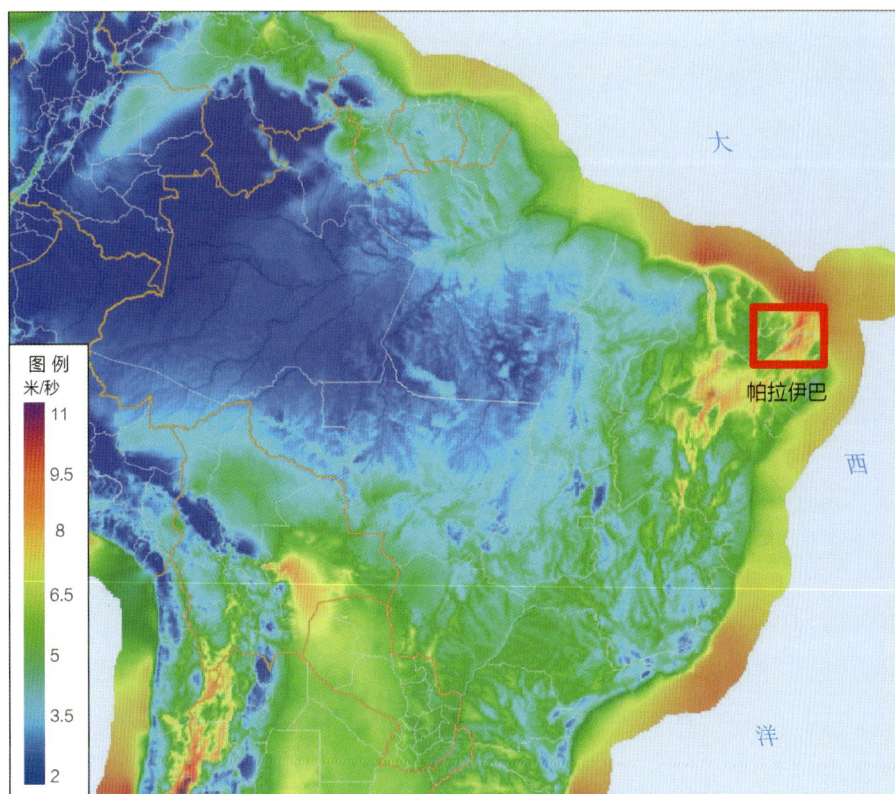

图 2-22 帕拉伊巴风电基地风速分布示意图

地形地貌。区域地处巴西东北部平原地带，区域内的海拔高程范围 109~720m，最大坡度 28.6°，基本为平原和山地，适宜开发大型风电基地。

主要限制性因素。帕拉伊巴风电基地占地总面积 7184.22km²，基地选址示意图如图 2-23 所示。区域内地面覆盖物类型主要为灌丛和草本植被。区域内无自然保护区等限制性因素，选址主要避让西北部 2km 处的自然遗迹类保护区以及西南部 2km 处的自然生态系统类保护区。交通设施方面，区域西北部

300km 以及东南部 215km 处分别有 Pinto Martins 机场和 Guararapes 机场。基地内有公路通过，交通便利。电网方面，基地东北侧约 12km 有一条 220kV 交流输电通道，东侧 60km 有一条 500kV 交流通道穿过基地，接入电网条件较好。

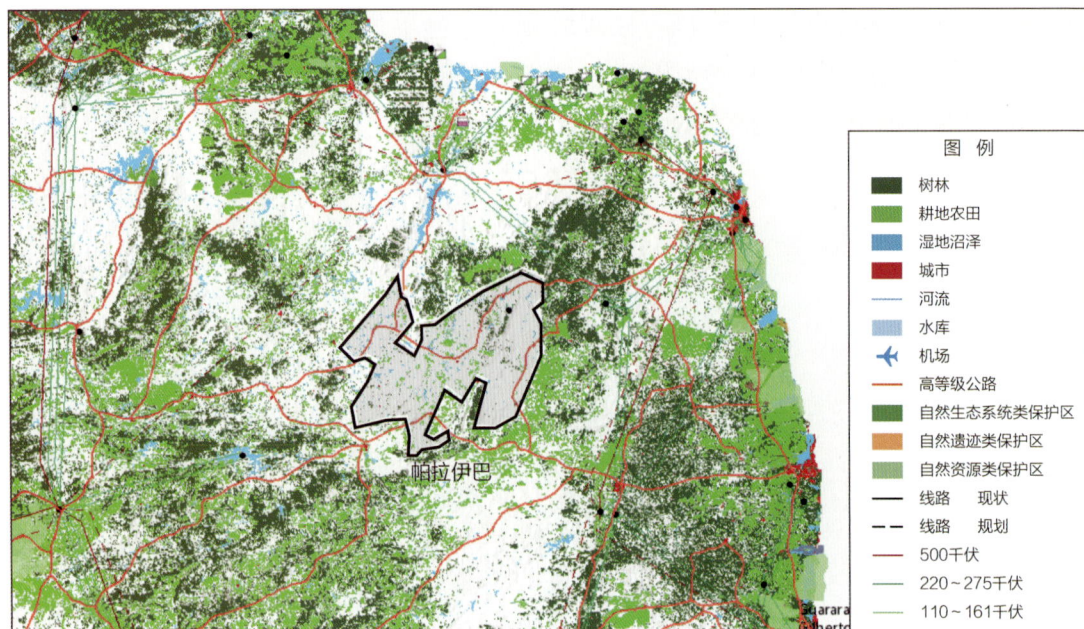

图 2-23　帕拉伊巴风电基地选址示意图

　　基地范围内变质岩和酸性深成岩主要发育。基地东北部接触断层分布，距离最近的存在历史地震记录的地区约 40km，地质结构较稳定，如图 2-24 所示。基地区域内植被稀疏，无大型城镇等人类活动密集区，距离最近人口密集区域（3.5 万人 /km^2）超过 100km，距离基地最近的大型城市为凯科（Caicol）。

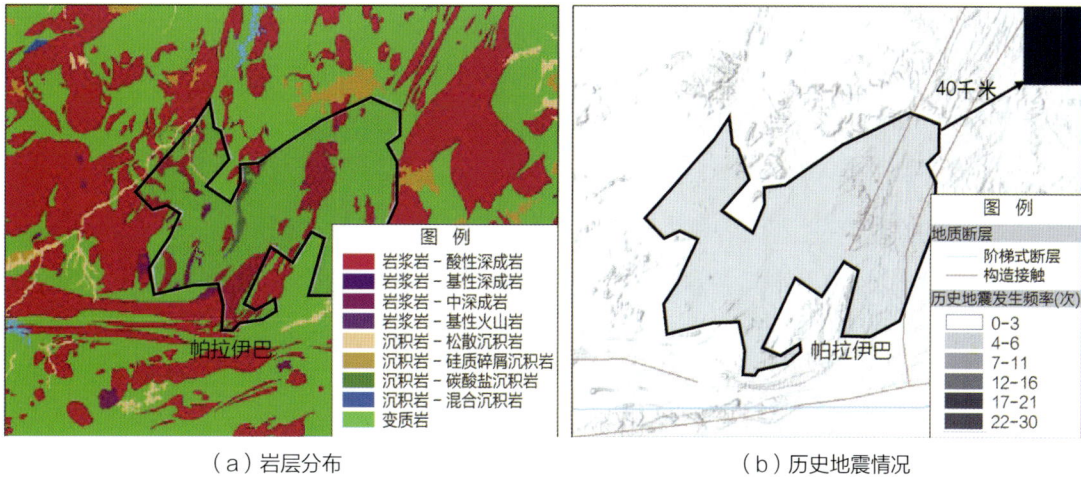

（a）岩层分布　　　　　　　　　　　（b）历史地震情况

图 2-24　帕拉伊巴风电基地岩层分布及地震情况示意图

2. 开发规模与资源特性

经测算，帕拉伊巴风电基地风能资源理论蕴藏总量为 154.08TWh/a。装机容量 20.00GW，年发电量 62216GWh，利用小时数 3146。基地风能年发电量分布示意图如图 2-25（a）所示；基地东部地形起伏相对较大，装机密度低于平原地区。基地 8760 逐小时出力系数热力分布如图 2-25（b）所示，其横坐标代表 24 小时，纵坐标代表 365 天，反映了 8760 小时风电出力随时间变化的规律。

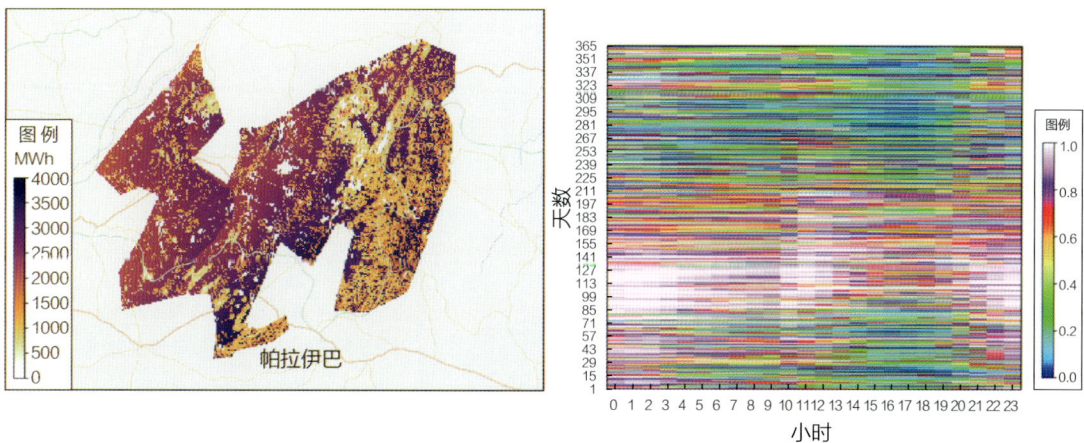

（a）年发电量分布　　　　　　　　　（b）8760 逐小时出力系数热力分布

图 2-25　帕拉伊巴风电基地年发电量分布示意和 8760 逐小时出力系数热力分布图

选择代表点对基地发电特性进行分析。帕拉伊巴风电基地的风向玫瑰图和风速威布尔分布图如图 2-26 所示,风速和风功率密度的典型日变化和年变化曲线如图 2-27 所示,对应风能发电的典型日出力和年出力曲线如图 2-28 所示。从基地代表点风频分布来看,主要风速分布集中在 8~10m/s。从日变化来看,大风时段主要集中在 22 时—次日 3 时(世界标准时间,下同,折算到巴西当地时间为 19—24 时),中风速时段从 4—11 时,小风时段主要集中在 16—18 时。从月度变化来看,全年6—10 月风速大,发电能力强,11 月—次年2月风速小,发电能力低。

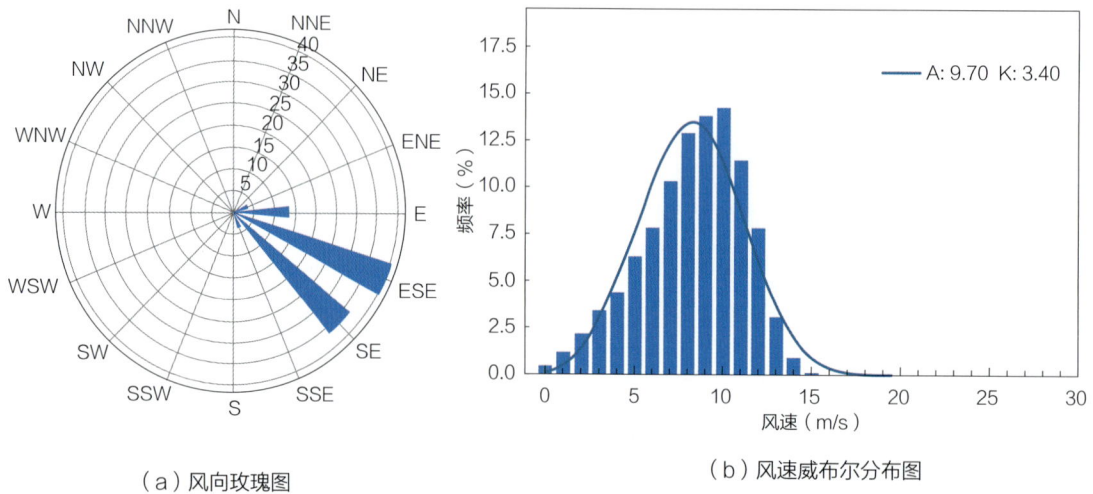

（a）风向玫瑰图　　　　　　　　（b）风速威布尔分布图

图 2-26　帕拉伊巴风电基地风向玫瑰图和风速威布尔分布图

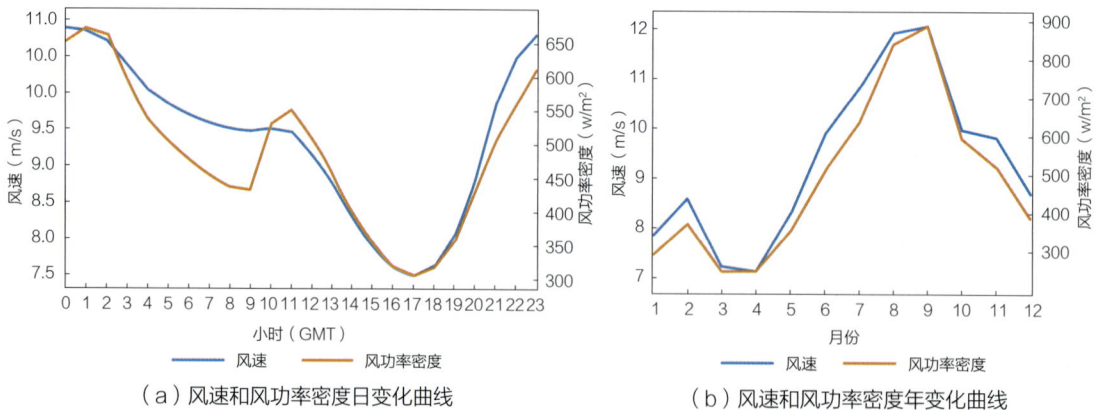

（a）风速和风功率密度日变化曲线　　　　（b）风速和风功率密度年变化曲线

图 2-27　帕拉伊巴风电基地风速和风功率密度的典型日变化和年变化曲线

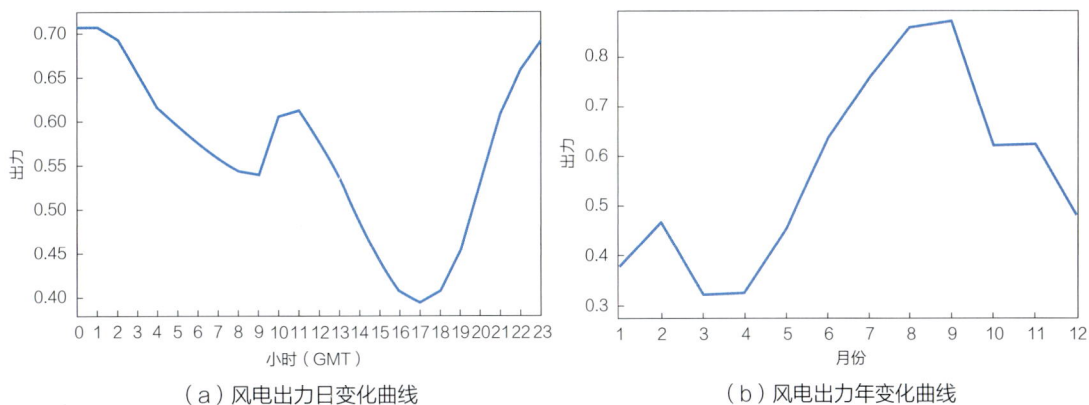

（a）风电出力日变化曲线　　　　　　　（b）风电出力年变化曲线

图2-28　帕拉伊巴风电基地典型日出力和年出力曲线

3. 工程设想与经济性分析

　　帕拉伊巴风电基地装机容量20.00GW，暂按单机容量3.0MW、叶轮直径140m的风机开展风机排布研究。综合考虑风向和地形等条件，并基于中国大型风电场设计经验及相关风机排布原则，采用风电基地宏观选址规划数字化方法，开展帕拉伊巴风电基地的风机自动排布。风机排布采用梅花型布机方式，即每行（沿主风能方向）分别采用9倍叶轮直径等间距布置，每6行设置一个2.7km风速恢复带；行内间距（垂直主风能方向）采用3.5倍叶轮直径。按此原则测算，基地内需布置风机6667台。基地部分区域风机布置示意图如图2-29所示。

图2-29　帕拉伊巴风电基地部分区域风机布置示意图

按照对陆上风电技术装备 2035 年经济性水平预测，综合考虑交通和电网基础设施条件，帕拉伊巴风电基地总投资估算 173.17 亿美元，其中并网及交通成本 7.10 亿美元。风电基地投资匡算见表 2-11。按此测算，基地开发后平均度电成本为 2.84 美分 / kWh。基于 12% 内部收益率测算的上网电价为 4.96 美分 / kWh。

表 2-11　帕拉伊巴风电基地投资匡算表

编号	项目内容	帕拉伊巴风电基地
1	设备成本（亿美元）	120.55
2	建设成本（亿美元）	35.04
3	其他成本（亿美元）	10.49
4	并网及交通成本（美元 / kW）	7.10
5	单位千瓦投资（美元）	865.85

3 太阳能资源评估与开发

中南美洲太阳能资源丰富，开发潜力巨大。报告对中南美洲进行了评估，中南美洲太阳能光伏发电的理论蕴藏量约 34295.3PWh/a，适宜集中开发的装机规模约 277.4TW，主要分布在南美洲西南部的阿塔卡玛沙漠及周边地区、东北部的大西洋沿岸地区和西北部加勒比海南部沿海地区，年发电量 504.7PWh。综合考虑资源特性和开发条件，采用数字化选址研究平台提出了智利玛丽亚埃伦娜基地和秘鲁阿塔卡玛基地等 15 个大型光伏基地的选址方案，总装机规模约 87.70GW。研究成果将助力中南美洲太阳能资源的开发和利用，提升中南美洲光伏发电基础设施投资信心，推进中南美洲能源清洁化发展进程。

3.1　方法与数据

太阳能是太阳以电磁波辐射形式投射到地球的能量，包括直接辐射和散射辐射。太阳能水平面总辐射量（Global Horizontal Irradiance，GHI）是指在给定时间段内水平面总辐照度的积分总和，是影响光伏发电能力的主要因素。资源评估所需基础数据主要包括资源类数据、地理信息类数据以及人类活动和经济性资料等。

报告选用理论蕴藏量、技术可开发量和经济可开发量 3 个指标开展太阳能资源的评估测算。

3.1.1　资源评估方法

太阳能光伏发电的理论蕴藏量是指评估区域内地表接收到的太阳能完全转化为电能的能量总和（不考虑发电转化效率），单位为 kWh。光伏发电理论蕴藏量数字化评估是选择区域内每个格点面积与该格点对应的太阳能水平面总辐射量乘积的累加。

太阳能光伏技术可开发量是指在评估年份技术水平下，剔除因地形、海拔、土地利用及辐射资源水平限制后，区域内可利用面积上的装机容量总和，单位为 kW。评估分析主要包括可用面积计算、装机面积计算、装机密度计算 3 个关键环节，太阳能光伏技术可开量评估流程如图 3-1 所示。具体的，光伏技术可开发量评估测算

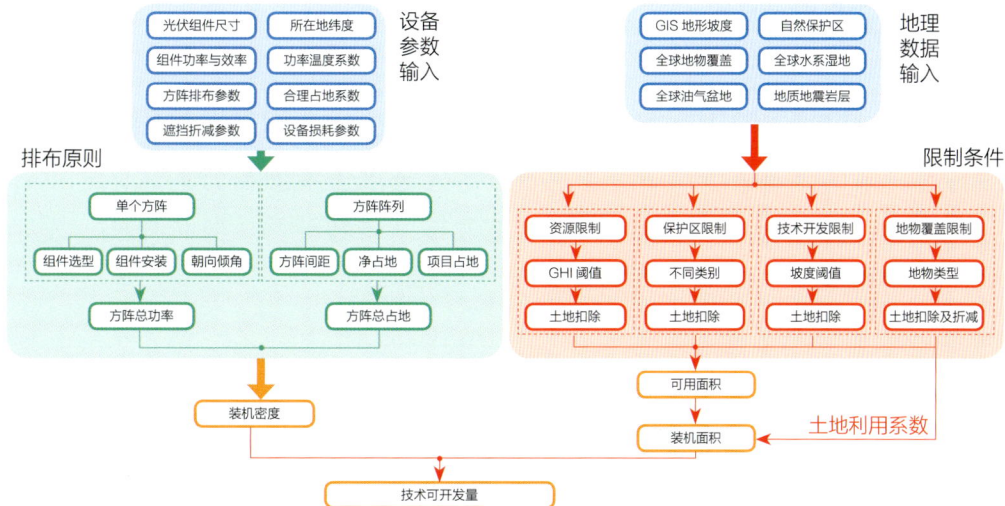

图 3-1　太阳能光伏技术可开发量评估流程

的关键在于剔除不宜开发光伏的土地面积。一方面，选定区域扣除光伏不宜开发土地面积，得到光伏开发可利用面积，设定适宜开发光伏土地类型的土地利用系数，得到有效装机面积；另一方面，根据当前技术条件下光伏发电组件的设备参数和最佳排布原则，计算单位面积上的光伏发电设备排布方阵的总功率，得出装机密度。各格点有效装机面积与装机密度乘积的累加即为太阳能光伏技术可开发量。

在装机容量测算的基础上，考虑遮挡、设备损耗以及气温等因素造成的光伏发电出力损失，计算光伏逐小时发电功率，进而计算得到发电量。

太阳能经济可开发量是指在评估年份技术水平下，技术可开发装机与当地平均上网电价或其他可替代电力价格相比具有竞争优势的光伏装机总量，单位为kW。与风电类似，光伏发电经济性评估同样采用了平准化度电成本测算法，主要包含选定待评估地区、确定技术参数、确定成本参数、确定财务参数、确定政策参数、计算度电成本、经济性判断和结果计算等 8 个主要流程，其评估流程与风电经济性评估相同，如图 2-2 所示。结合光伏发电技术特点，报告设定不同的技术参数以及成本参数，实现太阳能光伏资源经济可开发量评估。

光伏开发经济性分析中，基地的建设投资除了设备成本、建设成本（不含场外道路）、运维成本等外，与风电相似，同样需要重点计算并网成本和场外交通成本。光伏资源开发的并网成本测算方法与风电类似，如图 2-3 所示。光伏资源开发的场外交通成本采用了交通成本因子法，计算待开发格点的最短公路运输距离，结合不同地区场外运输道路平均单位里程成本，量化测算每个格点待开发资源量的场外交通对成本影响。

3.1.2 宏观选址方法

光伏电站选址研究应贯彻统筹规划、综合平衡、合理开发的原则。与风电选址研究类似，太阳能光伏发电基地的数字化选址主要流程分为太阳辐射量计算、开发条件分析、数字化选址、电站主要技术参数计算、阵列排布、发电量与度电成本估算等，宏观选址流程图如图 3-2 所示。

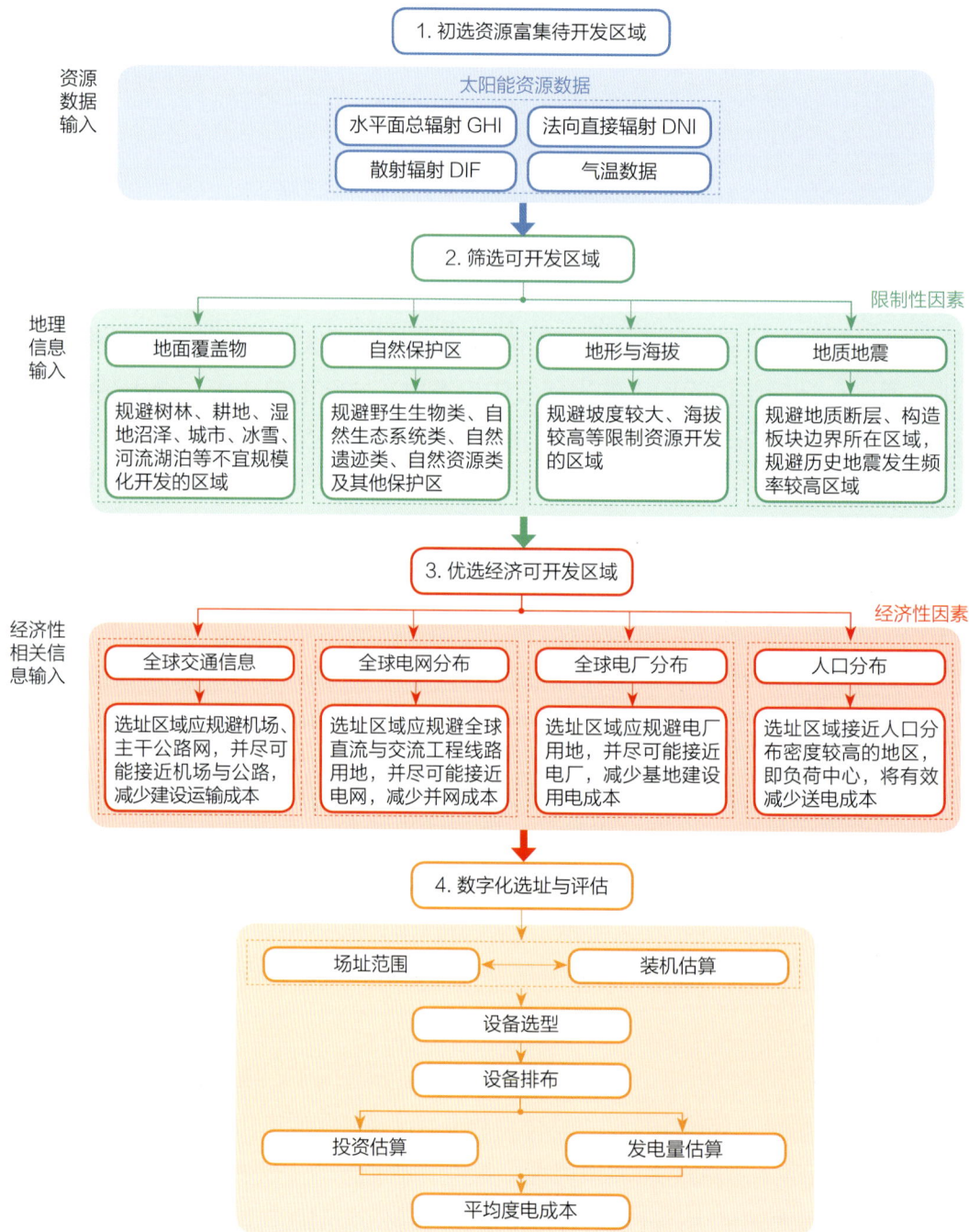

图 3-2 光伏电场宏观选址流程示意图

具体的，开展光伏选址研究需充分了解区域的太阳能资源状况，通过分析太阳能资源的时间与空间特性，寻找适宜建站的区域，再基于地理信息技术的规划方法，以地形、太阳辐射数据和地理数据为基础，利用空间分析工具筛选适宜的开发用地，详细考虑地形地貌、保护区、土地利用、林业以及工程安全等限制性因素，选取没有或较少限制性因素、工程建设条件好的区域作为选址区域。在获得可开发区域初选的基础上，根据电站设备选型计算阵列最佳倾角与间距，评估光伏发电的技术可开发量，开展光伏组件自动化排布，计算得到电站装机容量、发电量、年利用小时数、出力特性等技术参数，并结合初选场址的并网条件、外部交通条件开展经济性测算分析，获得经济可开发量评估、匡算投资以及平均度电成本。

3.1.3 基础数据与参数

3.1.3.1 基础数据

为实现数字化太阳能资源评估，报告建立了资源类、地理信息类、人类活动和经济性资料等 3 类 16 项覆盖全球范围的资源评估基础数据库。

其中，太阳能资源数据采用了 SolarGIS 公司计算生产的全球太阳能气象资源数据 ❶，包括水平面总辐射量、法向直接辐射量、温度等，时间分辨率为典型年的逐小时数据，覆盖北纬 60°—南纬 55° 区域，空间分辨率为 9km×9km，其他的关键基础数据介绍见表 3-1。

表 3-1 全球太阳能资源和地理信息基础数据

序号	数据名称	空间分辨率	数据类型
1	全球太阳能资源数据	9km×9km	栅格数据
2	全球地面覆盖物分类信息	30m×30m	栅格数据
3	全球主要保护区分布	—	矢量数据
4	全球主要水库分布	—	矢量数据
5	全球湖泊和湿地分布	1km×1km	栅格数据
6	全球主要断层分布	—	矢量数据

---

❶ SolarGIS Solar Resource Database Description and Accuracy, 2016 October.

续表

序号	数据名称	空间分辨率	数据类型
7	全球板块边界分布 空间范围：南纬 66°—北纬 87°	—	矢量数据
8	全球历史地震频度分布	5km×5km	栅格数据
9	全球主要岩层分布	—	矢量数据
10	全球地形卫星图片	0.5m×0.5m	栅格数据
11	全球地理高程数据 空间范围：南纬 83°—北纬 83° 间陆地	30m×30m	栅格数据
12	全球海洋边界数据	—	矢量数据
13	全球人口分布	900m×900m	栅格数据
14	全球交通基础设施分布	—	矢量数据
15	全球电网地理接线图	—	矢量数据
16	全球电厂信息及地理分布	—	矢量数据

注：2—16 项数据来源同表 1-1。

3.1.3.2　计算参数

报告重点关注并评估全球范围内适宜集中式开发的太阳能光伏资源，将低辐照区域、保护区、森林、耕地和城市等区域作为不适宜开发区域排除在外。

专栏 3-1　　光伏的集中式和分布式开发

在太阳能资源条件好、人口密度低、地形平坦的地区，大面积连片开发光伏资源，集中接入电网，工程的建设、运维集约化、效率高，可以显著降低工程投资，获得大规模清洁电力，有利于加快能源清洁转型。与风电开发相似，集中式光伏电站作为大型电力基础设施，建设要求高，对土地资源利用有较严格的要求，不能占用各类自然保护区、文物和风景名胜区、林地和耕地等，一般选址在草原和荒漠，或太阳能资源条件优越的丘陵。开发场景如专栏 3-1 图 1 和专栏 3-1 图 2 所示。中国西北部的新疆、青海及甘肃等省份，太阳辐射强烈且可用土地资源丰富，适宜集中开发光伏电站，近十年来不断加速并快速建立和完善了光伏设计、制造、建设和运维产业链，发电成本显著下降。

专栏 3-1 图 1　集中式平原光伏电站

专栏 3-1 图 2　集中式丘陵光伏电站

　　分布式光伏发电，一方面由于装机规模小、占地面积小，能够采取灵活形式进行储能和供能，适宜偏远村落、海岛等电网设施欠发达的地区；另一方面，适宜于在用电负荷附近，利用工业园区开阔地带以及厂房屋顶等进行光伏发电，如专栏 3-1 图 3 所示，或者利用鱼塘、山地等特殊地形开展农光互补等综合光伏开发利用。分布式光伏发电不以大规模、远距离输送电力为目的，产生的清洁电力就近接入当地电网消纳。2015 年开始，中国采取了"集中"和"分散"并举的策略[1]，预计到2020 年分布式光伏装机总量达到 100GW。

---

[1] 2016 年 11 月，中国国家发展改革委、国家能源局下发《电力发展"十三五"规划》。

专栏 3-1 图 3 分布式光伏开发

1. 技术指标测算参数

结合工程建设实践，报告认为水平面年总辐射量（GHI）低于 1000kWh/m^2 的区域，光照条件不理想，开发经济性差，不宜进行集中式光伏开发。海拔超过 4500m 的高原地区，多有冰川、常年冻土等分布，影响工程建设，光伏开发技术难度大、经济性差；同时高原生态脆弱，大型工程建设后的地表植被恢复困难。地形坡度大于 30° 的区域，在目前技术水平下开发难度大、经济性差，排除在开发范围外。野生动物、自然环境、风景名胜等各类保护区，森林、耕地、湿地沼泽、城市、永久冰川等地面覆盖物类型的区域不宜开发。对于适宜开发的灌丛、草本植被以及裸露地表等 3 种区域类型，结合光伏发电技术特点以及当前设备水平，分别设置了土地利用系数。具体技术指标和参数见表 3-2。

表 3-2 全球太阳能资源评估模型采用的主要技术指标和参数

类型	限制因素	阈值	参数（%）
资源限制	GHI	> 1000kWh/m^2	—
技术开发限制	陆地海拔	<4500m	—
保护区限制	自然生态系统	不宜开发	0
	野生生物类	不宜开发	0
	自然遗迹类	不宜开发	0
	自然资源类	不宜开发	0
	其他保护区	不宜开发	0

续表

类型	限制因素	阈值	参数（%）
地面覆盖物限制	树林	不宜开发	0
	耕地	不宜开发	0
	湿地沼泽	不宜开发	0
	城市	不宜开发	0
	冰雪	不宜开发	0
	灌丛	适宜开发	50
	草本植被	适宜开发	80
	裸露地表	适宜开发	100
地形坡度限制	>30°	不宜开发	0

按此推荐参数计算得到的结果是评估范围内适宜集中开发的光伏技术可装机规模称为"技术可开发量"。

2. 经济性指标测算参数

与风电开发相似，研究同样采用平准化度电成本法建立了一种适用于光伏资源经济可开发量的计算模型，以及光伏开发投资水平预测模型。基于多元线性回归预测法与基于深度自学习神经元网络关联度分析预测法，结合中南美洲发展水平以及光伏技术装备与非技术类投资成本的预测结果，提出了 2035 年中南美洲光伏综合初始投资的组成及其推荐取值，并给出了财务参数推荐取值，并网成本参数与风电开发相同，详情见表 3-3 和表 3-4。其中，场外交通成本按照中国工程经验，综合山地、平原二级公路建设费用水平进行测算，并网成本参照中国超高压交流、直流输电工程造价水平进行测算。

表 3-3　中南美洲 2035 年光伏开发初始投资组成与推荐取值

美元 / kW

序号	投资组成	总造价
1	设备及安装	418~475
1.1	设备费	301~342
1.2	安装费	117~133
2	建筑工程	7~8
3	其他	12~14
总计		437~497

表 3-4　中南美洲 2035 年光伏发电经济性计算的财务参数推荐取值

序号	投资组成	推荐取值
1	贷款年限	7 年
2	贷款比例	70%
3	贷款利率	3%
4	贴现率	2%
5	建设年限	1 年
6	运行年限	20 年
7	残值比例	0%
8	运维占比	1.5%
9	场外交通	10000 美元 / km

3.2　资源评估

太阳辐照强度、地面覆盖物、保护区分布影响区域集中开发利用太阳能的技术可行性，公路、电网等基础设施条件影响区域太阳能资源开发的经济性水平。报告基于覆盖中南美洲的数据、信息，采用统一指标和参数完成了中南美洲太阳能资源评估研究。

3.2.1　水平面总辐射量

报告采用 SolarGIS 公司生产得到的太阳能资源数据，开展太阳能资源评估，资源数据包括太阳能水平面总辐射量、法向直接辐射量和温度等。中南美洲蕴藏着巨大的太阳能开发潜力，南美洲西部的委内瑞拉、秘鲁，东部的巴西，南部的玻利维亚、智利、阿根廷等国的太阳能资源条件优异，区域内平均年水平面总辐射量在 1800kWh/m^2 以上，利于开展大型光伏基地开发。中南美洲太阳能水平面总辐射量分布情况如图 3-3 所示。

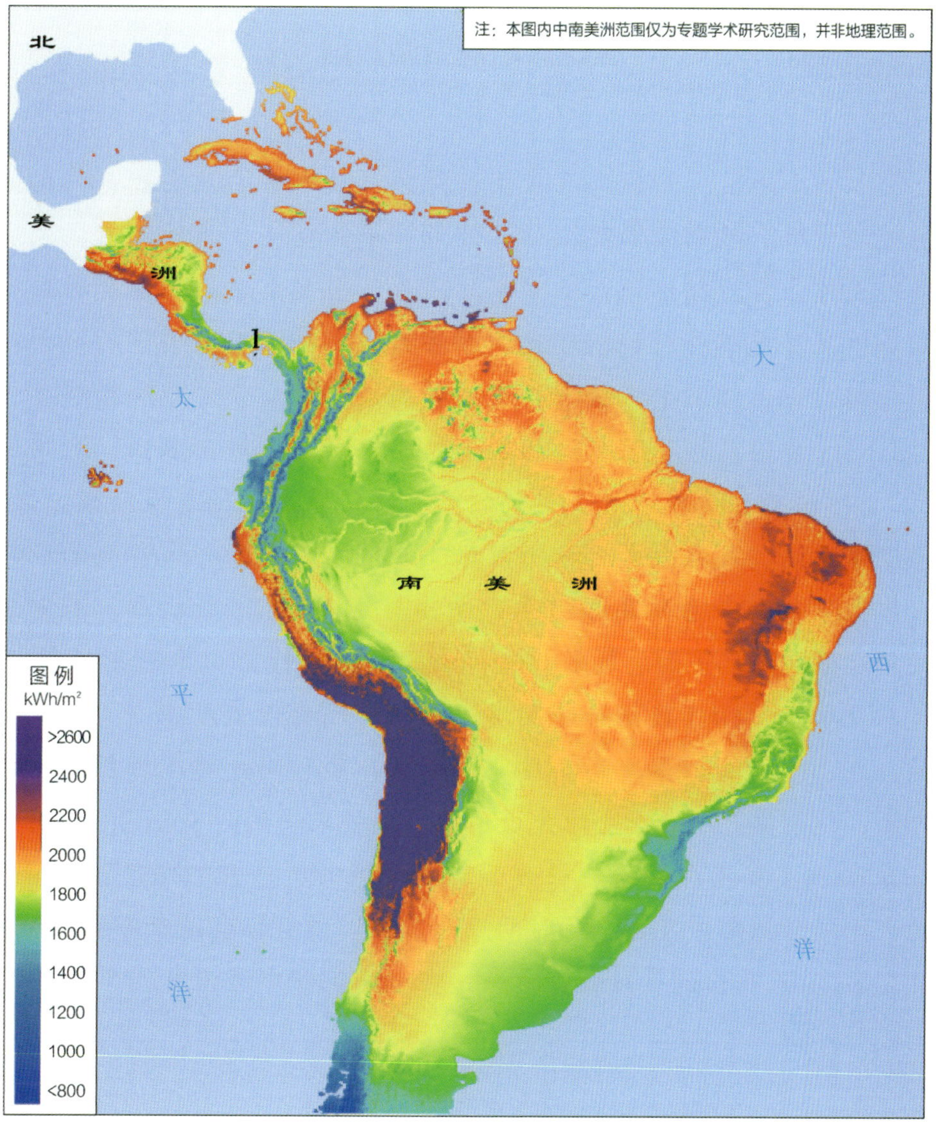

图 3-3　中南美洲太阳能水平面总辐射量分布示意图

专栏 3-2　　　　　　　　　**全球太阳能资源数据**

　　获取一个地区太阳能资源数据最简单、最准确的方法就是利用地面辐射观测资料，然而地面观测站点数量有限且空间分布不均匀，无法完全满足太阳能资源精细化评估需求。因此，当前全球太阳能资源数据获取以基于卫星遥感资料的物理反演方法为主，并采用高质量的地面辐射观测数据对评估结果进行校准，有效提高数据时空分辨率和精确度。欧洲 SolarGIS 公司采用了卫星遥感数据结合辐射传输模拟方法，利用卫星遥感、GIS 地理信息技术和先进的科学算法开展太阳辐射反演模拟计算。基于卫星数据、气象模式再分析数据、地理信息数据并结合地面观测数据，建立了包含一系列高分辨率气象要素的 SolarGIS 数据库，其中，太阳辐射数据包含水平面总辐射 GHI，法向直接辐射 DNI 和散射辐射 DIF。经过对比验证，GHI 数据与地面实测数据对比的误差度在 ±4% 到 ±8% 之间，在高空间分辨率、高品质地面测量、高时间分辨率数据处理算法等方面，该数据产品处于全球先进水平。报告采用的是 SolarGIS 公司生产的全球陆地主要太阳能资源开发区域（北纬 60°—南纬 55°）9km 分辨率的太阳能资源图谱及逐小时时间序列数据，该数据也是世界银行 World Bank Solar Atlas 平台的基础数据之一，在全球获得广泛应用。

3.2.2　地面覆盖物

　　从适宜大规模开发的土地资源角度分析，森林、耕地、水体湿地、城市和冰川是影响太阳能光伏发电集中开发的主要地表覆盖物限制性因素。南美洲西南大部分地区属于热带干旱气候，终年高温干旱，拥有世界的"干极"，最干燥的沙漠——阿塔卡玛沙漠（Atacama Desert），除少量土地被草本植被覆盖外，沙漠地区均为裸露地表，太阳能资源集中开发条件优越。中南美洲东部的主要地面覆盖物为草本植被和灌丛，同样适宜建设大型光伏发电基地，开发条件优越。从适宜大规模集中开发的土地资源角度分析，草本植被、灌丛和裸露地表是适宜光伏资源开发的主要地面覆盖物，其分布情况将直接影响太阳能资源评估与开发，图 3-4 为中南美洲上述 3 种适宜光伏集中开发的地面覆盖物分布情况。

注：本图内中南美洲范围仅为专题学术研究范围，并非地理范围。

图 3-4　中南美洲草本植被、灌丛与裸露地表分布情况示意图

3.2.3 地形分布

地形条件对光伏等新能源资源开发有较大影响，主要包括海拔高度和地形坡度两个方面。

海拔高度方面，高海拔地区大气散射作用减弱，有利于光伏发电，但是4500m以上的高原地区多有冰川、常年冻土等分布，光伏工程开发技术难度大，经济性差；同时高原生态脆弱，大型工程建设后的地表植被恢复困难。图3-5给出了中南美洲海拔高程分布的示意图。总体来看，中南美洲西部沿太平洋地带的高原存在海拔超过2000m的区域，在一定程度上将影响集中式光伏开发地区的工程建设。

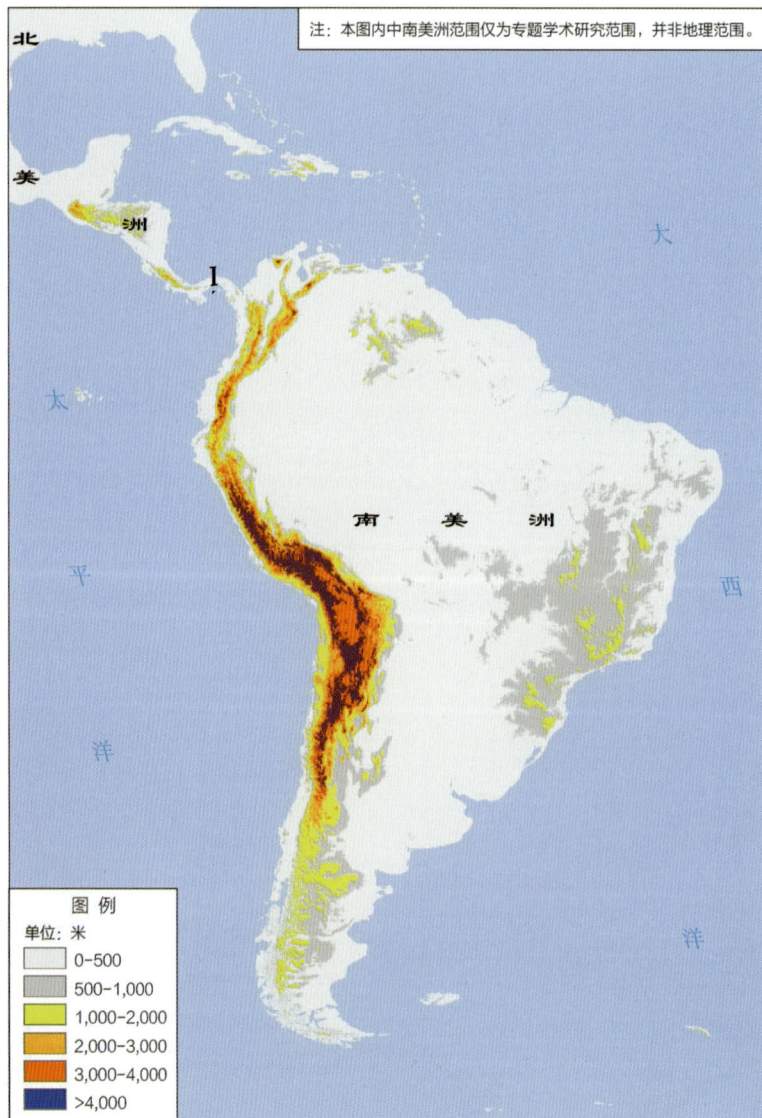

图 3-5 中南美洲海拔高程分布示意图

地形方面，地面的坡向和坡度将影响光伏发电装置布置的角度和间距，从而影响单位面积可获得的发电量。采用全球数字高程模型，对全球格点计算坡向（0°~360°）和坡度（0°~90°），结合格点经纬度坐标，形成光伏发电装置倾角和间距计算的重要输入参数。图 3-6 为中南美洲地形坡度分布示意图。总体看，坡度低于 3.5° 的平坦区域占比最大，超过总面积的 50%；中美地峡和南美洲西部地区分布有坡度超过 30° 的陡峭山区。

图 3-6　中南美洲地形坡度分布示意图

专栏 3-3	中南美洲的地形

　　地形条件中，海拔高度和坡度对光伏发电基础设施建设影响较大。随着海拔增高以及地形坡度的增大，基础设施安装的难度增大。当前技术条件下，开发清洁能源基地须避让海拔超过 4500m 的区域以及山地等地形坡度大于 30° 的地区。

　　中美洲主要指位于墨西哥以南、哥伦比亚以北的美洲中部狭长地带，东临大西洋的加勒比海，西濒太平洋，是连接北美大陆和南美大陆的天然桥梁。中美洲地形以山地和高原为主，山地坡度大都在 30° 以上，平原主要分布在太平洋和加勒比海岸。

　　南美洲大陆地形可分为东西两个纵带：西部为狭长的安第斯山脉，东部呈平原和高原相间分布。南美洲海拔 300m 以下的平原约占全洲面积的 60%，海拔 300～3000m 的高原、丘陵和山地约占全洲面积的 33%，海拔 3000m 以上的高原和山地约占全洲面积的 7%。全洲平均海拔 600m。

3.2.4　评估结果

1. 理论蕴藏量评估

　　根据测算，中南美洲太阳能光伏发电资源理论蕴藏量 34295.3PWh/a，约占全球总量的 17%。从分布上看，南美洲东部的巴西，南部的智利、阿根廷，西部的委内瑞拉和哥伦比亚理论蕴藏量较高。

2. 技术可开发量评估

　　综合考虑资源和各类技术限制条件后，经评估测算，中南美洲适宜集中开发的太阳能光伏发电装机规模 277.4TW，约占全球总量的 11%，年发电量高达 504.7PWh。

从分布上看，中南美洲光伏资源主要集中在阿塔卡玛地区、加勒比海南部海岸以及南美洲东北地区的大西洋沿岸，智利、阿根廷、秘鲁、玻利维亚、巴西、委内瑞拉，占到全洲总量的 80% 以上。上述地区除阿塔卡玛地区处于安第斯山脉，海拔较高，最高可达 6800m 以上，其余地区海拔基本在 2000m 以下，阿塔卡玛地区主要地面覆盖物是裸露地表、草本植被和少量灌丛，除阿根廷、秘鲁和智利境内的保护区之外，绝大部分地区非常适合建设大型光伏基地。中南美洲西部厄瓜多尔、哥伦比亚南部以及秘鲁东北部地区，多分布茂密的热带雨林，辐照条件较差，加之保护区众多，无法建设大型光伏基地；巴西东南部以及阿根廷东北部地区多分布耕地，辐照条件一般，不具备集中建设大型光伏基地的条件。中美洲及加勒比地区也有相对丰富的光伏能源资源，但地形陡峭，多覆盖热带雨林，可开发面积有限，难以大面积集中建设大型光伏基地。

与风电技术指标相似，采用单位国土面积的年发电量与装机容量的比值，即装机利用小时数（容量因子，Capacity Factor）也是反映区域光伏资源技术开发条件优劣的一个关键参数。中南美洲光伏技术可开发区域及其利用小时分布示意图如图 3-7 所示。

从技术指标来看，全洲光伏技术可开发装机的平均利用小时约 1819 小时（平均容量因子约 0.21），其中智利北部及中部、秘鲁西部沿海及南部、玻利维亚西南部、阿根廷西北部、巴西东北部、委内瑞拉北部及中部、哥伦比亚北部、萨尔瓦多北部及东部，光伏发电利用小时数在 2000 以上，开发条件优越，最大值出现在智利北部的安托法加斯塔区（Antofagasta）附近，超过 2500 小时。

3. 开发成本评估

按照对光伏技术装备 2035 年经济性水平预测，综合考虑交通和电网基础设施条件，中南美洲集中式光伏的平均开发成本[1]为 2.34 美分，中南美洲集中式光伏开发的各国平均开发成本在 1.84~5.39 美分。按照当前全球约 8 美分的平均电价水平评估[2]，中南美洲近乎全部的技术可开发装机容量满足经济性要求，按

---

[1] 中南美洲集中式光伏的平均开发成本为洲内各国家平均开发成本及其年发电量的加权平均值。

[2] 可再生能源发电价格参考国际可再生能源署（IRENA）报告：《RENEWABLE POWER GENERATION COSTS IN 2018》，燃气、燃煤和核电价格参考国际能源署（IEA）的报告：《Projected Costs of Generating Electricity》。

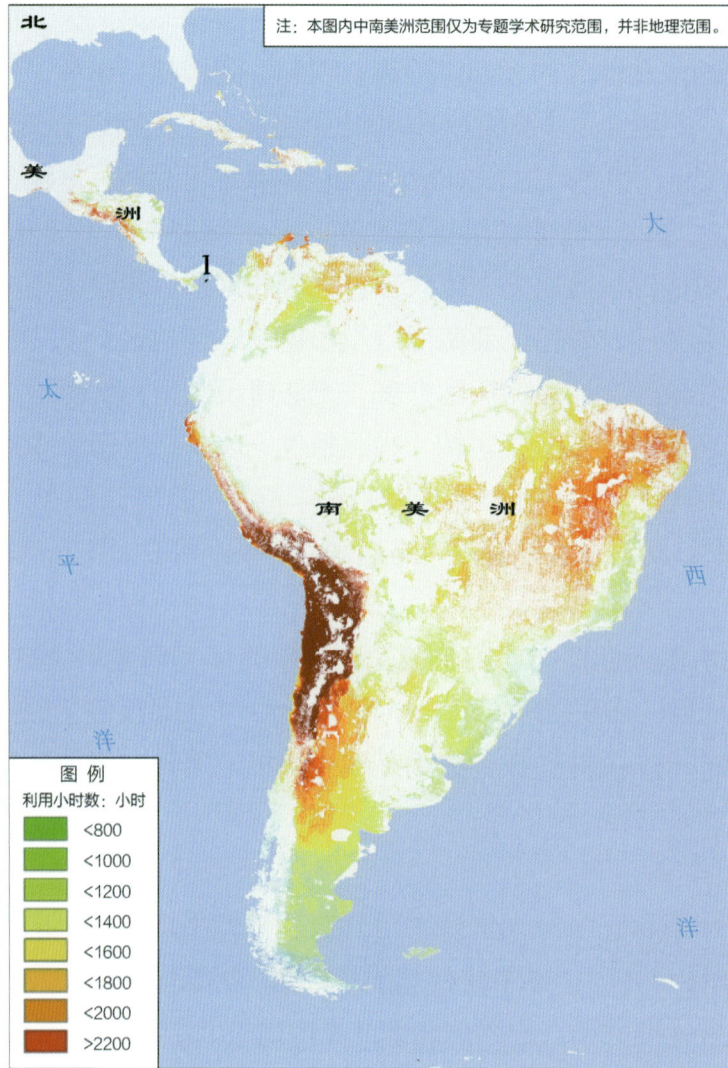

图 3-7　中南美洲光伏技术可开发区域及其利用小时分布示意图

照全球 3.5 美分光伏平均开发成本评估，中南美洲 2035 年造价水平下的光伏经济可开发规模约 264.6TW，技术可开发量占比约 95%。中南美洲光伏开发成本分布示意图如图 3-8 所示。

　　从光伏发电的经济性指标来看，资源条件优异，同时交通、电网基础设施条件相对较好的国家和地区光伏开发成本相对较低，经济性更好。从整体来看，中南美洲绝大多数国家和地区的最高开发成本低于 8 美分，标志着中南美洲整体具备良好的大规模开发条件。其中，委内瑞拉、阿根廷、智利等国家的部分区域开发成本仍较高，这与其局部较差的交通及并网条件密切相关。

从平均水平来看，智利的全国平均开发成本最低，为 1.84 美分，其最低开发成本为 1.48 美分。

从最经济的开发区域来看，智利、秘鲁、萨尔瓦多、多米尼加、古巴、哥斯达黎加、牙买加、危地马拉、巴西、阿根廷、玻利维亚、委内瑞拉、巴拿马、乌拉圭、尼加拉瓜、圭亚那、巴拉圭、伯利兹、海地、厄瓜多尔、阿鲁巴（荷）、特立尼达和多巴哥、哥伦比亚、洪都拉斯等 24 国光伏的最低开发成本低于 2.5 美分，开发经济性好，其中开发成本最低的出现在智利安托法加斯塔省南部，为 1.48 美分。

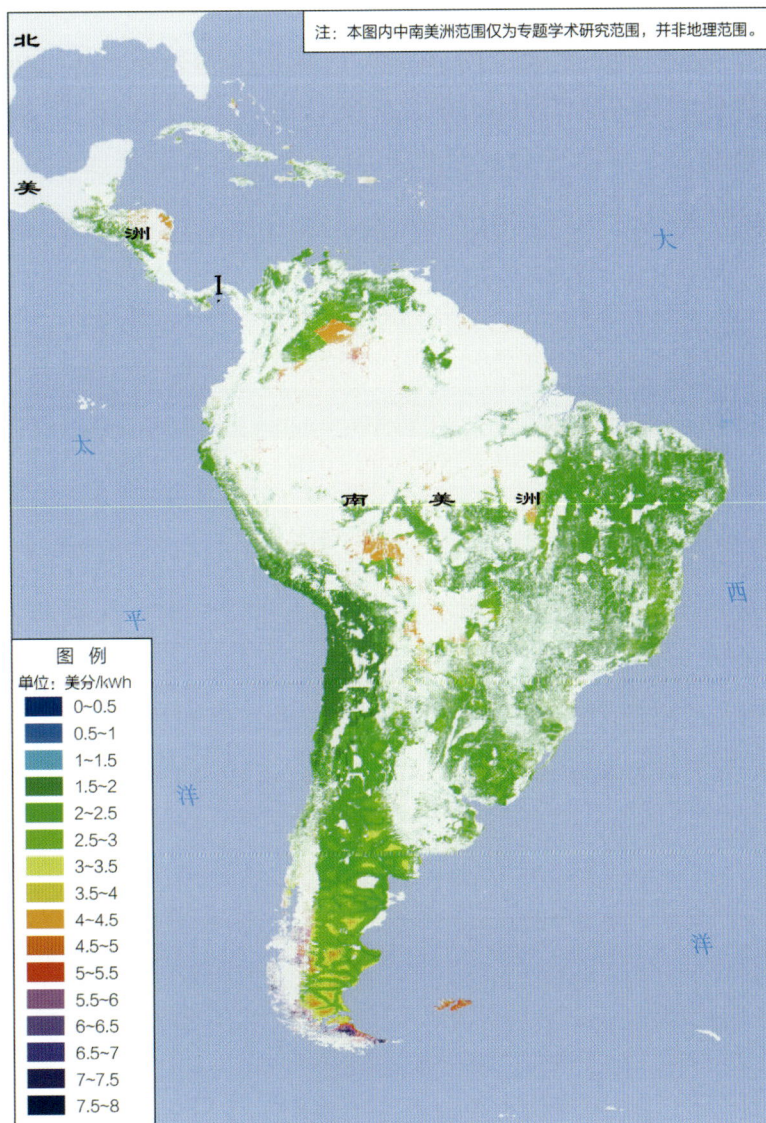

图 3-8　中南美洲光伏开发成本分布示意图

专栏 3-4   **智利太阳能资源**

智利地处中南美洲南部，国土总面积约 74.66 万 km^2。根据测算，境内最高海拔 6687m，最大地形坡度 85.7°。

智利光伏资源丰富，全国太阳能水平面年总辐射量范围为 698.15～2728.90kWh/m^2，区域平均的水平面年总辐射量约 2054.44kWh/m^2。智利全境资源较好，北部安托法加斯塔地区具有更高的水平面年总辐射量。

1. 主要限制性因素

智利境内设有不同类型的保护区，包括自然生态系统类保护区 9.41 万 km^2、野生生物类保护区 5.81 万 km^2、自然遗迹类保护区 0.04 万 km^2、自然资源类保护区 0.99 万 km^2 等，保护区总面积约 16.25 万 km^2，以上区域均不宜进行太阳能资源规模化开发。智利主要保护区面积测算结果详见专栏 3-4 表 1。

专栏 3-4 表 1   智利主要保护区面积测算结果

万 km^2

总面积	自然生态系统	野生生物	自然遗迹	自然资源	其他
16.25	9.41	5.81	0.04	0.99	0.00

智利地面覆盖物类型以裸露地表为主，面积 24.72 万 km^2，占总陆地面积 33.2%；地表草本植被覆盖面积 18.85 万 km^2，占 25.3%；森林 14.79 万 km^2，占 19.9%。智利主要地面覆盖物分析结果详见专栏 3-4 表 2。灌丛、草本植被和裸露地表适宜集中开发光伏，按照确定的土地利用系数测算，智利可进行太阳能集中式开发的面积约 43.0 万 km^2，占国土总面积的 56.8%。

专栏 3-4 表 2   智利主要地面覆盖物分析结果

万 km^2

国土总面积	河流面积	陆地面积								
		总计	森林	灌丛	草本植被	耕地	湿地沼泽	裸露地表	城市	冰雪
75.64	1.26	74.38	14.79	6.35	18.85	5.22	0.53	24.72	0.31	3.61

2. 其他工程建设条件

智利全境地震活动较频繁，历史地震记录主要集中于中部及北部地区，太阳能开发应规避主要地层断裂带及裂谷地带。智利岩层分布丰富，在太阳能资源丰富的地区以硅碎屑沉积岩、松散沉积岩和中深成岩为主。

智利人口 1791 万人，人口密度超过 3.5 万人/km^2 的人口密集地区主要集中在中部城市地区，其他区域人口密度较低，规模化开发光伏一般应远离人口密集地区。

3. 评估结果

根据测算，智利太阳能资源的理论蕴藏总量为 1121.2PWh/a；技术可开发量约为 17.8TW，总年发电量 39.8PWh，利用小时数 2242（容量因子为 0.26）。智利北部地区光伏装机条件好，部分平原地区的装机能力可以达到 110MW/km^2 以上，全国光伏技术可开发量及开发成本分布示意图如专栏 3-4 图 1 所示。

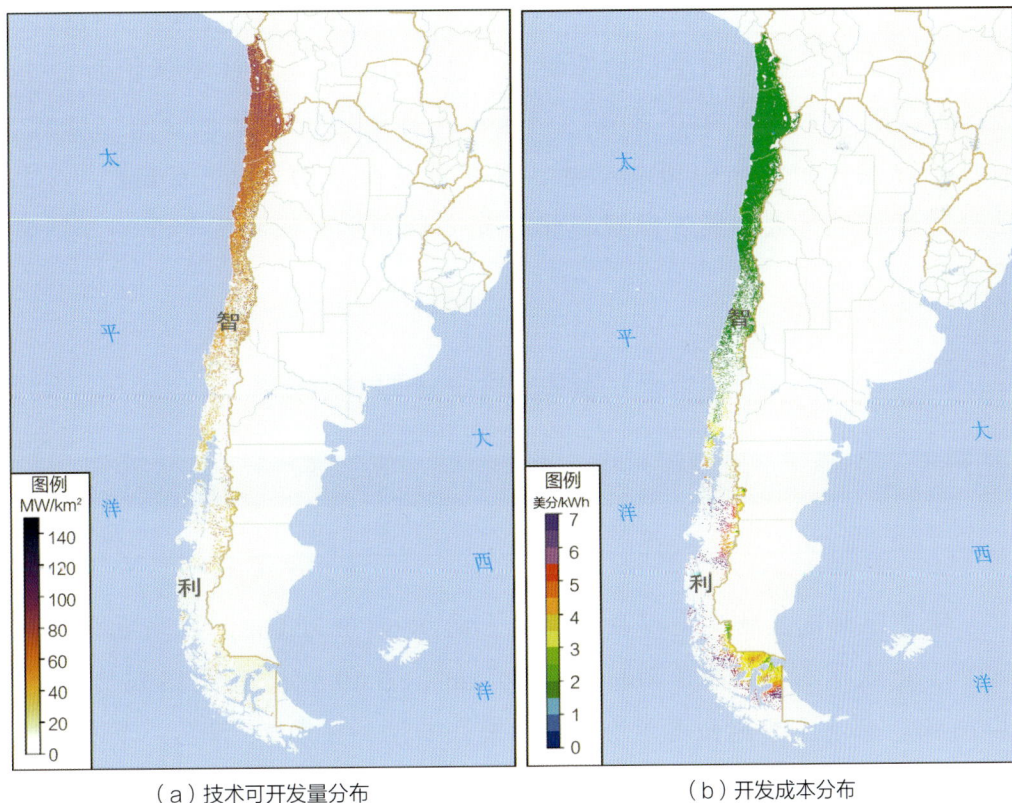

（a）技术可开发量分布　　　　　（b）开发成本分布

专栏 3-4 图 1　智利光伏技术可开发量以及开发成本分布示意图

根据测算，智利太阳能光伏发电的平均开发成本为 1.84 美分/kWh，其中开发条件最好的地区，开发成本低至 1.48 美分/kWh。智利适合光伏发电大规模经济开发的区域主要分布于北部和中部地区，其中北部地区的开发经济性更优异。

专栏 3-5 **秘鲁太阳能资源**

秘鲁地处南美洲西部，国土总面积约 129 万 km²。根据测算，境内最高海拔高度 6620.5m，最大地形坡度 78.5°。

秘鲁光伏资源较好，全国太阳能水平面年总辐射量范围为 1034.96～2595.81kWh/m²，区域平均水平面年总辐射量 1877.47kWh/m²。秘鲁全境资源较好，太平洋沿岸及阿塔卡玛沙漠地带具有更高的水平面年总辐射量。

1. 主要限制性因素

秘鲁境内设有不同类型的保护区，包括自然生态系统类保护区 12.48 万 km²、野生生物类保护区 0.17 万 km²、自然遗迹保护区 2.31 万 km²、自然资源类保护区 8.10 万 km² 等，保护区总面积约 23.67 万 km²，以上区域均不宜进行太阳能资源规模化开发。秘鲁主要保护区面积测算结果见专栏 3-5 表 1。

专栏 3-5 表 1　秘鲁主要保护区面积测算结果

万 km²

总面积	自然生态系统	野生生物	自然遗迹	自然资源	其他
23.67	12.48	0.17	2.31	8.10	0.61

秘鲁地面覆盖物类型以森林为主，面积 68.58 万 km²，占陆地总面积 54.0%，地表草本植被覆盖面积 24.48 万 km²，占 19.3%；灌丛 13.76 万 km²，占 10.8%。秘鲁主要地面覆盖物分析结果见专栏 3-5 表 2。灌丛、草本植被和裸露地表适宜集中开发光伏，按照确定的土地利用系数测算，秘鲁可进行太阳能集中式开发的面积约 38.6 万 km²，占国土总面积的 30%。

专栏 3-5 表 2　秘鲁主要地面覆盖物分析结果

万 km²

国土总面积	河流面积	陆地面积								
		总计	森林	灌丛	草本植被	耕地	湿地沼泽	裸露地表	城市	冰雪
128.51	1.52	126.99	68.58	13.76	24.48	3.65	8.08	8.05	0.23	0.16

2. 其他工程建设条件

秘鲁地震发生频率较高，历史地震记录主要集中于西部山区，东部平原的地震频率较低，太阳能开发应规避主要地层断裂带及裂谷地带。太阳能资源富集地区岩层分布以混合沉积岩、松散沉积岩和中间火山岩为主。

秘鲁人口 3149 万人，人口密度超过 3.5 万人/km² 的人口密集地区主要集中在西部沿海城市地区，其他区域人口密度较低，规模化开发光伏一般应远离人口密集地区。

3. 评估结果

根据测算，秘鲁太阳能资源的理论蕴藏总量为 2436.0PWh/a；技术可开发量约为 15.0TW，总年发电量 29.6PWh，综合利用小时数 1979（容量因子 0.23）。秘鲁西北部及西南部地区光伏装机条件好，部分平原地区超过 100MW/km²，全国光伏技术可开发量及开发成本分布示意图如专栏 3-5 图 1 所示。

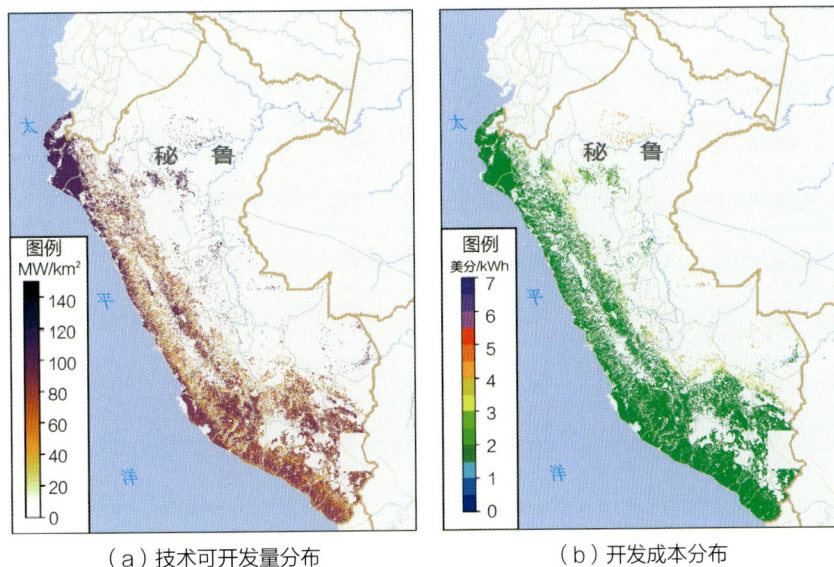

（a）技术可开发量分布　　　（b）开发成本分布

专栏 3-5 图 1　秘鲁光伏技术可开发量以及开发成本分布示意图

根据测算，秘鲁太阳能光伏发电的平均开发成本为 2.04 美分/kWh，其中开发条件最好的地区，开发成本低至 1.61 美分/kWh。秘鲁西部沿海和南部地区均适合光伏大规模经济开发，其中南部地区的开发经济性更优异。

中南美洲 35 个国家和地区太阳能资源评估结果见表 3-5，包括理论蕴藏量、集中式开发规模以及按国别平均的开发成本。其中，技术可开发量的评估结果是按照报告 3.1.3 给定的评估参数计算获得，是满足集中式开发条件区域的装机容量。具体来看，中美洲大部分国家和地区地形陡峭，多覆盖热带雨林，可开发面积有限，集中式光伏开发条件差。南美洲圭亚那、苏里南和法属圭亚那由于地面覆盖物原因，可开发面积少。

表 3-5　中南美洲 35 个国家和地区太阳能资源评估结果

序号	国家	理论蕴藏量（PWh/a）	集中式开发规模（GW）	年发电量（TWh/a）	可利用小时数（小时）	可利用面积占比	平均开发成本（美分/kWh）
1	哥伦比亚	2030.3	16241.0	27131.9	1671	15.39%	2.91
2	委内瑞拉	1789.4	14016.0	24613.7	1756	15.12%	2.42
3	秘鲁	2436.0	14952.1	29594.7	1979	21.49%	2.04
4	厄瓜多尔	388.0	754.7	1100.7	1458	8.72%	2.7
5	玻利维亚	2161.9	19532.2	39600.3	2027	22.96%	2.4
6	巴拉圭	742.0	5948.2	10009.6	1683	18.83%	2.62
7	圭亚那	404.0	970.3	1675.6	1727	4.45%	2.62
8	苏里南	287.1	45.7	78.8	1725	0.28%	4.02
9	法属圭亚那	161.4	24.2	40.7	1680	0.27%	4.08
10	巴西	16403.1	127628.9	224578.7	1760	16.64%	2.34
11	智利	1121.2	17765.7	39832.3	2242	43.38%	1.84
12	阿根廷	4645.7	47310.4	85432.5	1806	37.69%	2.38
13	乌拉圭	311.8	4988.8	8241.2	1652	48.08%	2.45
14	危地马拉	209.6	1264.6	2211.2	1749	16.96%	2.32
15	伯利兹	40.9	122.9	204.9	1668	5.94%	2.66
16	萨尔瓦多	44.6	475.2	910.9	1917	30.18%	2.04

序号	国家	理论蕴藏量（PWh/a）	集中式开发规模（GW）	年发电量（TWh/a）	可利用小时数（小时）	可利用面积占比	平均开发成本（美分/kWh）
17	洪都拉斯	212.3	1413.8	2460.2	1740	17.23%	3.03
18	尼加拉瓜	238.6	1520.0	2652.7	1745	14.80%	2.58
19	哥斯达黎加	91.6	270.7	466.1	1722	7.06%	2.28
20	巴拿马	129.0	614.4	1005.9	1637	10.13%	2.48
21	古巴	216.6	635.7	1133.3	1783	7.02%	2.25
22	牙买加	21.1	64.1	109.9	1714	7.40%	2.25
23	巴哈马	23.8	73.3	129.0	1759	68.81%	4.1
24	开曼群岛（英）	0.4	0.7	1.3	1782	3.20%	4.8
25	海地	55.2	383.2	702.6	1833	19.16%	2.76
26	多米尼加	96.2	338.4	603.7	1784	8.72%	2.2
27	波多黎各	17.7	61.8	107.0	1732	8.53%	3.96
28	维尔京群岛（英）	0.2	0.7	1.4	1861	7.46%	4.06
29	安圭拉（英）	0.2	1.4	2.6	1928	15.97%	4.32
30	安提瓜和巴布达	1.1	3.1	5.8	1867	8.09%	4.93
31	圣基茨和尼维斯	0.4	0.9	1.7	1803	5.51%	4.81
32	蒙特塞拉特（英）	0.2	1.3	2.5	1845	19.31%	4.87
33	瓜德罗普岛（法）	3.2	7.7	14.2	1831	31.42%	5.39
34	特立尼达和多巴哥	9.9	1.1	1.9	1702	0.21%	2.91
35	阿鲁巴（荷）	0.4	2.9	4.8	1631	16.78%	2.84
	合计	34295.1	277436.1	504664.3	1819	22.58%	2.34

注：1. 中南美洲光伏发电可利用小时数为洲内年总发电量与总技术可开发量的比值。
　　2. 中南美洲光伏发电可利用面积占比为洲内总可利用面积与全洲总面积的比值。
　　3. 中南美洲光伏发电平均开发成本为洲内各国家平均开发成本及其年发电量的加权平均值。

3.3 基地开发

3.3.1 开发现状

从 2014 年起中南美洲光伏装机规模开始较快增长，2018 年总装机规模达到6975MW，中南美洲历年光伏总装机容量如图3-9（a）所示[1]。其中，智利、巴西和秘鲁光伏装机容量较大，分别为 2692、2924MW 和 320MW，智利和秘鲁发电量分别为3586GWh 和 745GWh，具体情况见表3-6[2]。图3-9（b）为中南美洲主要国家历年光伏装机容量，由图可知，从 2010 年到 2018 年，智利和巴西光伏装机容量增长较快，智利大型光伏电站 LLANO DE LLAMPOS，装机容量 101MW。2014 年，巴西新建了 Nova Aurora 光伏电站，装机容量3MW。

根据彭博社统计，2010—2018 年，中南美洲巴西、智利、秘鲁等主要国家光伏发电年投资从 0 增至 22 亿美元[3]。

根据 IRENA 统计，2013—2018 年，巴西加权平均的光伏组件投资水平下降了47%，从700 美元 / kW 降至 450 美元 / kW[4]。2018 年，巴西的光伏电站综合初始投资水平为 1519 美元 / kW。

表 3-6　2018 年中南美洲主要国家光伏开发情况

国家	光伏装机容量（MW）	光伏发电量（GWh）
智利	2692	3586
巴西	2924	—
秘鲁	320	745

[1] International Renewable Energy Agency. Renewable capacity statistics 2019[R]. Abu Dhabi: IRENA, 2019.
[2] 彭博社 . 全球装机和发电量统计 [EB/OL], 2020-02-24.
[3] 彭博社 . 全球投资统计 [EB/OL], 2020-07-13.
[4] International Renewable Energy Agency. Renewable Power Cost in 2018[R]. Abu Dhabi: IRENA, 2019.

（a）中南美洲历年光伏总装机容量　　　（b）中南美洲主要国家历年光伏装机容量

图 3-9　中南美洲光伏装机容量

3.3.2　基地布局

　　根据中南美洲太阳能资源评估结果，综合考虑资源特性和开发条件，大型光伏基地宜在技术指标高、开发成本低的区域进行布局。综合当地用电需求，根据中南美洲能源互联网主要战略输电通道布局，未来在南美洲西部将开发委内瑞拉艾尔蓬松、艾尔卡尔瓦里奥和秘鲁阿塔卡玛等 3 个光伏基地，2035 年开发规模可达到 14.00GW；在南美洲南部将开发玻利维亚阿塔卡玛、智利瓦拉、智利拉古纳斯、智利基亚瓜、智利玛丽亚埃伦娜、阿根廷埃尔莫雷诺、阿根廷帕约加斯塔和阿根廷卡奇等 8 个光伏基地，2035 年开发规模可达到 43.00GW；在南美洲东部将开发巴西安日库斯、巴西阿丰苏贝泽拉、巴西奥古斯托—塞韦德等 3 个光伏基地，2035 年开发规模可达到 30.00GW；在中美洲地区开发萨尔瓦多圣安娜 1 个光伏基地，2035 年开发规模可达 700MW。

　　报告基于数字化选址模型和软件，对上述 15 个光伏基地的开发条件、装机规模、工程设想、发电特性和投资水平进行了研究，提出了初步开发方案。15 个光伏基地的总装机规模约 87.70GW，年发电量 179.84TWh/a。根据远景规划，未来开发总规模有望超过 203GW。按照 2035 年中南美洲光伏造价预测成果，基于项目基本情况进行投资估算，中南美洲光伏基地总投资约 420.70 亿美元，度电成本为 1.65~2.26 美分 / kWh。中南美洲大型光伏基地布局示意图如图 3-10 所示。

图 3-10　中南美洲大型光伏基地布局示意图

3.3.3　基地概述

报告提出的中南美洲 15 个光伏基地选址的总体情况如下。

1.　委内瑞拉艾尔蓬松（Elpunzon）基地

基地位于委内瑞拉瓜里科州（Guarico）中部，基地水平面年总辐射量 2074.62kWh/m^2。基地占地面积 62.07km^2，海拔高程范围 130.5～213m，主要地形为平原和丘陵。基地选址避让了保护区，考虑地面覆盖物、地形坡度等因素影响，可装机面积 47.93km^2，利用率 77.22%。按照初步开发方案，基地装机容量 5.00GW，年发电量 8732GWh；项目总投资 24.08 亿美元，综合度电成本 2.24 美分/kWh。

2. 委内瑞拉艾尔卡尔瓦里奥（Elcalvario）基地

基地位于委内瑞拉瓜里科州中部，基地水平面年总辐射量 2069.33kWh/m^2。基地占地面积 60.37km^2，海拔高程范围 129～210m，主要地形为平原和丘陵。基地选址避让了保护区，考虑地面覆盖物、地形坡度等因素影响，可装机面积 48.06km^2，利用率 79.61%。按照初步开发方案，基地装机容量 5.00GW，年发电量 8721GWh；项目总投资 24.31 亿美元，综合度电成本 2.26 美分 / kWh。

3. 巴西安日库斯（Angicos）基地

基地位于巴西北里奥格兰德州（Rio grande do norte）北部，基地水平面年总辐射量 2093.25kWh/m^2。基地占地面积 183.49km^2，海拔高程范围 86～171.5m，主要地形为平原和丘陵。基地选址避让了保护区，考虑地面覆盖物、地形坡度等因素影响，可装机面积 90.68km^2，利用率 49.42%。按照初步开发方案，基地装机容量 10.00GW，年发电量 17501GWh；项目总投资 47.10 亿美元，综合度电成本 2.18 美分 / kWh。

4. 巴西阿丰苏贝泽拉（Alfonsobzepra）基地

基地位于巴西北里奥格兰德州东北部，基地水平面年总辐射量 2107.12kWh/m^2。基地占地面积 186.07km^2，海拔高程范围 107.5～262m，主要地形为平原和山地。基地选址避让了保护区，考虑地面覆盖物、地形坡度等因素影响，可装机面积 92.72km^2，利用率 49.83%。按照初步开发方案，基地装机容量 10.00GW，年发电量 17661GWh；项目总投资 47.41 亿美元，综合度电成本 2.18 美分 / kWh。

5. 巴西奥古斯托—塞韦德（Augusto-Severo）基地

基地位于巴西北里奥格兰德州西部，基地水平面年总辐射量 2208.03kWh/m^2。基地占地面积 190.93km^2，海拔高程范围 49～121m，主要地形为平原和丘陵。基地选址避让了保护区，考虑地面覆盖物、地形坡度等因素影响，可装机面积 91.66km^2，利用率 48.01%。按照初步开发方案，基地装机容量 10.00GW，年发电量 18390GWh；项目总投资 46.89 亿美元，综合度电成本 2.07 美分 / kWh。

6. 秘鲁阿塔卡玛（Atacama）基地

基地位于秘鲁塔克纳省（Tacna）南部，基地水平面年总辐射量 2407.20kWh/m²。基地占地面积 46.49km²，海拔高程范围 734～1054m，主要地形为高原。基地选址避让了保护区，范围内没有地面覆盖物、地形坡度等影响因素，可装机土地利用率 100%。按照初步开发方案，基地装机容量 4.00GW，年发电量 8616GWh；项目总投资 18.72 亿美元，综合度电成本 1.76 美分 / kWh。

7. 玻利维亚阿塔卡玛基地

基地位于玻利维亚奥鲁罗省（Oruro）东北部，基地水平面年总辐射量 2399.75 kWh/m²。基地占地面积 69.68km²，海拔高程范围 3732.5～3787m，主要地形为高原。基地选址避让了保护区，考虑地面覆盖物、地形坡度等因素影响，可装机面积 55.58km²，利用率 79.76%。按照初步开发方案，基地装机容量 5.00GW，年发电量 11228GWh；项目总投资 23.38 亿美元，综合度电成本 1.69 美分 / kWh。

8. 阿根廷埃尔莫雷诺（Elmoreno）基地

基地位于阿根廷宁胡胡伊省（Jujuy）南部，基地水平面年总辐射量 2610.98kWh/m²。基地占地面积 56.40km²，海拔高程范围 3411～3501.5m，主要地形为高原。基地选址避让了保护区，考虑地面覆盖物、地形坡度等因素影响，可装机面积 50.56km²，利用率 89.65%。按照初步开发方案，基地装机容量 4.00GW，年发电量 9777GWh；项目总投资 21.15 亿美元，综合度电成本 1.76 美分 / kWh。

9. 阿根廷帕约加斯塔（Payogasta）基地

基地位于阿根廷萨尔塔省（Salta）西部，基地水平面年总辐射量 2415.23kWh/m²。基地占地面积 114.85km²，海拔高程范围 2520～2921m，主要地形为高原和山地。基地选址避让了保护区，考虑地面覆盖物、地形坡度等因素影响，可装机面积 68.56km²，利用率 59.70%。按照初步开发方案，基地装机容量 5.00GW，年发电量 11399GWh；项目总投资 24.86 亿美元，综合度电成本 1.77 美分 / kWh。

10. 阿根廷卡奇（Cachi）基地

基地位于阿根廷萨尔塔省西南部，基地水平面年总辐射量 2420.15kWh/m²。基地占地面积 86.40km²，海拔高程范围 2304.5~2645m，主要地形为高原和丘陵。基地选址避让了保护区，考虑地面覆盖物、地形坡度等因素影响，可装机面积 68.46km²，利用率 79.24%。按照初步开发方案，基地装机容量 5.00GW，年发电量 11294GWh；项目总投资 24.95 亿美元，综合度电成本 1.79 美分 / kWh。

11. 智利瓦拉（Huara）基地

基地位于智利塔拉帕卡区（Tarapaca）中部，基地水平面年总辐射量 2562.47kWh/m²。基地占地面积 71.11km²，海拔高程范围 1066~1117.5m，主要地形为高原。基地选址避让了保护区，范围内基本没有地面覆盖物、地形坡度等影响，可装机面积 70.35km²，利用率 98.93%。按照初步开发方案，基地装机容量 6.00GW，年发电量 13662GWh；项目总投资 28.28 亿美元，综合度电成本 1.68 美分 / kWh。

12. 智利拉古纳斯（Lagunas）基地

基地位于智利塔拉帕卡区南部，基地水平面年总辐射量 2537.69kWh/m²。基地占地面积 74.50 km²，海拔高程范围 895.5~1131.5m，主要地形为高原。基地选址避让了保护区，范围内基本没有地面覆盖物、地形坡度等影响，可装机面积 74.34km²，利用率 99.79%。按照初步开发方案，基地装机容量 6.00GW，年发电量 13752GWh；项目总投资 29.12 亿美元，综合度电成本 1.72 美分 / kWh。

13. 智利基亚瓜（Qullagua）基地

基地位于智利安托法加斯塔区（Antofagasta）北部，基地水平面年总辐射量 2563.53kWh/m²。基地占地面积 73.67km²，海拔高程范围 871~1045m，主要地形为高原和丘陵。基地选址避让了保护区，范围内没有地面覆盖物、地形坡度等影响，可装机利用率 100%。按照初步开发方案，基地装机容量

6.00GW，年发电量 13863GWh；项目总投资 28.96 亿美元，综合度电成本 1.70 美分 / kWh。

14. 智利玛丽亚埃伦娜（Mariaelena）基地

基地位于智利安托法加斯塔区西北部，基地水平面年总辐射量2607.54kWh/m²。基地占地面积 72.42km²，海拔高程范围 1297～1577m，主要地形为高原和丘陵。基地选址避让了保护区，范围内没有地面覆盖物、地形坡度等影响，可装机利用率100%。按照初步开发方案，基地装机容量 6.00GW，年发电量 13871GWh；项目总投资 28.13 亿美元，综合度电成本 1.65 美分 / kWh。

15. 萨尔瓦多圣安娜（Santaana）基地

基地位于萨尔瓦多圣安娜省西部，基地水平面年总辐射量 2230.92kWh/m²。基地占地面积 11.47km²，海拔高程范围 470～620.5m，主要地形为平原和山地。基地选址避让了保护区，考虑地面覆盖物、地形坡度等因素影响，可装机面积 8.34km²，利用率 72.71%。按照初步开发方案，基地装机容量 0.7GW，年发电量 1377GWh；项目总投资 3.36 亿美元，综合度电成本 1.98 美分 / kWh。

各大型光伏基地主要技术经济指标见表 3-7。

表 3-7 中南美洲主要大型光伏基地技术经济指标

序号	基地名称	国家	占地面积（km²）	主要地形	年均 GHI（kWh/m²）	装机容量（GW）	年发电量（GWh）	总投资（亿美元）	度电成本（美分/kWh）
1	委内瑞拉艾尔蓬松	委内瑞拉	62.07	平原和丘陵	2074.62	5.0	8732	24.08	2.24
2	委内瑞拉艾尔卡尔瓦里奥	委内瑞拉	60.37	平原和丘陵	2069.33	5.0	8721	24.31	2.26
3	巴西安日库斯	巴西	183.49	平原和丘陵	2093.25	10.0	17501	47.10	2.18
4	巴西阿丰苏贝泽拉	巴西	186.07	平原和山地	2107.12	10.0	17661	47.41	2.18
5	巴西奥古斯托—塞韦德	巴西	190.93	平原和丘陵	2208.03	10.0	18390	46.89	2.07
6	秘鲁—阿塔卡玛	秘鲁	46.49	高原	2407.20	4.0	8616	18.72	1.76

续表

序号	基地名称	国家	占地面积（km²）	主要地形	年均GHI（kWh/m²）	装机容量（GW）	年发电量（GWh）	总投资（亿美元）	度电成本（美分/kWh）
7	玻利维亚阿塔卡玛	玻利维亚	69.68	高原	2399.75	5.0	11228	23.38	1.69
8	阿根廷埃尔莫雷诺	阿根廷	56.40	高原	2610.98	4.0	9777	21.15	1.76
9	阿根廷帕约加斯塔	阿根廷	114.85	高原和山地	2415.23	5.0	11399	24.86	1.77
10	阿根廷卡奇	阿根廷	86.40	高原和丘陵	2420.15	5.0	11294	24.95	1.79
11	智利瓦拉	智利	71.11	高原	2562.47	6.0	13662	28.28	1.68
12	智利拉古纳斯	智利	74.50	高原	2537.69	6.0	13752	29.12	1.72
13	智利基亚瓜	智利	73.67	高原和丘陵	2563.53	6.0	13863	28.96	1.70
14	智利玛丽亚埃伦娜	智利	72.42	高原和丘陵	2607.54	6.0	13871	28.13	1.65
15	萨尔瓦多圣安娜	萨尔瓦多	11.47	平原和山地	2230.92	0.7	1377	3.36	1.98
合计	—	—	—	—	—	87.7	179844	420.70	—

3.3.4 基地选址研究

报告给出了智利玛丽亚埃伦娜光伏基地和秘鲁阿塔卡玛基地2个光伏基地选址研究的详细结果，可供项目开发研究参考。

3.3.4.1 智利玛丽亚埃伦娜光伏基地

1. 主要开发条件分析

光伏资源条件。智利玛丽亚埃伦娜光伏基地光伏基地位于智利北部的安托法加斯塔区，基地多年平均水平面总辐射量为2607.54kWh/km²，资源条件优越，非常适宜进行太阳能资源的规模化开发。玛丽亚埃伦娜光伏基地太阳能水平面总辐射量分布示意图如图3-11所示。

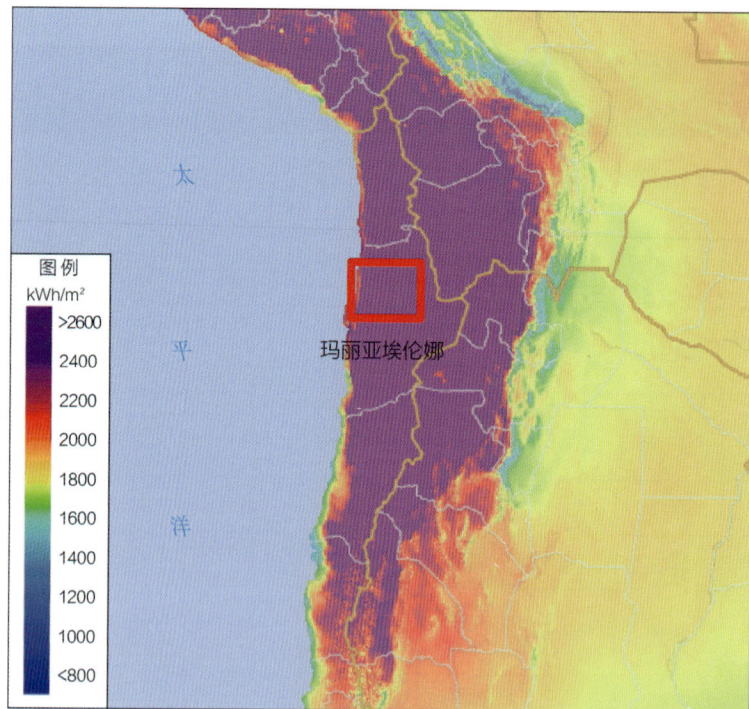

图 3-11　玛丽亚埃伦娜光伏基地太阳能水平面总辐射量分布示意图

地形地貌。区域地处智利西北部的高原地区，东接安第斯山脉，西临太平洋，区域内的海拔高程范围 1297～1577m，最大坡度 7.4°，地形平坦，适宜建设大型光伏基地。

主要限制性因素。玛丽亚埃伦娜光伏基地位于安托法加斯塔区西北部，占地总面积 72.42km²，基地选址示意图如图 3-12 所示。区域内地面覆盖物类型全部为裸露地表。基地内无自然保护区等限制性因素，选址主要避让北部 110km 外的 1 处自然资源类保护区。区域西北部 32km 处有 Barriles 机场。基地北部 6km、东部 12km 处有公路通过，北部 3km 处有铁路通过。电网方面，基地西侧 2km，北侧 8km、东侧约 3km 各有 1 条 220kV 双回线交流输电通道经过，接入电网条件较好。

基地范围内硅质碎屑沉积岩与基性深成岩主要发育。基地西北部 6km 处接触断层分布，距离最近的存在历史地震记录的地区约 12km，地质结构稳定。基地岩层分布及地震情况示意图见如图 3-13 所示。基地区域内植被稀疏，无大型城镇等人类活动密集区，东北侧约 4km 以及东南侧 25km 处有中小型城镇分布，距离最近人口密集区域（3.5 万人／km²）约 224km，距离基地最近的大型城市为玛丽亚埃伦娜市。

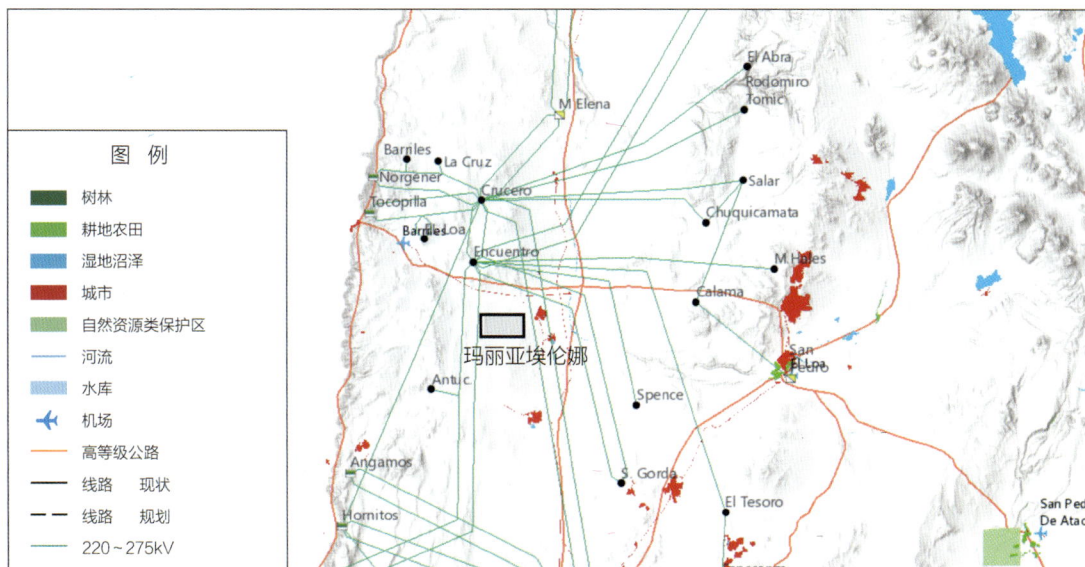

图 3-12　玛丽亚埃伦娜光伏基地选址示意图

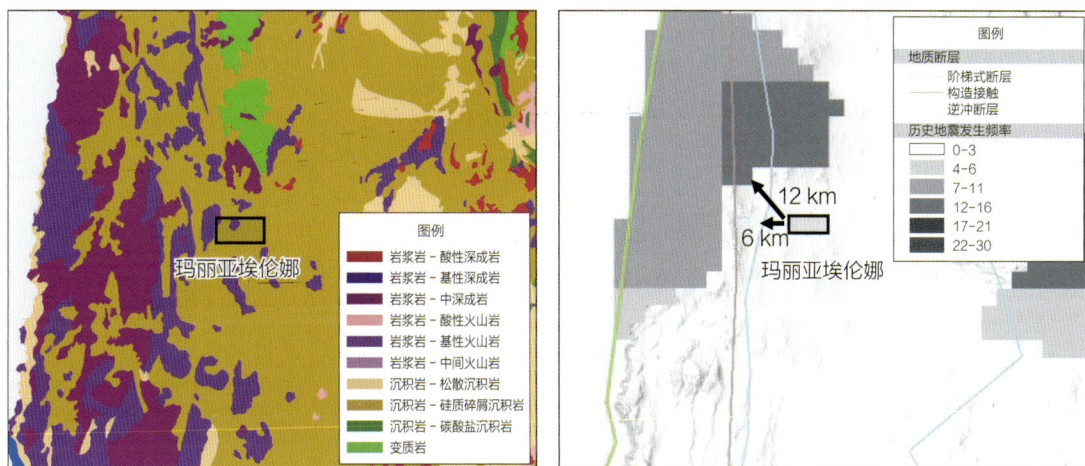

（a）岩层分布　　　　　　　　　　　　（b）历史地震情况图

图 3-13　玛丽亚埃伦娜光伏基地岩层分布及地震情况示意图

2. 开发规模与资源特性

经测算，玛丽亚埃伦娜光伏基地太阳能光伏发电的理论蕴藏总量为241.2TWh/a。技术可开发装机容量 6.0GW，年发电量 13871GWh，利用小时数 2326。基地光伏年发电量分布如图 3-14（a）所示，基地地势平坦，装机和发电量的地理分布相对均匀；基地 8760 逐小时出力系数热力分布如图 3-14（b）所示，其横坐标代表 24 小时，纵坐标代表 365 天，反映了 8760 小时光伏出力随时间变化的规律。

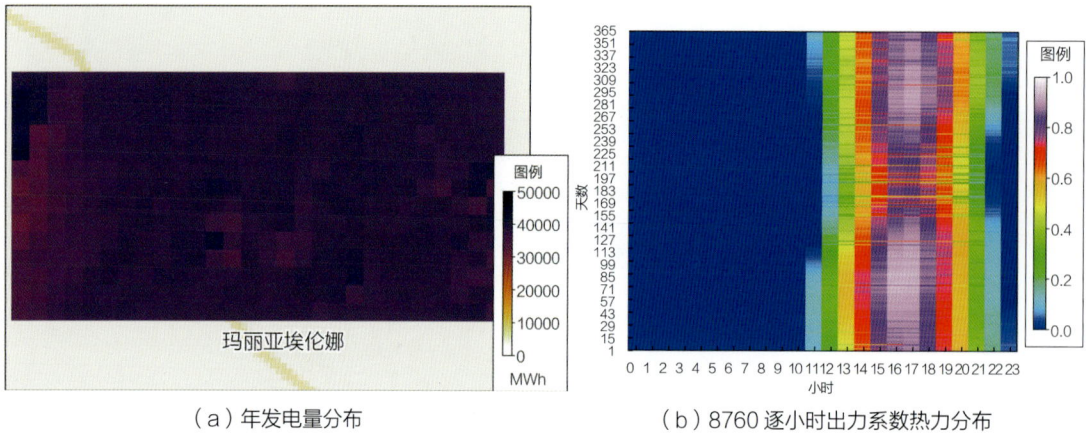

（a）年发电量分布　　　　　　　　　　（b）8760 逐小时出力系数热力分布

图 3-14　玛丽亚埃伦娜光伏基地年发电量分布和 8760 逐小时出力系数热力分布图

选择代表点对基地发电特性进行分析。玛丽亚埃伦娜光伏基地的辐射和温度及对应光伏发电出力的典型日变化和年变化曲线如图 3-15 和图 3-16 所示。从日变化来看，高辐射时段主要集中在 15—19 时（世界标准时间，下同。折算到智利当地时间为 11—15 时）。从月度变化来看，全年 10 月—次年 3 月总辐射大，发电能力强，5—8 月总辐射小，发电能力小。

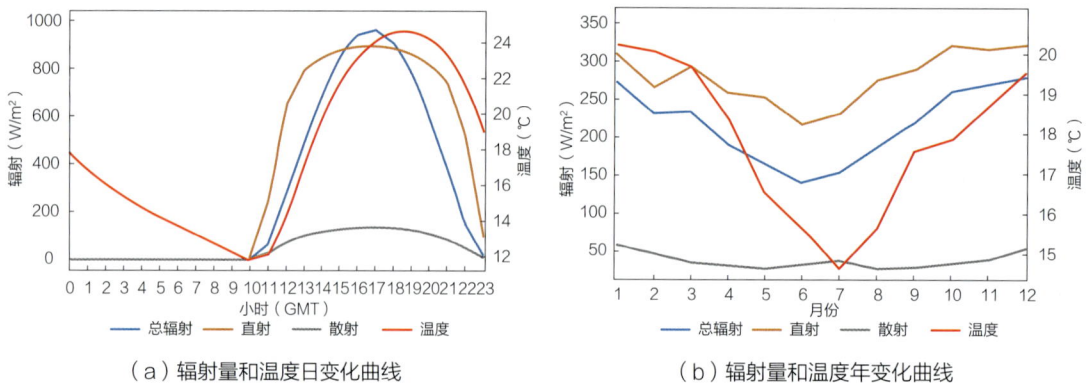

（a）辐射量和温度日变化曲线　　　　　　　（b）辐射量和温度年变化曲线

图 3-15　玛丽亚埃伦娜光伏基地辐射和温度典型日变化和年变化曲线

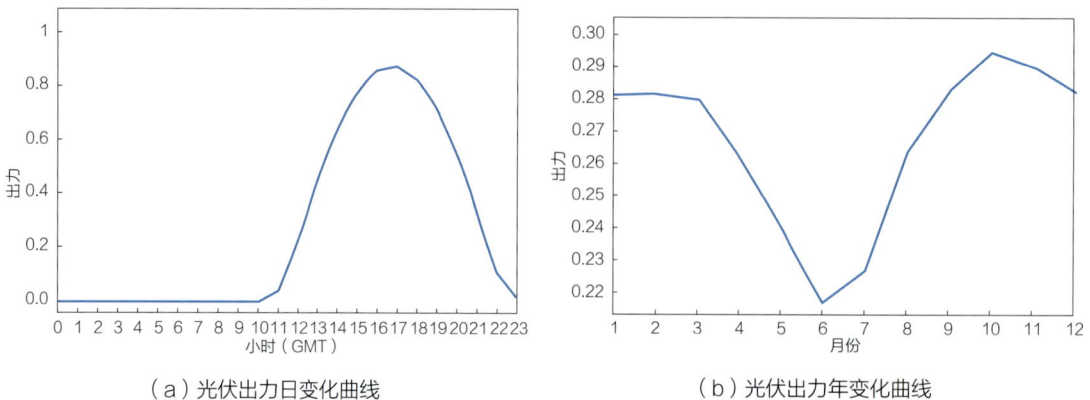

（a）光伏出力日变化曲线　　　　　　　　（b）光伏出力年变化曲线

图 3-16　玛丽亚埃伦娜光伏基地典型日出力和年出力曲线

3．工程设想与经济性分析

玛丽亚埃伦娜光伏基地装机容量 6.0GW，暂按 310Wp 高效单晶组件，采用固定式支架，竖向 2×22（横向 22 排，竖向 2 列）开展光伏阵列布置研究。综合考虑当地太阳能资源和地形等条件，并基于中国大型光伏电站设计经验及相关光伏板布置原则，采用光伏基地宏观选址规划数字化方法，开展玛丽亚埃伦娜光伏基地的光伏阵列自动排布。当地组件最佳倾角为 27°，基于最佳倾角下的倾斜面辐射量预留对应前后排间距 5.3m，考虑检修空间和通行道路，组串东西向间距为 0.5m。基地组件排布示意图如图 3-17 所示，图中每个小方框表示一个子阵，井字格为场区规划主干道。

图 3-17　玛丽亚埃伦娜光伏基地组件排布示意图

按照对光伏发电工程 2035 年经济性水平预测，综合考虑交通和电网基础设施条件，玛丽亚埃伦娜光伏基地总投资估算 28.13 亿美元，其中并网及交通成本 0.70 亿美元。光伏基地的投资匡算见表 3-8。按此测算，基地开发后平均度电成本 1.65 美分 / kWh。基于 12% 内部收益率测算的上网电价 3.19 美分 / kWh。

表 3-8 玛丽亚埃伦娜光伏基地投资匡算表

编号	项目内容	玛丽亚埃伦娜光伏基地
1	设备成本（亿美元）	26.23
2	建设成本（亿美元）	0.42
3	其他成本（亿美元）	0.78
4	并网及交通成本（亿美元）	0.70
5	单位千瓦投资（美元）	469

3.3.4.2 秘鲁阿塔卡玛光伏基地

1. 主要开发条件分析

光伏资源条件。秘鲁阿塔卡玛光伏基地位于秘鲁东北部的塔克纳省，基地多年平均水平面总辐射量为 2407.20kWh/km²，太阳能资源条件优越，非常适宜进行太阳能资源的规模化开发。秘鲁阿塔卡玛光伏基地太阳能水平面总辐射量分布示意如图 3-18 所示。

地形地貌。区域地处安第斯山脉西侧高原地带，西邻太平洋，区域内的海拔高程范围 734～1054m，最大坡度 2.5°，地形平坦，适宜建设大型光伏基地。

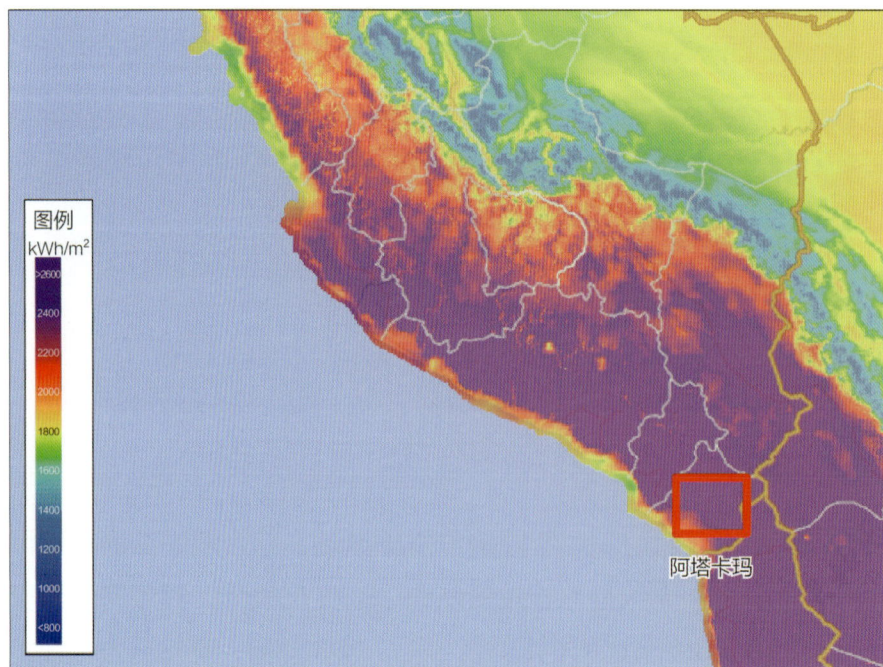

图 3-18 阿塔卡玛光伏基地太阳能水平面总辐射量分布示意图

主要限制性因素。秘鲁阿塔卡玛光伏基地位于塔克纳省南部，占地总面积 46.49km²，基地选址示意图如图 3-19 所示。区域内地面覆盖物类型为裸露地表。基地内无自然保护区等限制性因素，选址主要避让东北部 50km 外的 1 处自然资源类保护区。区域东南部 20km 处有 Santa Rosa 机场。基地东部和西部 10km 内均有公路通过。电网方面，基地内有一条 1 条 220kV 交流输电通道经过，接入电网条件较好。电源方面，基地西侧 85km 处有一座 569MW 燃气电厂。

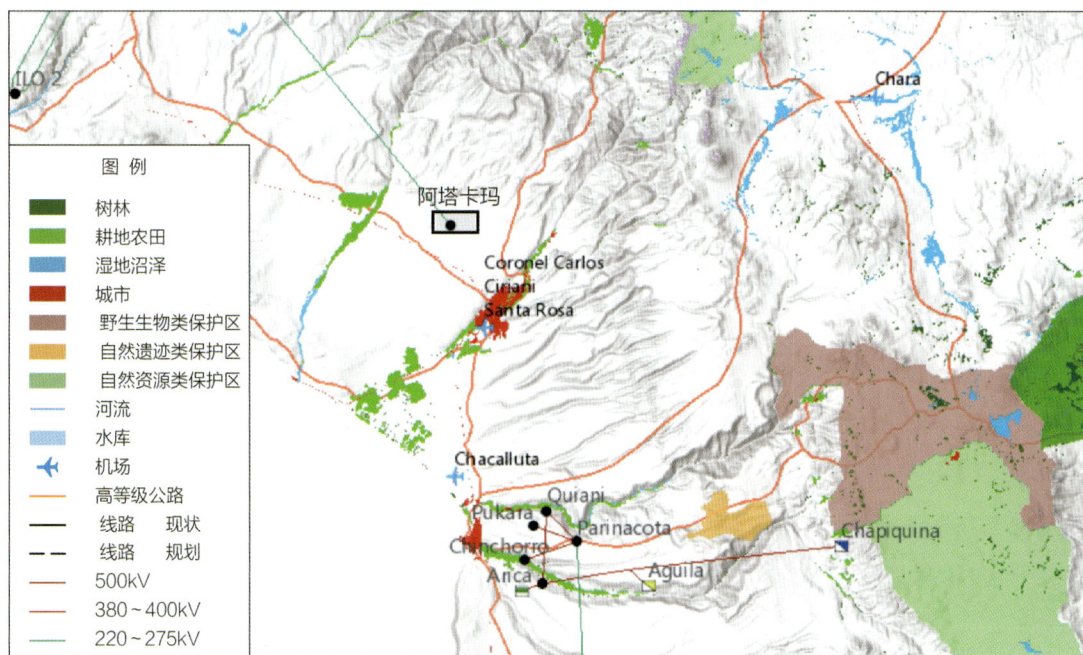

图 3-19　阿塔卡玛光伏基地选址示意图

基地范围内松散沉积岩主要发育。基地东北部 4km 处接触断层分布，距离最近的存在历史地震记录的地区约 13km，地质结构稳定。基地岩层分布及地震情况示意图如图 3-20 所示。基地区域内为裸露地表，无大型城镇等人类活动密集区，东侧 5km 处有中小型城镇分布，距离最近人口密集区域（3.5 万人 /km²）约 75km，距离基地最近的大型城市为托马西里（Tomasiri）市。

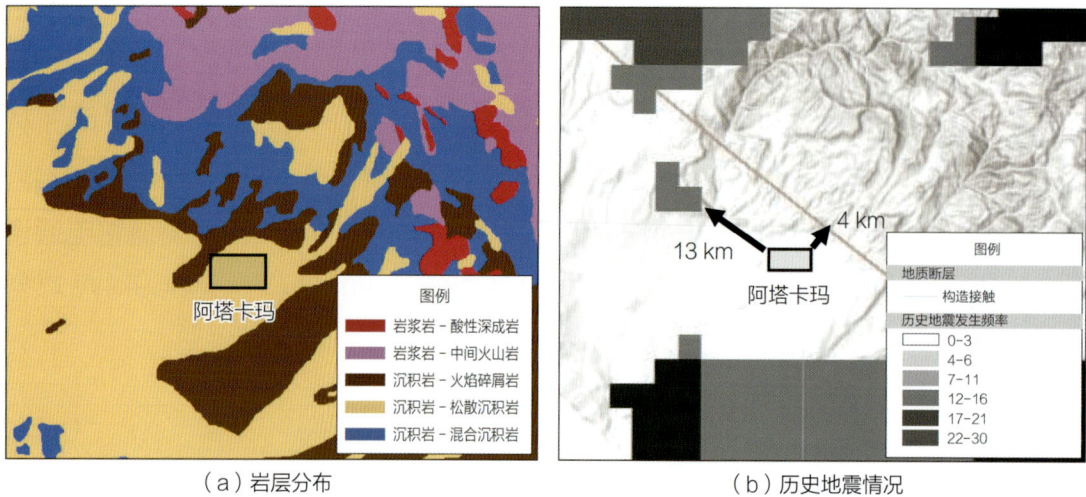

（a）岩层分布 　　　　　　　　　　（b）历史地震情况

图 3-20　阿塔卡玛光伏基地岩层分布及地震情况示意图

2. 开发规模与资源特性

经测算，秘鲁阿塔卡玛光伏基地太阳能光伏发电的理论蕴藏总量为318.7TWh/a。技术可开发装机容量 4.0GW，年发电量 8616GWh，利用小时数 2151。基地光伏年发电量分布如图 3-21（a）所示，基地地势平坦，装机和发电量的地理分布相对均匀；基地 8760 逐小时出力系数热力分布如图 3-21（b）所示，其横坐标代表 24 小时，纵坐标代表 365 天，反映了 8760 小时光伏出力随时间变化的规律。

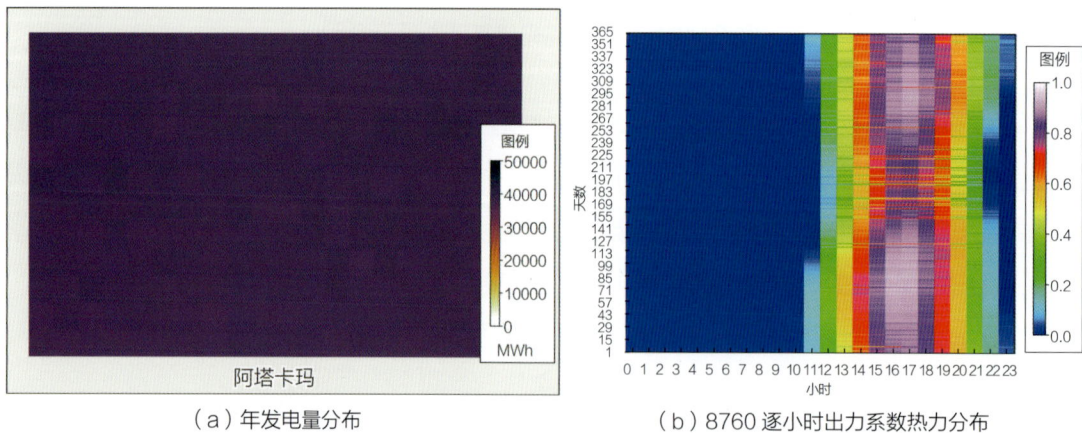

（a）年发电量分布 　　　　　　（b）8760 逐小时出力系数热力分布

图 3-21　阿塔卡玛光伏基地年发电量分布和 8760 逐小时出力系数热力分布图

选择代表点对基地发电特性进行分析。阿塔卡玛光伏基地的辐射和温度及对应光伏发电出力的典型日变化和年变化曲线如图 3-22 和图 3-23 所示。从日变化来看，阿塔卡玛光伏基地的高辐射时段主要集中在 14—20 时（世界标准时间，下同。折算到秘鲁当地时间为 9—15 时）。从月度变化来看，全年 10 月一次年 2 月总辐射大，发电能力强，5—7 月总辐射小，发电能力小。

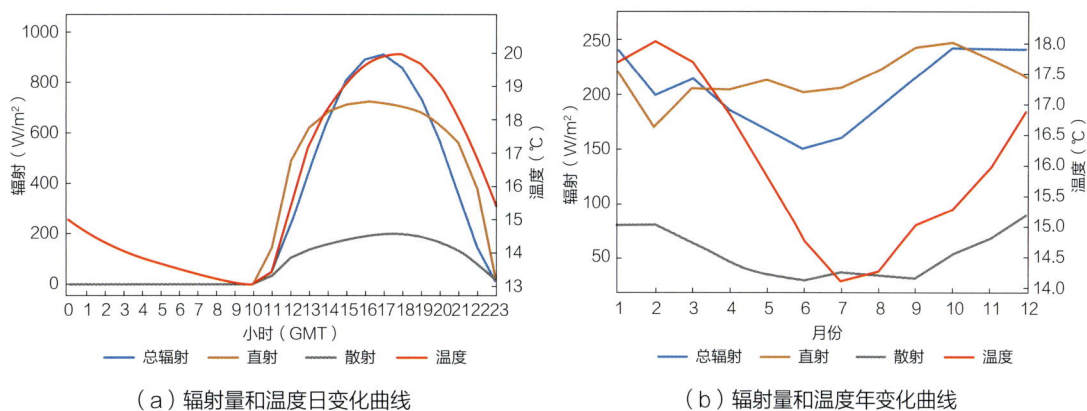

（a）辐射量和温度日变化曲线　　　　　　（b）辐射量和温度年变化曲线

图 3-22　阿塔卡玛光伏基地辐射和温度典型日变化和年变化曲线

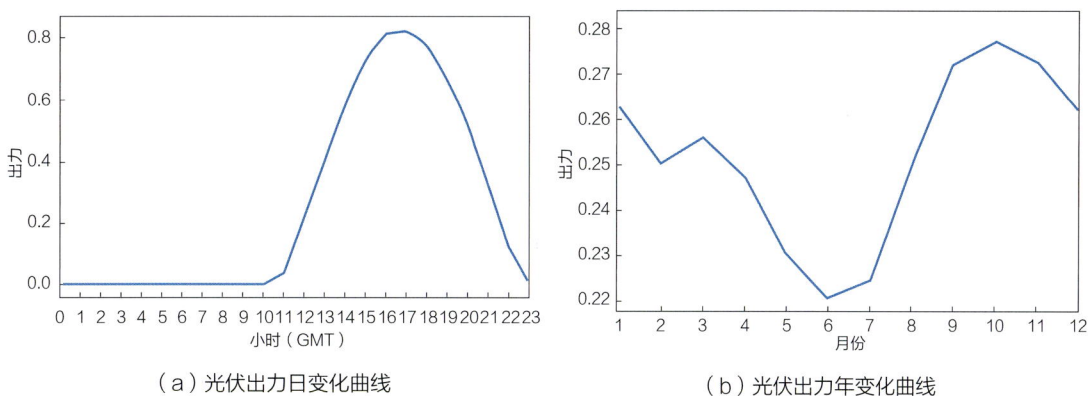

（a）光伏出力日变化曲线　　　　　　　（b）光伏出力年变化曲线

图 3-23　阿塔卡玛光伏基地典型日出力和年出力曲线

3. 工程设想与经济性分析

阿塔卡玛光伏基地装机容量 4.0GW，暂按 310Wp 高效单晶组件，采用固定式支架，竖向 2×22（横向 22 排，竖向 2 列）开展光伏阵列布置研究。综合考虑当地太阳能资源和地形等条件，并基于中国大型光伏电站设计经验及相关光伏板布置原则，采用光伏基地宏观选址规划数字化方法，开展阿塔卡玛光伏基地的光伏阵列自动排布。当地组件最佳倾角为 28°，基于最佳倾角下的倾斜面辐射量预留对应前后排间距 5.9m，考虑检修空间和通行道路，组串东西向间距为 0.5m。基地组件排布示意图如图 3-24 所示，图中每个小方框表示一个子阵，井字格为场区规划主干道。

图 3-24　阿塔卡玛光伏基地组件排布示意图

按照对光伏发电工程 2035 年经济性水平预测，综合考虑交通和电网基础设施条件，阿塔卡玛光伏基地总投资估算 18.72 亿美元，其中并网及交通成本 0.29 亿美元。光伏基地的投资匡算见表 3-9。按此测算，基地开发后平均度电成本 1.76 美分 / kWh。基于 12% 内部收益率测算的上网电价 3.39 美分 / kWh。

表 3-9　阿塔卡玛光伏基地投资匡算表

编号	项目内容	阿塔卡玛光伏基地
1	设备成本（亿美元）	17.63
2	建设成本（亿美元）	0.28
3	其他成本（亿美元）	0.52
4	并网及交通成本（亿美元）	0.29
5	单位千瓦投资（美元）	468

4 大型清洁能源基地外送

> 基于中南美洲能源电力供需发展趋势，结合清洁能源和矿产资源分布及开发布局，统筹区域内、跨区及跨洲电力消纳市场，充分考虑基地电力外送容量、输电距离及电网网架结构发展等因素，在中南美洲能源互联网框架下，研究分析大型清洁能源基地送电方向和输电方式，实现大型清洁能源基地开发与国内电网建设、跨国电网互联协调发展、有效衔接，促进清洁能源大规模开发、优化配置和高效利用，助力中南美洲有效应对气候变化，加快再工业化和区域一体化进程。

4.1 电力需求预测

南美东部[1]总人口约 2.1 亿人，占中南美洲总人口的 41%；GDP 达到 18030 亿美元，占中南美洲总量的 30%。2016 年，南美东部用电量 512.5TWh，最大负荷 86.19GW，巴西是主要电力负荷中心，用电量占南美东部总量的 99%；电源装机容量 166.36GW，以水电为主，占比 58%；电力工业基础较好，年人均用电量 2440kWh，人均装机容量 0.8kW，高于中南美洲平均水平，与世界平均水平持平。预计 2035 年，南美东部总用电量将达到 1214.3TWh，最大负荷 194.46GW；2050 年，总用电量达到 1695.2TWh，最大负荷 272.1GW。南美东部电力需求变化趋势如图 4-1 所示。负荷中心主要为巴西，2050 年巴西占南美东部用电量比重预计达到 64%。

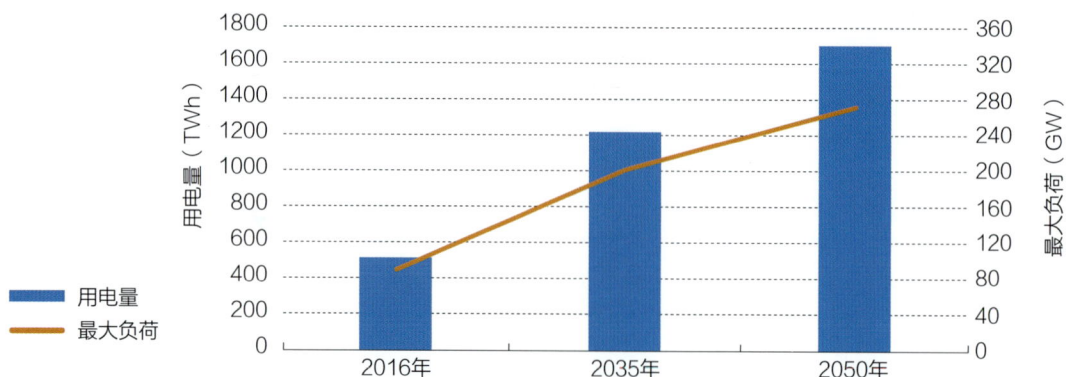

图 4-1 南美东部电力需求变化趋势

[1] 参考地理人文习惯和电网频率，将中南美洲划分为南美东部、南美南部、南美西部、中美洲和加勒比地区等 5 个区域。南美东部包括巴西、圭亚那、苏里南和法属圭亚那 4 个国家和地区。

南美南部[1]总人口约 8300 万人，占中南美洲总人口的 16%，GDP 9305 亿美元，占中南美洲的 16%。2016 年，南美南部用电量 223.7TWh，最大负荷 40.1GW，阿根廷和智利是主要电力负荷中心，用电量合计占比 87%。电源装机容量 79.32GW，以火电装机为主，占比 56%。南美南部年人均用电量 270kWh，人均装机容量 1.00kW，电力普及率 99%，尚存在约 87 万无电人口。其中，阿根廷、智利、乌拉圭电力普及率达到 100%，巴拉圭电力普及率约 98%；玻利维亚电力普及率相对较低，约为 93%。预计 2035 年，南美南部总用电量将达到 591.6TWh，最大负荷 100GW；2050 年，总用电量达到 908.8TWh，最大负荷 150GW。南美南部电力需求变化趋势如图 4-2 所示。负荷中心主要为阿根廷和智利，2050 年占南美南部用电量比重预计分别达到 47% 和 28%。

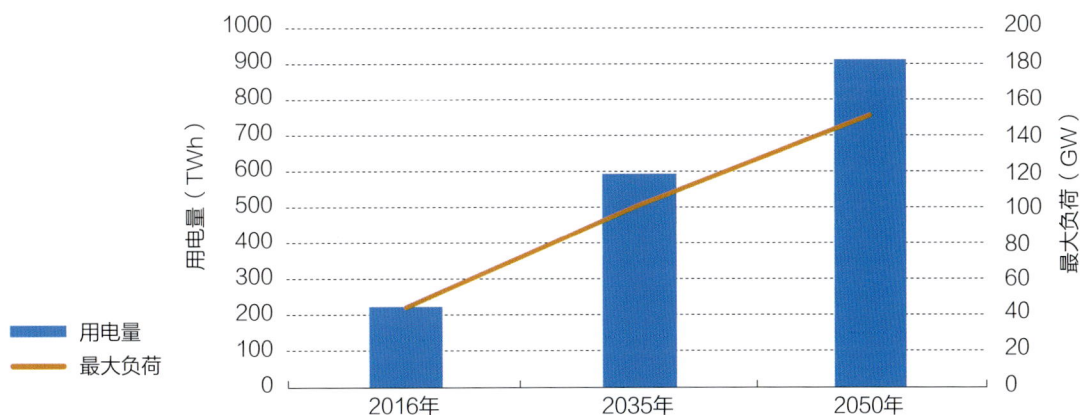

图 4-2　南美南部电力需求变化趋势

南美西部[2]总人口约 1.3 亿人，占中南美洲总人口的 25%，GDP 7799 亿美元，占中南美洲总量的 13%。2016 年，南美西部用电量 207.5TWh，最大负荷 38.2GW，委内瑞拉和哥伦比亚是主要电力负荷中心，合计占比 68%。电源装机容量 72.8GW，以水电和火电装机为主，分别占比 50% 和 48%。南美西部年人均用电量 1616kWh，人均装机 0.58kW，电力可及率 98%。其中委内瑞拉、哥伦比亚和厄瓜多尔电力普及率均超过 99%，秘鲁电力普及率相对较低，约为 95%。预计 2035 年，南美西部总用电量将达到 565.2TWh，最大负荷 90.68GW；2050 年，总用电量达到 775.7TWh，最大负荷 124.3GW。南美西部电力需求变化趋势如图 4-3 所示。负荷中心主要为委内瑞拉和哥伦比亚，2050 年占南美西部用电量比重预计分别达到 35% 和 24%。

---

[1] 南美南部包括玻利维亚、智利、阿根廷、巴拉圭和乌拉圭 5 个国家。
[2] 南美西部包括委内瑞拉、哥伦比亚、厄瓜多尔和秘鲁 4 个国家。

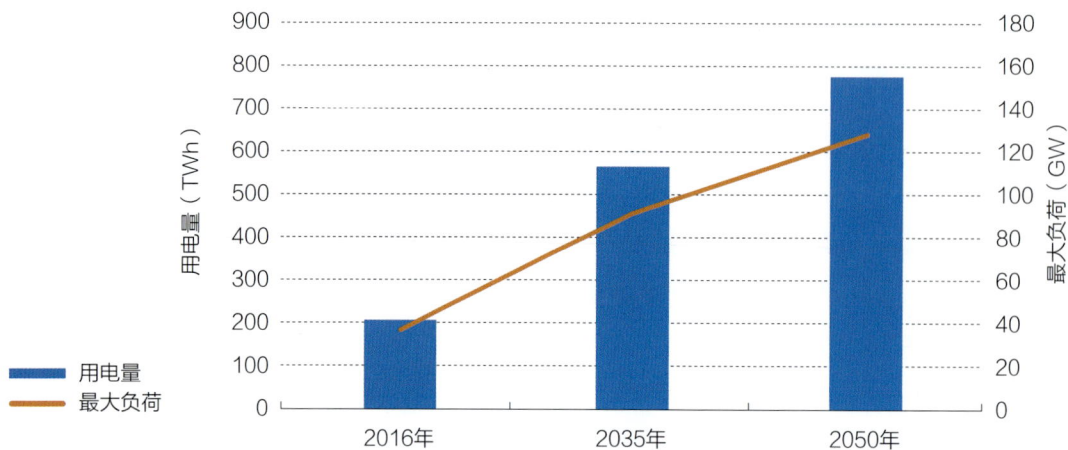

图 4-3　南美西部电力需求变化趋势

　　中美洲 ❶ 总人口约 4744 万人，占中南美洲总人口的 9%，GDP 2448 亿美元，约占中南美洲总量的 4%。2016 年，中美洲用电量 45.8TWh，最大负荷 8.4GW，危地马拉、哥斯达黎加和巴拿马是主要电力负荷中心，三国用电量之和占中美洲总用电量的 62%。电源装机容量 18.0GW，以火电和水电装机为主，分别占比 39% 和 38%。中美洲年人均用电量 965.4kWh，人均装机容量 0.38kW，总体电力普及率不高，约为 92%。预计 2035 年，中美洲总用电量将达到 102TWh，最大负荷 18.5GW；2050 年，总用电量达到 154.2TWh，最大负荷 27.6GW。中美洲电力需求变化趋势如图 4-4 所示。负荷中心主要是巴拿马、危地马拉和哥斯达黎加三国。2050 年三国占中美洲用电量比重预计分别达到 29%、18% 和 17%。

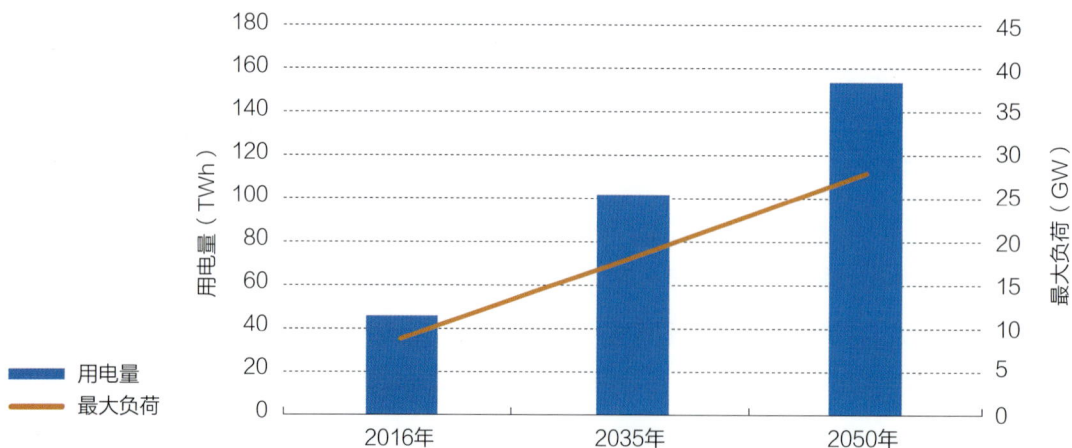

图 4-4　中美洲电力需求变化趋势

---

❶ 中美洲包括危地马拉、伯利兹、萨尔瓦多、洪都拉斯、尼加拉瓜、哥斯达黎加和巴拿马 7 个国家。

4.2　深度电能替代

4.2.1　清洁电力制氢与氢能利用

1.　电制氢与消纳清洁电力

氢能具有来源广泛、能量密度大、清洁高效等诸多优点。2018 年，全球氢产量约 1.2 亿 t，其中 95% 来源于传统化石资源的热化学重整 [1]。虽然化石资源制氢工艺成熟，成本相对低廉，但会排放大量的温室气体，对环境造成污染，未来，随着能源清洁转型的不断深入，清洁、绿色的电解水制氢技术将成为主流的制氢方式。

通过采用电制氢技术，一方面可以在难以实施电能替代进行脱碳的领域使用清洁氢，如冶金、化工、货运、航运、工业制热等行业，电制氢技术将成为连接清洁电力与部分终端能源消费领域的"纽带环节"；另一方面，电制氢设备具有较快的启停速度和全功率调节范围，可以成为电网宝贵的灵活性调节资源，未来，电制氢不仅是一种新的电力负荷，同时也为清洁电力消纳提供了一条新思路。太平洋沿岸地区如智利等国太阳能资源丰富，规模化发展电制氢产业，能够有效增加当地用电需求，平抑光伏发电的日内波动。制成的氢可以供当地使用，也可以通过海运出口到太平洋沿岸的用能中心，如北美、日韩、中国等。

亚马孙流域水能资源富集地区，电制氢可以与水电消纳进一步结合，充分发挥氢能跨季节存储的优势，确保外送电力在长时间尺度上的稳定和可靠，其他富余氢能可供当地或邻近区域的矿产开发冶炼产业利用。

---

[1] IRENA《Hydrogen-A Renewable Energy Perspective》.

专栏 4-1   **电制氢与消纳清洁电力**

　　电解水制氢指在直流电的作用下，通过电化学过程将水分子分解为氢分子与氧分子，并分别在阴、阳两极析出。电解水制氢技术主要包括以下三种：一是碱性电解槽技术，通常采用氢氧化钠溶液或氢氧化钾溶液等碱性电解液，由石棉隔膜隔开正负极区域，选用镍、铁等作为电极材料进行电解。碱性电解槽技术成熟、设备结构简单，具有较快的启停速度（分钟级）和部分功率调节能力，是当前主流的电解水制氢方法，缺点是效率较低（60%～70%）。二是质子交换膜技术，其特点是使用仅质子可以透过的有机物薄膜代替传统碱性电解槽中的隔膜和液态电解质，并将具有较高活性的贵金属催化剂压在质子交换膜两侧，从而有效减小电解槽的体积和电阻，使电解效率提高到80%左右，功率调节也更加灵活，但设备成本相对昂贵。三是高温固体氧化物电解槽技术（SOEC），其特点是在较高温度（600～1000℃）环境下，电解反应的热力学和动力学特性都有所改善，可以将电解效率提高到90%左右。高温固体氧化物电解槽还可以作为燃料电池使用，实现电解和发电的可逆运行，该技术目前还处于商业示范阶段。

　　电制氢设备具有较快的启停速度和全功率调节范围，主流的碱性电解槽启停速度为15～30分钟，新型的质子交换膜电解槽，启停速度可达秒级，功率调节范围可达额定功率的1.5倍左右。根据新能源发电出力和用电负荷的变化灵活调整电制氢设备的功率，使其成为系统中的可控负荷，可以有效消纳电网负荷低谷期的富余电力，平抑新能源发电的波动性。在未来以清洁能源作为主要电源的情况下，电制氢将成为电网宝贵的灵活性调节资源。

　　风光发电具有波动性大、利用小时数低等特点，利用电制氢消纳新能源发电，制氢设备利用率不高。以风光互补新能源发电基地为例，按照风电光伏装机1∶1进行测算，电制氢设备利用率约为35%～45%（3000～4000小时），如专栏4-1图1所示。

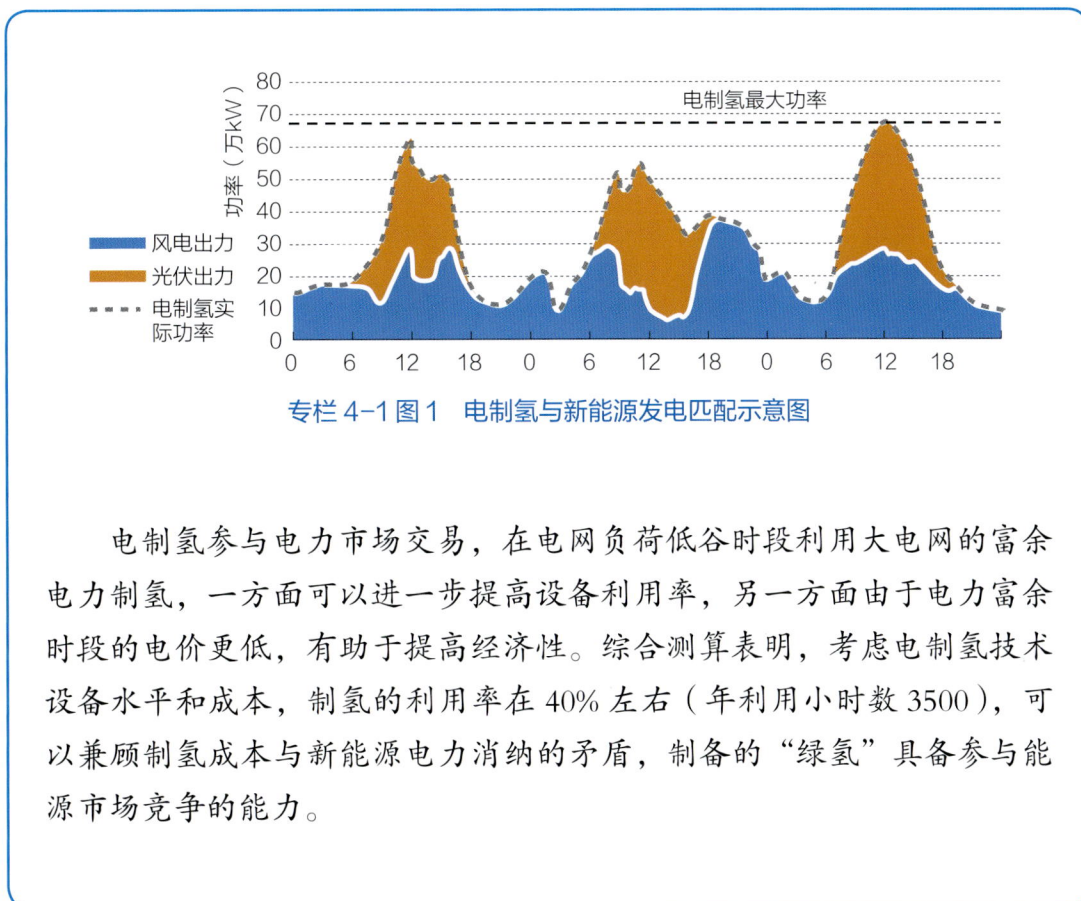

专栏 4-1 图 1　电制氢与新能源发电匹配示意图

电制氢参与电力市场交易，在电网负荷低谷时段利用大电网的富余电力制氢，一方面可以进一步提高设备利用率，另一方面由于电力富余时段的电价更低，有助于提高经济性。综合测算表明，考虑电制氢技术设备水平和成本，制氢的利用率在 40% 左右（年利用小时数 3500），可以兼顾制氢成本与新能源电力消纳的矛盾，制备的"绿氢"具备参与能源市场竞争的能力。

2. 氢能利用

目前，氢能主要作为化工原料，并部分应用于能源领域。未来，随着能源清洁转型不断深入，对于氢的需求将主要体现在能源用途，特别是在电能难以替代的部分终端能源消费领域，氢能将发挥重要作用，如工业、交通运输、建筑用能等方面，成为深入推进能源消费侧电能替代的又一个重要途径。

预计到 2050 年，南美洲氢需求量将达到 1500 万 t/ 年，90% 来源于电制氢，年消纳电量 2430 亿 kWh。巴西工业基础雄厚，未来石化、冶金和钢铁行业对氢能的需求较大，主要用于工业原料和高端制热，在人口稠密的南部地区，氢燃料电池汽车保有量也将快速增长，拉动氢能的消费。南美洲西部充分发挥矿产资源丰富的优势，冶金及加工行业对氢能的需求将快速增长，在安第斯山脉高寒地区，建筑用能领域也有一定的用氢需求。除此以外，在港口附近制氢还可以通过海运外送到其他国家和地区。

专栏 4-2 **氢能利用的主要方式**

目前，全球氢消费量 5600 万 t，其中 95% 作为化工原料使用，包括石油制品精炼、制氨、制甲醇、冶金、食品加工等；其余部分作为能源使用，包括航天、高端制热、氢燃料电池等。

未来，随着能源清洁转型不断深入，对于氢的需求将主要体现在能源用途，特别是在电能难以替代的部分终端能源消费领域，氢能将发挥重要作用。工业用氢方面，作为化工原料及高端制热能源，需求量对氢价非常敏感，且与减排要求相关，预计未来小幅增长。交通运输领域是未来氢能需求的主要增长点，目前氢燃料电池的发电效率约为 40%~60%，随着技术进步，氢能有望在长途客车、货运、航运等长距离运输领域占有一席之地，但替代量与计及输配环节后的氢价密切相关。建筑用能方面，使用可再生电力生产的氢可以通过天然气管网供给家庭和商业建筑，用氢替代部分化石燃料。预计到 2050 年，全球氢需求将达到约 3 亿 t，其中 75% 由清洁电力制取将增加全球电能消费 8.6 万亿 kWh。

4.2.2　海水淡化与生态修复

在风光资源丰富、沿海缺水区域推动以清洁能源发电为供能方式的海水淡化工程，利用清洁电力淡化海水，可以显著改善地区水环境，提升地区支撑生产生活的水资源能力，增加生物质和植树造林发展所需的淡水资源，增加森林碳汇，促进生态修复和环境治理。

南美洲西部阿塔卡玛沙漠地区和南部部分地区紧邻太平洋，气候炎热，降水稀少，土地干旱，淡水资源严重缺乏，海水淡化需求大，未来将成为地区新的电力需求增长点。而南美洲西部和南部作为全球太阳能资源最为富集的地区之一，大力发展太阳能发电并与海水淡化技术相结合，可以在有效降低海水淡化能耗和投资成本的同时，为清洁电力外送和消纳提供新思路，加速电能替代和清洁能源资源开发利用。预计到 2050 年，南美洲海水淡化需求将达到 10 亿 t/ 年，消耗电量 25 亿 kWh。

专栏 4-3   **海水淡化技术**

海水淡化是可持续提供淡水资源的有效方式。将海水里的溶解矿物质盐分、有机物、细菌和病毒以固体形式分离出来从而获得淡水。截至 2017 年年底，全球已有 160 多个国家和地区在利用海水淡化技术，已建成和在建的海水淡化工厂接近 2 万个，合计产能约 1.04 亿 t/日。

目前已实现规模应用的主流技术有反渗透法和蒸馏法。反渗透法通常又称超过滤法，是利用半透膜将海水与淡水分隔开，在海水侧施加大于海水渗透压的外压，将海水中的纯水反向渗透至淡水侧，反渗透法海水淡化技术示意图如专栏 4-3 图 1 所示。该技术要求海水浓度在一定范围，对结垢、污染、氧化剂等控制要求严格。蒸馏法包括多级闪蒸法和低温多效蒸馏法等，其中多级闪蒸法应用较为广泛。闪蒸是指一定温度的海水在压力突然降低条件下，部分海水急骤蒸发的现象，多级闪蒸是指将加热的海水，依次通过多个温度、压力逐级降低的闪蒸室，进行蒸发冷凝的蒸馏淡化方法。

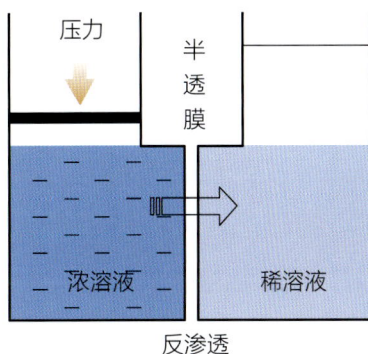

在浓溶液一侧施加超过渗透压的压力
使得溶剂分子向稀溶液一侧流动

专栏 4-3 图 1   反渗透法海水淡化技术示意图

反渗透法是全球应用最广泛的海水淡化技术，产量占比达到 67%，是沿海干旱地区供水的主要方案。随着反渗透膜性能、能源效率、运转技术的改进，能源消耗量大幅降低到目前的 2.5~4kWh/t。多级闪蒸法海水淡化产能约占全球的 21%，技术成熟、运行可靠，但能耗较大约为 3.5~5kWh/t，项目初始投资大，适合大型和超大型海水淡化项目，可与火电站联合建设以降低公共设施、电力、蒸汽等资源成本。低温多效蒸馏法产能较小，但能耗仅为 0.9~1.2kWh/t。

技术发展前景方面，传统海水淡化采用常规能源，能耗高，二氧化碳排放量大。随着全球能源转型和低碳发展的深入，海水淡化技术与风、光等清洁能源发电的结合将是重要的发展趋势。

4.2 深度电能替代

4.3 南美东部

4.3.1 送电方向

南美东部矿产和水风光资源丰富，产业基础雄厚，通过实施加大基础设施建设投资、加快传统产业升级、推动战略性新兴产业发展的方针政策，未来发展潜力巨大，将成为中南美洲主要负荷中心。未来，除开发亚马孙东部水电、巴西东北部风电和太阳能外，大力加强区内交流主网架建设和跨国跨区输电通道建设，从南美南部、南美西部受入大量水风光清洁能源，为区内各国提供经济可靠多元的电力供应。南美东部大型清洁能源基地送电方向见表4-1。

巴西是中南美洲最大的国家，GDP位居南美洲第一，为世界第七大经济体。国内自然资源丰富，工业基础雄厚，近30种矿物储量位居世界前列，石化、矿业、钢铁和汽车工业等较发达。未来，巴西可重点推动国内石油、化工、汽车制造等传统优势产业的技术升级，提高产业竞争力和产品附加值；大力加强电子信息、航空航天等高技术产业的技术突破，抢占科技创新高地；加强国内交通能源基础设施建设，完善城市网络，依托南美一体化进程积极推进与南锥体国家产业结构衔接，打造区域特色工业产业经济带。能源电力方面，巴西可大力推进国内电网升级和跨国电网互联互通，南送本国东北部风光电力的同时，跨国受入阿根廷南部风电、阿根廷西北部和智利北部太阳能电力，以及秘鲁和玻利维亚水电。通过水风光多能互补和跨区丰枯互济，助力巴西再工业化进程和创新产业升级。

表4-1 南美东部大型清洁能源基地送电方向

基地		国家	主要送电方向
水电基地	托坎廷斯上游	巴西	巴西东部、巴西东南部负荷中心
	托坎廷斯中游		
	托坎廷斯下游		
	塔帕若斯河上游		
	塔帕若斯河下游		
风电基地	巴伊亚		
	帕拉伊巴		
太阳能基地	安日库斯		
	阿丰苏贝泽拉		
	奥古斯托—塞韦德		

4.3.2 输电方式

亚马孙东部水电基地，包括亚马孙流域东部托坎廷斯河、塔帕若斯河水电站群，接入巴西北部 500kV 主网架，并通过 5 回 ±800kV 特高压直流输电通道将清洁水电送至巴西东部和巴西东南部负荷中心。

巴西东北部风电基地、太阳能基地，包括位于巴西巴伊亚和帕拉伊巴的两个风电基地，以及位于巴西安日库斯、阿丰苏贝泽拉和奥古斯托—塞韦德的三个太阳能基地，接入巴西东北部 500kV 主网架，所发电力在满足本地用电需求的基础上，通过东部新建的"一横两纵"1000kV 纵向交流输电双通道南送巴西东部和巴西东南部负荷中心。

南美东部清洁能源基地远期输电方案示意如图 4-5 所示。

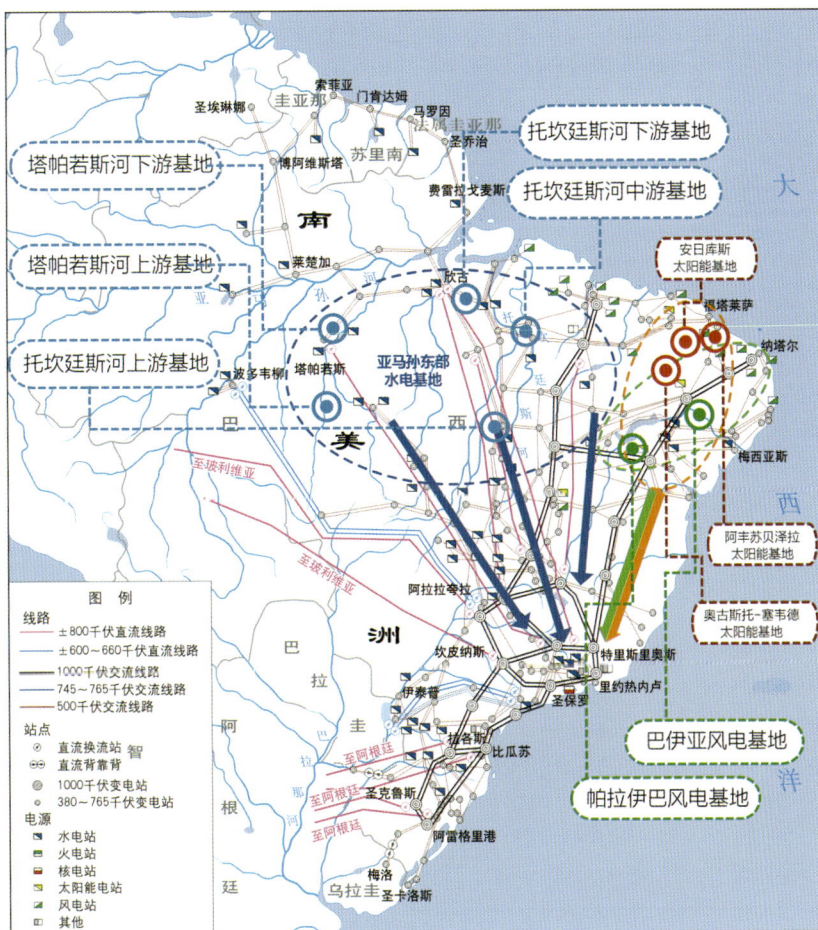

图 4-5　南美东部清洁能源基地远期输电方案示意图

4.4 南美南部

4.4.1 送电方向

南美南部产业体系较完整，人才竞争力较强，可依托矿产、冶金等传统优势产业和重点经济区，以具有前沿技术和核心竞争力行业为方向，推动现有产业向规模化产业集群转型升级。未来，南美南部大规模开发玻利维亚北部水电、阿根廷南部风电和智利北部太阳能，在满足阿根廷大阿布宜诺斯区和智利圣地亚哥经济带用电需求的基础上，跨区送电南美东部负荷中心巴西，成为中南美洲重要的清洁能源送出基地。南美南部大型清洁能源基地送电方向见表4-2。

表4-2　南美南部大型清洁能源基地送电方向

基地		国家	主要送电方向
水电基地	马拉尼翁河上游	秘鲁	优先满足本地负荷，富余电力外送巴西东部和巴西东南部负荷中心
	马拉尼翁河中游		
	马拉尼翁河下游		
	乌卡亚利河		
	马代拉河	玻利维亚	
风电基地	库鲁瓜提	巴拉圭	巴拉圭本地负荷
	塔垮伦博	乌拉圭	乌拉圭本地负荷
	内格罗河	阿根廷	阿根廷首都及周围区域负荷，巴西东南部负荷中心
	丘布特		
	圣克鲁斯		
太阳能基地	秘鲁阿塔卡玛	秘鲁	优先满足本国负荷，富余电力外送巴西东南部负荷中心
	玻利维亚阿塔卡玛	玻利维亚	
	埃尔莫雷诺	阿根廷	
	帕约加斯塔		
	卡奇		
	瓦拉	智利	
	拉古纳斯		
	基亚瓜		
	玛丽亚埃伦娜		

阿根廷是中南美洲第二大经济体，拥有较完整的工业体系，汽车工业在中南美洲首屈一指；人口高等教育入学率高，科研水平位居中南美洲首位。未来，阿根廷可重点扶持汽车及配件、医药和石化等产业，实施产业一体化战略，促进阿根廷国内工业竞争力和产品附加值的大幅提升。能源电力方面，阿根廷可完善国内交流主网架，加强与智利、玻利维亚的跨国互联，并统筹南部风电基地的有序开发，通过跨国跨区直流工程与巴西实现水风光电力互济。

智利是中南美洲第三大经济体，人口受教育程度高，人才竞争力强。国内矿产资源丰富，是全球铜矿储量最丰富的国家，在全球铜矿产业链上占据重要地位。在铜矿业的带动下，智利的冶金、机械和钢铁等产业也在中南美洲具有较强的技术优势和出口能力。未来，智利在巩固铜矿、冶金、钢铁和造船等传统产业的同时，通过实施优化创业环境、培育创新文化、提供资金支持等多项措施，吸引世界各地的创业人才，着力打造拉美"硅谷"。能源电力方面，统筹北部太阳能基地有序开发，升级国内交流主网架并新建纵向直流通道，在满足北部矿区负荷需要的同时，将北部太阳能电力南送首都圣地亚哥经济带；跨国跨区加强与周边国家互联，实现富余太阳能电力东送阿根廷和巴西。

玻利维亚矿产和化石能源资源储量丰富，与阿根廷和智利交界处的锂矿储量占全球总量的 64%。玻利维亚工业水平较低，基础设施建设较落后，电力普及率较低，农村和偏远地区还存在较多无电人口。未来，玻利维亚可依托国内丰富的锂矿资源，抓住全球储能电池发展机遇，大力发展锂矿开采和锂电池制造产业链；同时大力推进钢铁、石油、化工等基础工业建设，夯实国内工业基础。能源电力方面，玻利维亚国内工业化进程和能源交通基础设施建设将带动国内电力需求强劲增长，通过大规模开发马代拉河水电，满足本国工业化和无电人口用电需要；同时，加强跨国电网互联和远距离输电工程建设，外送富余水电至南美东部负荷中心巴西。

4.4.2 输电方式

亚马孙西部水电基地，包括亚马孙河流域西部秘鲁和玻利维亚境内的马拉尼翁河、乌卡亚利河、马代拉河水电站群。区内，接入秘鲁和玻利维亚境内的1000/500kV 主网架用于满足本国负荷需要；跨区，建设玻利维亚特立尼达—巴西坎皮纳斯 ±800kV 特高压直流工程以及秘鲁亚纳亚库—玻利维亚里韦拉尔塔—巴西阿拉拉夸拉 ±800kV 三端直流工程，汇集秘鲁和玻利维亚的清洁水电外送巴西东南部负荷中心。

巴拉圭和乌拉圭风电基地，分别位于巴拉圭卡宁德尤省库鲁瓜提和乌拉圭塔夸伦博省，接入本国 500kV 主网架，主要用于满足国内负荷需要。

阿根廷南部风电基地，包括位于阿根廷南部内格罗河省的一个风电基地，丘布特省的一个风电基地和圣克鲁斯省的一个风电基地。依托南部风电基地，阿根廷形成"日"字形 1000kV 交流链状网架对风电进行汇集外送，直供首都大布宜诺斯艾利斯区负荷中心。跨区，新建阿根廷马昆乔—巴西阿雷格里港，阿根廷内乌肯—巴西比瓜苏，阿根廷鲁菲诺—巴西圣克鲁斯 3 回 ±800kV 特高压直流工程，外送阿根廷南部和中部风电至南美东部巴西。

阿塔卡玛沙漠太阳能基地，包括位于阿塔卡玛沙漠区域的 9 个太阳能基地，其中，秘鲁境内一个、玻利维亚境内一个，阿根廷北部三个，分别位于埃尔莫雷诺、帕约加斯塔和卡奇，智利北部四个，分别位于瓦拉、拉古纳斯、基亚瓜和玛利亚埃伦娜。智利新建 1 回 ±800kV 直流工程，以满足北部地区太阳能电力向首都圣地亚哥地区的送出需要。在满足本国负荷需要之余，跨国通过500kV 交流联网通道与阿根廷风电混合，并通过新建的阿根廷萨尔塔—巴西拉各斯 ±800kV 特高压直流工程跨区送电南美东部巴西，与巴西水电实现互济。

南美南部清洁能源基地远期输电方案示意如图 4-6 所示。

图 4-6 南美南部清洁能源基地远期输电方案示意图

4.5 南美西部

4.5.1 送电方向

南美西部矿产、煤炭、油气和水能资源都十分丰富，人口增长速度快。未来可以矿产、油气等区域优势产业为依托，出台提升工业基础和丰富产业体系的方针政策，加强产业集聚，提升区域整体工业实力和产业竞争力。未来，南美西部可有序开发亚马孙流域西部水电以及北部沿海风电和太阳能，近期以满足自身负荷需求为主，远期发挥水电优势，逐步成为清洁能源外送基地，并成为南、北美洲实现季节互济的电力中转站。南美西部大型清洁能源基地送电方向见表4-3。

表4-3　南美西部大型清洁能源基地送电方向

基地		国家	主要送电方向
水电基地	马拉尼翁河上游	秘鲁	优先满足秘鲁本地负荷，富余电力外送巴西东部和巴西东南部负荷中心，远期满足北美用电需求，实现跨洲互补
	马拉尼翁河中游		
	马拉尼翁河下游		
	乌卡亚利河		
	马代拉河	玻利维亚	优先满足本地负荷，富余电力外送巴西东部和巴西东南部负荷中心
	奥里诺科下游	委内瑞拉	委内瑞拉本地负荷
风电基地	巴耶杜帕尔	哥伦比亚	哥伦比亚本地负荷
太阳能基地	艾尔蓬松	委内瑞拉	委内瑞拉本地负荷

委内瑞拉矿产和油气资源丰富，是世界第一石油储备国和第八天然气储备国，石油化工是国民经济支柱产业。未来，委内瑞拉可立足本国石油、石化和矿产等传统优势产业，加强对技术密集型产业的投资和政策扶持力度，衔接哥伦比亚和北弧国家的产业结构，重点打造金属加工、机械制造等一批产业结构互补、高技术高附加值产业园区。能源电力方面，委内瑞拉可依托东北部奥里诺科河水电和北部奥里诺科平原太阳能基地开发，加强跨国电网建设，扩大与哥伦比亚、巴西等国家的电力贸易，助力国内能源结构清洁化转型和传统产业的创新升级。

哥伦比亚是中南美洲人口第二大国；国内制糖、咖啡等轻工业发达，占其工业总产值的70%以上；煤炭资源储量大，是中南美洲主要煤炭出口国。未来，哥伦比亚可依托本国人口优势，重点提高劳动力素质和技术水平，发展石油、生物燃料、信息技术和汽车工业等高新制造业。能源电力方面，哥伦比亚可有序开发北部沿海地区风电基地，加快完善全国主网架建设，实现北部风电南送中部首都波哥大负荷中心；同时，加强与委内瑞拉和厄瓜多尔之间的电力互联，扩大跨国电力交换，缓解国内气候问题导致的周期性电力短缺，保障国内经济社会发展需要之余实现跨区送电中美洲巴拿马。

秘鲁铜矿储量丰富，是全球铜、金等矿产品重要生产国和出口国，矿业占国内 GDP 的 21%，工业以食品、饮料、轻纺和加工装配业为主，石油化工、冶金等也有一定发展。未来，秘鲁可立足本国丰富的矿产资源，在夯实采矿、金属冶炼等本国传统产业基础的同时，加强水泥、建材、机械加工、能源等行业的投入，以打造完整产业链条为突破口推动国内产业高质量发展。能源电力方面，秘鲁可依托东部大水电开发，大力加强跨国特高压输电通道建设，满足本国工业产业发展之余，将富余水电跨区东送巴西，远期与北美洲太阳能电力实现跨洲互补。

4.5.2　输电方式

亚马孙西部水电基地，包括亚马孙河流域西部秘鲁和玻利维亚境内的马拉尼翁河、乌卡亚利河、马代拉河水电站群。区内，秘鲁依托东部大水电开发，形成尤里马瓜斯至桑帕亚的"C"形链式 1000kV 特高压交流主网架，将东部水电送至西部负荷中心；通过 500kV 交流跨国输电通道外送厄瓜多尔，并转送哥伦比亚。跨区，通过秘鲁亚纳亚库—玻利维亚里韦拉尔塔—巴西阿拉拉夸拉±800kV 三端直流工程，汇集秘鲁和玻利维亚的清洁水电外送巴西东南部负荷中心；并通过哥伦比亚—巴拿马 ±500kV 直流互联工程实现南美西部水电跨区外送中美洲。跨洲，通过秘鲁—墨西哥特高压直流输电通道送电北美洲。

哥伦比亚沿海风电基地，位于哥伦比亚巴耶杜帕尔，通过 500kV 双回交流输电通道和一回 ±500kV 超高压直流工程将北部沿岸风电外送哥伦比亚北部和中部负荷中心，以满足国内负荷需要。

奥里诺科水电基地、奥里诺科平原太阳能基地， 包括奥里诺科河流域的一个水电基地，以及委内瑞拉艾尔蓬松和艾尔卡尔瓦里奥的两个太阳能基地。委内瑞拉东部水电通过 765kV 双回交流输电通道外送负荷中心，奥里诺科平原太阳能电力接入国内 400kV 主网架，供应国内负荷需求。

南美西部清洁能源基地远期输电方案示意如图 4-7 所示。

图 4-7 南美西部清洁能源基地远期输电方案示意图

4.6 中美洲

4.6.1 送电方向

中美洲国家区位优势明显，风能、光能和地热能资源都比较丰富，可充分发挥连接南北美洲的区位优势，抓住国际产业分工调整的重大机遇，大力推进中美洲一体化进程，深化中美洲国家间的产业合作，重点发展机械、汽车零配件、化工、制药、纺织等行业，形成重、轻工业协同、传统与新兴产业并举的发展态势。未来，中美洲可有序开发区内风光资源，加强并扩展中美洲国家电力互联工程，促进区内清洁能源共享；同时，新建连接巴拿马与北美洲墨西哥贯穿中美洲六国的 400kV 双回交流输电通道，扩大与北美洲电力交换，同时作为南、北美互联的通道走廊，积极参与南北美季节性电力互济。中美洲大型清洁能源基地送电方向见表 4-4。

表 4-4　中美洲大型清洁能源基地送电方向

基地	国家		主要送电方向
风电基地	博阿科	尼加拉瓜	尼加拉瓜本地负荷
太阳能基地	圣安娜	萨尔瓦多	萨尔瓦多本地负荷，富余电力外送危地马拉和巴拿马

尼加拉瓜是中美洲面积最大的国家，农业是其经济支柱产业，工业发展水平不高，主要是纺织、食品加工等轻工业，电力普及率较低，仅为 82%。未来，尼加拉瓜通过积极优化产业结构，主动适应国内外市场需求变化，实现本国轻工业国际竞争力大幅提升。能源电力方面，可依托中部风能资源开发，加强国内主网架建设，扩大电网覆盖面积，满足西南沿海负荷中心和偏远地区无电人口用电需要。

萨尔瓦多油气和矿产资源丰富，是中美洲面积最小、工业化程度最高的国家，国内纺织、植物油加工和啤酒制造等轻工业较发达，主要集中在中部首都圣萨尔瓦多市。未来，萨尔瓦多可加强本国自主创新能力，完善轻工业技术创新体系，采用新材料、新技术和新工艺，加速轻工业转型升级步伐。能源电力方面，可依托北部太阳能基地开发，加强国内电网建设，在满足国内轻工业产业升级需要之余，扩大消纳市场，将太阳能电力北送危地马拉，南送巴拿马，助力中美洲七国经济发展和产业升级。

4.6.2　输电方式

博阿科风电基地，位于尼加拉瓜博阿科省东北部。就近接入尼加拉瓜 230/115kV 主网架，主要满足西部沿海及首都马那瓜经济带负荷需求。

圣安娜太阳能基地，位于萨尔瓦多圣安娜省东北部。就近接入萨尔瓦多 230/115kV 主网架，在满足萨尔瓦多西部沿海及首都圣萨尔瓦多经济带负荷需求之余，通过新建的 400kV 中美洲跨国互联输电通道将太阳能电力北送危地马拉，南送巴拿马。

中美洲清洁能源基地远期输电方案示意如图 4-8 所示。

图 4-8　中美洲清洁能源基地远期输电方案示意图

5 政策环境和投融资建议

中南美洲地区清洁能源开发市场空间大，基于经济发展、能源转型、生态保护等需求，中南美洲多国制定清洁能源战略规划，并同步放开电力市场，放松清洁能源投资准入。通过分析中南美洲能源投融资政策环境和典型项目投融资模式，报告提出充分利用国际资本市场，形成资金来源广泛、投资方式灵活的多元投融资体系，加快构建区域共同电力市场，改善营商环境，加强通货膨胀风险管理等建议，以进一步改善投融资环境、创新能源投融资模式，提高中南美洲地区清洁能源发展规模，强化清洁能源战略地位。

5.1　中南美洲概况

中南美洲各国营商环境差异较大，多数国家排名出现下降，营商环境待优化改善。2020 年世界银行全球营商环境报告显示，在中南美洲清洁能源资源丰富的国家中，智利、哥伦比亚、秘鲁、萨尔瓦多、危地马拉 5 个国家营商环境在全球排名 50~100 位，乌拉圭、巴西、巴拉圭、阿根廷、厄瓜多尔、尼加拉瓜、玻利维亚、委内瑞拉 8 个国家全球排名在 100~190 位。多数国家营商环境排名同比有所下降，危地马拉、玻利维亚排名小幅提升。其中，智利、哥伦比亚、秘鲁、萨尔瓦多、乌拉圭、阿根廷、厄瓜多尔排名小幅下降，分别从全球第 56、65、68、85、95、119、123 位下降至第 59、67、76、91、101、126、129 位；巴西、巴拉圭、尼加拉瓜排名下降幅度相对较大，分别从全球第 109、113、132 位下降至第 124、125、142 位；危地马拉、玻利维亚排名上升，分别从全球第 98、156 位上升至第 96、150 位；委内瑞拉全球排名第 188 位，保持不变。

中南美洲各国多元布局清洁能源产业，中长期发展战略为清洁能源投资护航。为改善能源发展质量、应对气候变化，中南美洲多个国家均出台清洁能源战略规划。在中南美洲清洁能源资源丰富的国家中，巴西、玻利维亚、智利、阿根廷、巴拉圭、哥伦比亚、厄瓜多尔、危地马拉、萨尔瓦多、尼加拉瓜均制定了清洁能源的中长期发展规划，为国内外投资者参与清洁能源开发提供指引，加快推动本国清洁能源产业开发进程。乌拉圭、委内瑞拉、秘鲁尚未对外公布明确的清洁能源发展规划。

中南美洲国家市场化程度差异较大，部分国家已完成电力市场化改革，呈现多元化竞争格局。巴西、智利、阿根廷、哥伦比亚、秘鲁、危地马拉 6 个国家均放开发、输、配、售电市场，私有企业充分参与电力市场竞争；尼加拉瓜和萨尔瓦多放开发电和配售电侧竞争，输电市场由国有企业垄断经营；乌拉圭、厄瓜多尔电力市场化改革处于初级阶段，仅放开发电侧，允许独立发电商参与发电市场竞争，实行输、配、售一体化的市场模式；玻利维亚、巴拉圭、委内瑞拉三个国家电力市场化程度低，由国有电力公司垄断，仍沿用发输、配、售一体的传统电力市场模式。

中南美洲多数国家积极修订投资政策，放松外资准入条件，鼓励外资企业加大清洁能源领域投资。巴西、玻利维亚、智利、阿根廷、巴拉圭、乌拉圭、哥伦比亚、厄瓜多尔、秘鲁、危地马拉、萨尔瓦多、尼加拉瓜对外国投资的准入条件宽松，外资可以享有与本国企业相同的投资政策，可以从事公司设立、企业并购等投资活动，除巴西规定外资进入本国 6 年后才能撤资外，其他国家均不设特别限制；委内瑞拉外资投资准入政策较为严格，限定设备等有形资产投资比例，且两年内不允许撤资。

中南美洲多数国家出台税收减免、贷款支持等政策，让利于清洁能源投资企业，但对电价补贴政策普遍审慎。多数中南美洲国家均制定了针对清洁能源项目的税收优惠政策，集中在营业税、所得税、增值税等税收减免，以及发电设备进口关税减免、加速折旧等方面。在电价补贴方面，除委内瑞拉和哥伦比亚外，多数中南美洲国家未提供电价补贴。在贷款政策方面，为鼓励外资进入，多数国家允许符合条件的外国企业在当地银行融资、贷款，外资企业享受与本国企业同等融资政策。其中，巴西为可再生能源项目提供低利率信贷，利率水平为 9.6%~14.06%；智利对年销售额 4000 万美元以上的企业投资非常规能源发电、输电项目，支持企业通过指定银行申请贷款；乌拉圭允许外资在本地融资，但金融机构对外资企业信誉审查十分严格。

中南美洲多数国家放松土地租赁、购买管制，但对外籍劳工审查管理普遍趋紧，并对投资项目实行严格的环评审批制度。 为吸引外资进入，多数中南美洲国家放松土地管理办法，允许外资企业在本国境内通过购买、租赁方式获得土地所有权、使用权。智利、乌拉圭、尼加拉瓜、哥伦比亚、厄瓜多尔允许外资企业自由买卖获得土地所有权；巴西、阿根廷、巴拉圭对外资企业购买土地有面积和位置限制；秘鲁只授予外资企业最长 30 年的土地使用权，外资企业只有在当地注册公司才允许购买土地；玻利维亚和委内瑞拉仅允许外资企业通过投资或合作经营等方式获得土地使用权。除阿根廷和巴拉圭外，中南美洲劳动管理部门外籍劳工管理政策普遍趋紧，实行严格的工作许可审查制度，限制外籍劳工进入本国劳动力市场，对外籍劳工设定最高比例限制。在环保政策上，中南美洲国家均对清洁能源投资实行严格的环评审查制度，投资企业未按要求进行环境评估将受到相应惩罚。

5.2 主要国家政策环境

5.2.1 巴西

巴西营商环境良好，根据世界银行《2020 年营商环境报告》，巴西在全球 190 个国家和地区中排名第 124 位，较 2019 年排名下降 15 位，在中南美洲 19 个国家和地区中排名第 9 位，较 2019 年排名保持不变。政府为可再生能源发展制定了明确的战略规划；电力市场化程度高，发电市场中国有企业与私有企业各占一半，输电侧引入中国国家电网有限公司在内的外资企业，配、售电市场以私有企业为主；巴西鼓励外资企业进入本国市场，但外资至少 6 年后才能撤资；巴西本地金融机构融资成本较高；政府为可再生能源投资出台税收减免等支持政策；巴西对外资购买本国土地设定限定条件，对外籍劳工进入本国劳动力市场实行严格准入；新能源项目需经过环评、审核并取得相关证照后方可执行。巴西政策概况如图 5-1 所示。

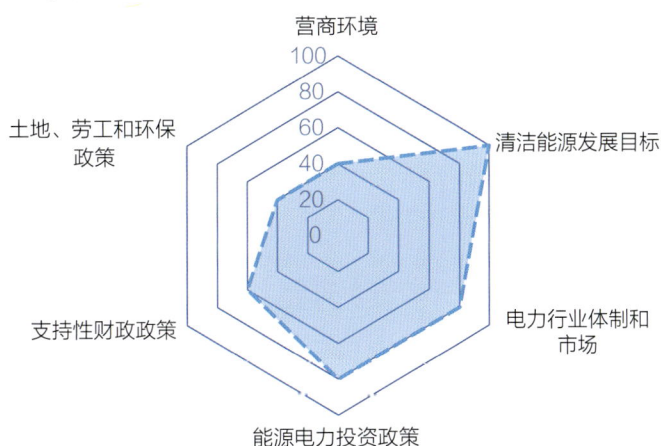

图 5-1　巴西政策概况

清洁能源发展目标方面，巴西规划到 2024 年，风电、太阳能发电、水电装机容量相比 2015 年，分别新增 2700 万、700 万、2700 万 kW；水电占比从 2014 年的 67.7% 降至 56.7%，风电和太阳能发电占比分别增加至 11.6% 和 3.3%，到 2030 年之前非水电可再生能源发电占比将增加至 28%~33%。

电力行业体制和市场方面， 巴西电力市场化程度高，发、配、售电领域均已向私营企业放开。巴西国家电力调度中心（ONS，Operador Nacional do Sistema Elétrico）负责全国电力市场调度管理，巴西电力交易中心（CCEE，Câmara de Comercialização de Energia Elétrica）负责组织全国电力市场交易。

在发电侧，国有企业与私营企业市场占比为 1 : 1；在输电侧，巴西中央电力公司（Eletrobras，Centrais Elétricas Brasileiras S.A.）、米纳斯能源公司（CEMING，Companhia Energética de Minas Gerais S.A.）、巴西圣保罗输电公司（CTEEP，Companhia de Transmissão de Energia Elétrica Paulista）、中国国家电网有限公司（SGCC，State Grid Corporation of China）等 15 家公司是输电资产运营商；在配电侧，巴西私有能源企业（CPFL，CPFL Energia SA）公司、美国爱依斯电力公司（AES，AES Corporation）、西班牙电力公司（Endesa）、葡萄牙电力公司（EDP，Energias De Portugal）等私营配电公司市场占比约 60%；在售电侧，除巴西中央电力公司等企业外，巴西有 151 家私有能源贸易商参与全国售电市场交易。

巴西零售电价实行固定电价机制，商用、工业和居民零售电价分别为 19.5、16.8 美分 / kWh 和 19.6 美分 / kWh；巴西实行招标竞价和净计量电价政策推动可再生能源上网电价下降。

投资准入方面， 巴西《外国资本法》规定，外国企业与本国企业享受同等投资政策，外资在巴西使用外币投资不必经过巴西政府批准。外资通过参与巴西企业私有化进入巴西市场，至少 6 年之后才能撤资。巴西《公司法》和《反垄断法》规定，外资企业可收、并购巴西上市公司，但需要接受反垄断审查。

支持性财政方面， 外国企业在巴西可以享受同等融资政策，但巴西融资成本高，巴西央行基准利率一度高达 14.25%。巴西国家开发银行（BNDES，Banco Nacional do Desenvolvimento Econmico e Social）为可再生能源项目设立低利率信贷额度，信贷期限为 16 年，年化利率为 9.6%～14.06%；巴西针对能源、交通项目出台基础建设免税政策（REIDI，Regime Especial de Incentivos para o Desenvolvimento da Infra-Estrutura），项目在 REIDI 中心注册后，巴西政府为项目所采购设备免除 24 个月社会保险融资贡献税（Cofins，CONTRIBUIÇÃO

PARA O FINANCIAMENTO DA SEGURIDADE SOCIAL）、社会一体化税
（PIS，PROGRAMA DE INTEGRAÇÃO SOCIAL），进口设备与国产设备均可
以享受此税收优惠，可再生能源项目符合 REIDI 税收优惠条件，巴西第 13169
号法律规定，净计量发电机组上网电量免征 PIS 和 Cofins 税；巴西第 656 号行
政法令规定，对风电机组免征 PIS 和 Cofins 税。巴西第 9.427 号法律第 26 条规
定，对容量小于等于 30MW 的太阳能、风能、生物质能电厂和符合条件的热电厂
给予输配电价 50% 的折扣。

土地、劳工和环保政策方面，巴西规定在涉及经济社会发展的关键领域，
巴西全资或者绝对控股企业购买土地没有限制，对外资控股企业购买土地设定
限制。巴西第 6.634 号法律规定，外籍法人或自然人购买的农村土地面积总和
不能超过所在地四分之一；同一国籍的法人或自然人所购买的城市土地面积总
和不能超过该城市面积 40%；巴西第 5.709 号法律规定，外国人所购买的整块
或分散土地不得超过 50km^2。巴西《劳工法》限制外籍劳工在本地企业中的比
例，外籍劳工人数和工资总额不得高于企业全部劳工人数和工资总额的 1/3，外
籍劳工必须具备专业技能，高等学历者和中等学历者分别需具备 2、3 年以上专
业工作经验。巴西环境部规定，巴西电力建设项目需通过严格环保评审，取得
预许可证、施工许可证和运营许可证后方可进行开工建设。

5.2.2 玻利维亚

玻利维亚营商环境较差，根据世界银行《2020 年营商环境报告》，玻利维亚在全部 190 个国家和地区中排名第 150 位，较 2019 年提升 6 位，在中南美洲 19 个国家和地区中排名第 17 位，较 2019 年排名保持不变。政府为可再生能源发展规划的目标偏低；电力市场化程度低，发、输、配、售电市场由国有电力公司垄断；玻利维亚允许外资进入本国市场，但 BOT 投资模式实施较难；玻利维亚缺乏可再生能源激励政策，仅颁布了免除太阳能组件进口关税政策；玻利维亚对外资购买本国土地设定条件，严格限定外籍劳动力占比；玻利维亚对环保要求较高，执法严厉，工程项目需满足多方要求，且需具有环保证方可开工建设。玻利维亚政策概况如图 5-2 所示。

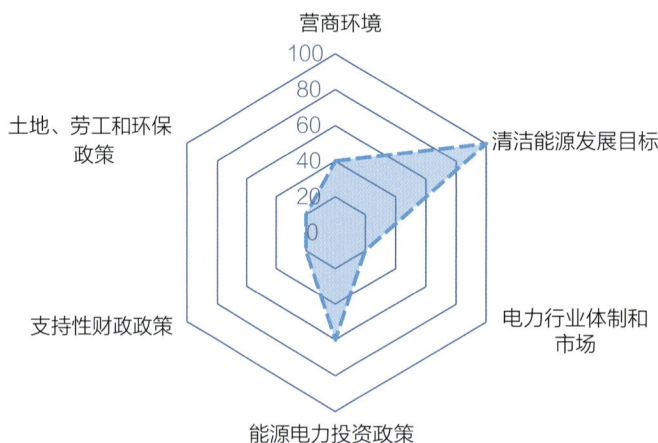

图 5-2　玻利维亚政策概况

清洁能源发展目标方面，玻利维亚规划，到 2020 年总装机容量达到 4.9GW，水电装机容量新增 1.4GW，风电、生物质能、地热和太阳能发电总计新增 411MW；到 2030 年规划发电装机容量 13.4GW，将可再生能源（包括水电）比重提高到 79%，非水可再生能源（风能、太阳能、生物质能、地热能）和其他能源（蒸汽联合循环）的占比从 2017 年的 7% 提高到 9%。

电力行业体制和市场方面，玻利维亚电力市场化程度低，发、输、配、售电领域均由玻利维亚国家电力公司（ENDE，Empresa Nacional de Electricidad）垄断经营。ENDE 在电力市场中接入 27 家电力市场代理商和 3

家输电代理商，向 7 家配电公司配售电力。玻利维亚电价实行固定费用制，由政府定价，其中民用电价为 9 美分 / kWh，工业电价为 22 美分 / kWh。

投资准入方面，玻利维亚《投资促进法》规定，能源属于优先性投资行业，允许外国企业通过独资、合资等方式在玻利维亚投资。政府没有出台 BOT 投资模式相关政策，BOT 项目存在被动国有化、社会扰动等风险。

支持性财政政策方面，玻利维亚对天然气发电进行高额补贴，阻碍了可再生能源发展；缺乏鼓励可再生能源发展的政策支持，政府仅明确免除了太阳能组件的进口关税。

土地、劳工和环保政策方面，在玻利维亚除边境以外的大部分地区，外资企业可通过投资或合作经营等方式开发私有土地和社群土地。玻利维亚《劳动法》规定，所有企业或组织雇佣外籍劳工数量不得超过企业总人数的 15%。玻利维亚对环保要求较高，执法严厉，工程项目需要同时满足政府和社区居民或土著居民的环保要求，没有取得环保证强行开工的项目存在被政府处罚的风险，普通环保违规的企业将被处以工程总价 3%~10% 的罚款。

5.2.3 智利

　　智利营商环境优越，根据世界银行《2020 年营商环境报告》，智利在全部 190 个国家和地区中排名第 59 位，较 2019 年下降 3 位，在中南美洲 19 个国家和地区中排名第 1 位，与 2019 年排名相同。政府为可再生能源制定了高目标发展规划；电力市场化程度高，发、输、配、售电市场均由私有企业经营；智利对外资企业高度放开，不设特殊限制；政府为可再生能源发展制定了详细的财政支持政策；智利对外资购买本国土地不设限定条件，对外国劳动力进入本国市场限制严格，能源项目执行前需提交环境影响文件。智利政策概况如图 5-3 所示。

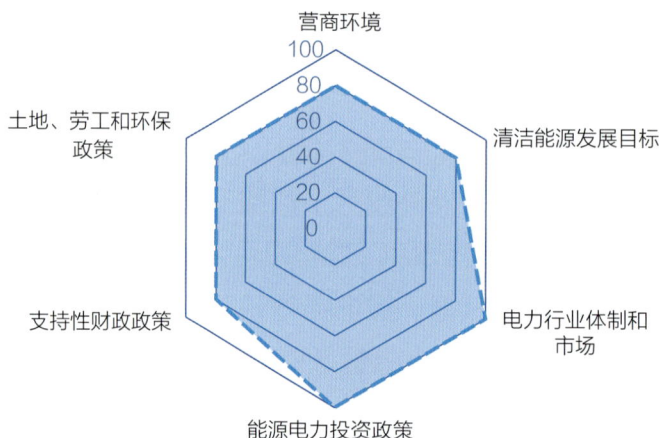

图 5-3　智利政策概况

　　清洁能源发展目标方面，根据智利新能源发展规划，到 2025、2035 年和 2050 年，全国可再生能源发电占比分别达到 25%、60% 和 70%。其中 2035 年除实现 60% 的可再生能源电力目标外，智利政府还计划与安第斯共同体成员国和南方共同市场成员国实现电力互联。

　　电力行业体制和市场方面，智利电力市场化程度高，发、输、配、售电市场均由私人企业经营。智利国家电力公司（SEN）负责全国电力系统运营。

　　在发电侧，有 209 家以上私有发电企业、160 家以上小型发电商参与市场竞争，其中市场规模较大的公司包括西班牙国家电力公司（Endesa，市场占有率 25%）、智利科尔宾发电公司（Colbun，市场占有率 17%）、智利艾斯格纳电力公司（AESGener，市场占有率 11%）、法国 ENGIE 集团（市场占有率 10%）、意大利埃内尔电力公司（ENEL）；在输电侧，超过 33 家私有企业负责输电业务，包括智利 Transelec 输电公司、法国 ENGIE 集团、智利国际输电公司（Interchile）、智利科尔宾发电公司（Colbun）和智利CGE（Compañía General de Electricidad）电力公司等。

在配、售电领域，超过 19 家私有配、售电公司负责配、售电业务，主要运营商为智利电力公司（Chilectra S.A.）、智利 CGE 电力公司、智利奇尔昆塔能源公司、智利南方电力公司（La Sociedad Austral de Electricidad Sociedad Anónima，Saesa）、智利 Conafe 电力公司，市场占有率分别为 40%、23%、8%、6%、5%。

智利电价水平随不同地区、不同用户、不同时段和不同用量调整，家庭电价在 10~14 美分 / kWh 范围内浮动，工业平均电价为 20 美分 / kWh。

投资准入方面，智利对外资企业高度放开，对外资进入本国的投资方式及金额均没有限制，投资者可在本地兼并重组或新设公司，可以通过货币、设备、技术或信贷等方式进行投资。智利对外国投资建设开发区、出口加工区或工业园区等没有特殊规定。

支持性财政政策方面，智利对外资企业实行国民待遇，融资条件便利，外资企业在当地银行融资不受限制。智利政府为新能源发展制定了一系列财政支持政策，年销售额 4000 万美元以上的企业投资非常规能源发电项目，可通过指定银行向智利生产促进局申请贷款；对投资额高于 40 万美元的可再生能源发电项目，对项目研究提供资金补助，最高比例为投资总额的 5%，上限为 16 万美元；智利生产促进局规定，9MW 以下的可再生能源项目可以免除输电费，9~20MW 容量的可再生能源项目输电费给予部分豁免。

土地、劳动和环保政策方面，智利《土地法》规定，外资企业与本国企业享受同等待遇，可以在市场上通过自由买卖获得土地所有权，没有年限限制。智利《劳动法》规定，外籍劳工以本国不能满足需要的技术人员为主，且外籍劳工不能超过企业劳工总人数的 15%。智利国家环境评估局（SEA）负责对公共和私人行业投资项目进行环保评估，SEA 在智利各大区设有分支机构，投资企业或个人需在项目执行项目前，向所在大区的分支机构提交《环境影响报告书》或《环境影响研究》，如项目涉及多个大区，则需向 SEA 执行处提交有关文件。

5.2.4 阿根廷

阿根廷营商环境一般，根据世界银行《2020 年营商环境报告》，阿根廷在全部 190 个国家和地区中排名第 126 位，较 2019 年下降 7 位，在中南美洲 19 个国家和地区中排名第 11 位，较 2019 年排名保持不变。政府为可再生能源发展制定了稳健增长的中期目标；阿根廷电力市场化程度较高，发、输、配、售电市场均以私有企业为主；阿根廷鼓励外资企业进入本国市场，不设立特殊规定限制外资进入，并出台一系列投资支持政策；政府对外资购买土地的面积和类型有一定限制，对外国劳动力进入本国市场不设限；能源项目投资建设需经过环评和审批程序。阿根廷政策概况如图 5-4 所示。

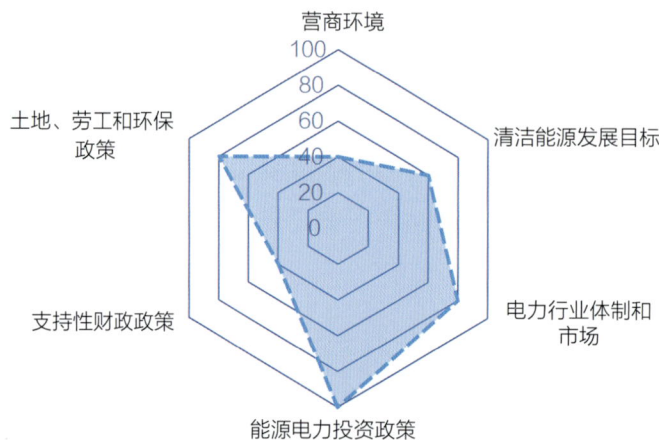

图 5-4 阿根廷政策概况

清洁能源发展目标方面，阿根廷第 27.191 号法律提出，到 2021、2023 年和 2025 年底，可再生能源在终端能源消费的比例分别达到 16%、18% 和 20%。

电力行业体制和市场方面，阿根廷电力市场化程度较高，发、输、配、售电市场均已向私有企业放开。阿根廷电力市场监管机构——阿根廷全国电力批发市场管理公司（CAMMESA）代表政府对电力系统进行管理运营，并参与电力市场交易。

在发电侧，私有发电企业超过 37 家，市场占有率为 75%，主要私有发电公司包括西班牙国家电力公司（ENDESA）、阿根廷能源公司（SADESA）、美国爱依斯电力公司（AES）和阿根廷潘帕电力公司（PAMPA），除此外还包括超过 4691 个离网分布式能源供应商；国有发电商超过 24 家，市场占有率为 25%。

在输电侧，阿根廷高压输电公司（Transener）和 7 家独立输电公司共同参与输电市场；在配、售电侧，以三家私有企业为主，分别为意大利埃德苏尔电力公司（EDESUR）、阿根廷埃德诺尔电力公司（EDENOR）和阿根廷埃德拉普电力公司（EDELAP），除此外，还包括两家国有配电公司阿根廷圣菲省电力公司（EPE, Empresa Provincial de laEnergía）、阿根廷科多纳省电力公司（EPEC）以及 71 家混合所有制配售电公司。

阿根廷实行固定电价机制，2019 年阿根廷商业用电价格为 6.4 美分 /kWh，居民用电价格为 9.5 美分 / kWh。

投资准入方面， 阿根廷鼓励外国投资，外国投资者与本国投资者享受同等权利和义务，在阿根廷投资一般无须政府事先批准。外国投资者可在阿根廷电力、基础设施等各个领域进行投资活动，可以广泛地、不受歧视地参与阿根廷私有化项目。外资企业可根据阿根廷《商业公司法》《民法典》和《商法典》从事设立独立公司、合资公司、兼并、特许经营、代理等投资活动，对现汇投资、设备投资、技术投资等均无限制，并且对投资比例不设限。

支持性财政方面， 阿根廷制定了一系列优惠政策吸引外资，具体包括项目费用抵扣、税收减退免、降低公共服务费用、提前折旧、给予基础设施建设项目资金支持等，外资企业申请相关投资优惠政策不受限制，与本国企业享受同等待遇；在可再生能源方面，阿根廷第 27.191 号法律规定，给予可再生能源项目新增设备（车辆除外）和基础设施工程增值税退税支持，加速折旧可再生能源项目的所得税，免除将股息或收入重新投资于本国新的基础设施项目的股息或收入分配税。

土地、劳工和环保政策方面， 阿根廷《土地法》规定，外资企业可自主购买土地，并终身享受所有权。但外国人购买土地面积不得超过 $10km^2$，水资源丰富的土地也禁止出售给外资企业或个人。阿根廷对企业雇佣外籍劳工不设限；阿根廷《环境法》规定，项目建设前应编写环境影响评估报告，并报政府主管部门批准，任何企业或个人如果从事对环境构成危险的生产活动，必须购买生态保险。

5.2.5　巴拉圭

　　巴拉圭营商环境一般，根据世界银行《2020 年营商环境报告》，巴拉圭在全部 190 个国家和地区中排名第 125 位，较 2019 年下降 12 位，在中南美洲 19 个国家和地区中排名第 10 位，较 2019 年排名保持不变。政府为可再生能源发展制定的规划不够详细；电力市场化程度低，发、输、配、售电市场由国有电力公司垄断经营；外国企业与本国企业享受同等投资政策，电力领域无完善的 BOT 制度；巴拉圭对外资投资项目制定了详细的税收减免政策；对外资购买本国土地有一定地域限制，对外国劳动力进入本国市场设定了准入条件；工业项目需通过环评并获得环保许可后方可开工建设。巴拉圭政策概况如图 5-5 所示。

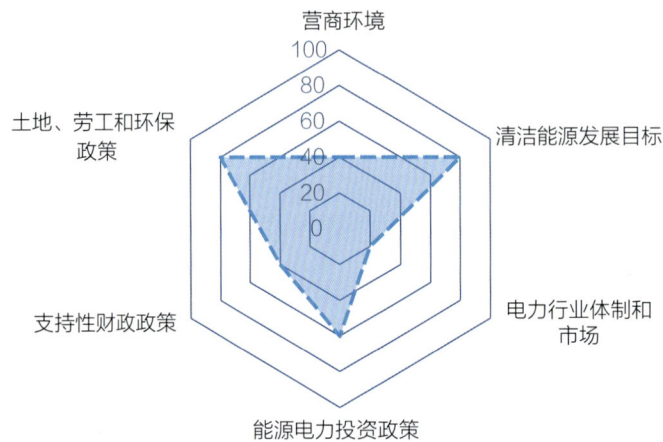

图 5-5　巴拉圭政策概况

　　清洁能源发展目标方面，巴拉圭政府发布的《2014—2030 年国家发展计划》承诺，到 2030 年将可再生能源消费比重提高到 60%。

　　电力行业体制和市场方面，巴拉圭电力市场化程度低，发、输、配、售电领域由巴拉圭国家电力公司（ANDE，Administración Nacional de Electricidad）垄断经营。巴拉圭居民用电实行固定电价，电价为 4.79~5.63 美分 / kWh，商业电价折算后平均为 6 美分 / kWh。

　　投资准入方面，巴拉圭投资促进法 60/90 号法令规定，外资企业与本国企业享受同等投资政策，外资可从事合资、合作、独资、并购等投资活动，可以采用现汇投资、设备投资、技术投资等方式进行投资。巴拉圭没有完善的 BOT 法律制度，电力领域尚无 BOT 投资项目，多采用融资租赁模式。

支持性财政方面，巴拉圭投资促进法 60/90 号法令规定，对可促进本国发展的外资投资项目，自投运起 5 年内，免除 95% 的利润税，免除财务税、市政税、工业原材料进口税，免除公司股权变更、转移、注资，出售和购买债券或股权等任何资本名目下的税收，免除股息、股权税以及租赁、购买土地、购买固定资产、专利、图纸、工业模型等专利技术使用过程中发生的税收。如果项目位于优先发展区域，税收优惠期可以从 5 年延长至 10 年。此外，巴拉圭对投资额超过 500 万美元的企业，在 10 年内免交股息税和向国外汇出的利润税。

土地、劳工和环保政策方面，巴拉圭除边境线 50km 内区域外，外国投资者可通过签订买卖契约方式购买土地；巴拉圭政府将外资投资项目能否为本国提供就业岗位作为重要的考量依据，在巴拉圭工作的外国人和当地人享受同等待遇，外国人在取得劳动部门工作许可后方可与当地企业签约；巴拉圭环保法规定，任何工业项目均需通过环评获得环保许可后方可开工建设。

5.2.6 乌拉圭

乌拉圭营商环境良好，根据世界银行《2020 年营商环境报告》，乌拉圭在 190 个国家和地区中排名第 101 位，较 2019 年下降 6 位，在中南美洲 19 个国家和地区中排名第 8 位，较 2019 年下降 1 位。政府未公开可再生能源发展规划；电力市场改革处于初级阶段，仅放开发电市场，实行输、配、售一体化的市场模式；鼓励外资参与本国可再生能源行业投资；通过竞价机制支持可再生能源项目开发，允许外国企业在当地融资但审查严格；针对可再生能源发电出台所得税、增值税减免等政策；允许外国投资者购买本国土地获得土地所有权，严格限制外籍劳工比例，对企业设立和生产进行全流程评估和监督。乌拉圭政策概况如图 5-6 所示。

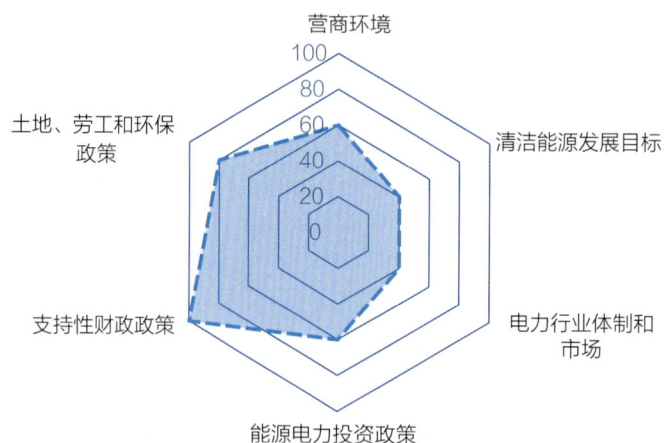

图 5-6 乌拉圭政策概况

清洁能源发展目标方面，乌拉圭政府从 2005 年开始就如何改善能源结构开展研究，并通过了《2005—2030 年能源发展计划》，但未公开清洁能源长期发展目标。

电力行业体制和市场方面，乌拉圭电力市场处于初级阶段，仅放开发电市场，实行输、配、售一体化的市场模式。

在发电侧，乌拉圭引入独立发电商，乌拉圭国家电力公司（UTE，Usinasy Transmisiones Electricas）和国有电力公司 CTMSG 市场份额共计 80%，40 余家独立发电商（IPPs）市场份额为 20%。乌拉圭电力市场管理局（ADME，

Electricity market authority of Uruguay）是电力行业调度管理机构。在输、配电和售电领域，乌拉圭国家电力公司处于垄断地位。

在电力终端销售领域，乌拉圭实行阶梯电价，居民用电价格为 16.4~25.8 美分 / kWh，工业用电价格为 17.4~20.1 美分 / kWh。

投资准入方面，乌拉圭政府重视招商引资，鼓励外资参与能源和基础设施领域，鼓励外资推动本国清洁能源开发。

支持性财政政策方面，乌拉圭未出台可再生能源补贴政策，通过竞价机制确定可再生能源项目投资主体，中标主体与乌拉圭国家电力公司签订 20 年 PPA 协议。乌拉圭允许符合条件的外国企业在当地融资，但对融资企业信誉度审查十分严格。乌拉圭政府针对可再生能源发电出台了所得税减免、特定可再生能源设备增值税减免政策。

土地、劳工和环保政策方面，乌拉圭法律允许外国投资者经政府批准购买土地，目前外国人在当地购买土地面积已占乌拉圭农牧土地的 11%。在外籍劳工管理方面，乌拉圭为解决本国就业，限制外籍劳工比例，外国企业中外籍劳工与本国劳工比例最高为 1：9，在经济区内该比例放宽至 1：3。乌拉圭对外资企业设立和生产进行全流程评估和监督，规定企业必须经过环境评估审批后才能开工；环保部门根据企业废物排放量和污染物将企业分为 A（轻微污染）、B（中度污染）、C（严重污染）三类，对 B、C 类环境影响审批较严。

5.2.7 委内瑞拉

　　委内瑞拉营商环境较差，根据世界银行《2020 年营商环境报告》，委内瑞拉在 190 个国家和地区中排名第 188 位，维持 2019 年排名不变，在中南美洲 19 个国家和地区中排名最末，维持 2019 年排名不变。政府未制定清洁能源发展规划；电力市场化改革进展缓慢，发、输、配、售电由国有资本垄断经营；政府要求外国投资必须符合多项规定，且两年内不允许撤资；缺乏可再生能源激励政策；政府对电价提供高额补贴，为开发区企业提供税收优惠政策；禁止外国企业独资持有当地土地，严格限制外籍劳工比例，重视环境保护且执法较严。

　　清洁能源发展目标方面，委内瑞拉政府未制定清洁能源发展规划。

　　电力行业体制和市场方面，委内瑞拉电力市场化程度低，仍沿用发、输、配、售一体的传统电力市场模式，电力市场由委内瑞拉国家电力公司（Corpoelec，Corporación Eléctrica Nacional）垄断经营。委内瑞拉政策概况如图 5-7 所示。

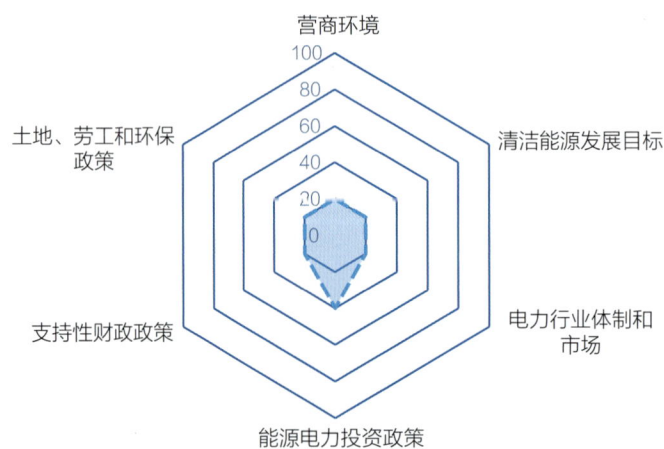

图 5-7　委内瑞拉政策概况

　　委内瑞拉根据月用电量将住宅用电分为中低档居民住宅、中档公寓和高档住宅三级，对月用电量不超过 200kWh 的中低档居民住宅和不超过 600kWh 的高档住宅实行固定电价，分别为 25.5 美分 / kWh 和 898 美分 / kWh；其余用户实行阶梯电价，在 2.1~2.7 美分 / kWh 之间波动。

　　投资准入方面，根据委内瑞拉政府 2018 年颁布的《外国生产型投资法》，外国投资必须符合多项要求，如要求项目设备等有形资产价值不得低于项目投资的 75%，项目投产前需完成 100% 设备、原材料或其他资产投资；外资仅可用欧元、人民币等美元以外货币支付，最低投资额为 80 万欧元或 650 万人民币或其他等价货币；外国投资在登记批准后至少在委内瑞拉境内保留 2 年。

　　支持性财政政策方面，委内瑞拉是世界上主要的原油生产和出口国之一，政府倾向于发展火电，缺乏可再生能源激励政策。委内瑞拉政府对终端电价提供高额补贴，使本国成为全球电价最低的国家，2014 年平均零售电价仅 2 美分 / kWh。

　　土地、劳工和环保政策方面，委内瑞拉《土地与农业发展法》规定外国企业不得独资持有当地土地。委内瑞拉外籍劳务市场规模较小，外籍劳务市场准入门槛较高，委内瑞拉《劳动法》规定企业外籍雇工和本国雇工的比例不得高于1:9，外籍雇工薪酬不能超过薪酬总额的 20%。委内瑞拉政府重视环境保护，企业开展投资必须聘请当地有资质的环评公司编写环境评估报告，向主管部门申请环境影响评价许可，有效期一年；委内瑞拉执法较严，环境违法行为将处以罚款和最高 10 年监禁。

5.2.8 哥伦比亚

哥伦比亚营商环境优越，根据世界银行《2020 年营商环境报告》，哥伦比亚在 190 个国家和地区中排名第 67 位，较 2019 年下降 2 位，在中南美洲 19 个国家和地区中排名第 2 位，维持 2019 年排名不变。政府制定了积极的可再生能源发展规划；电力市场化程度较高，发、输、配、售电领域实现多主体、多元化经营，但市场集中度相对较高；对外资准入实行国民待遇，允许外资并购当地企业；为低收入电力用户提供 50%、40% 和 15% 三个等级的电价补贴，出台多项可再生能源税收优惠政策；不对外资购买土地设限，严格控制外国人签证数量和工作许可，要求项目建设提前向环评部门递交申请并取得环保许可。

清洁能源发展目标方面，哥伦比亚政府积极促进可再生能源发展，提出到 2020 年可再生能源电力消费占比 30% 的目标，非水可再生能源占比达到 6.5%。

电力行业体制和市场方面，哥伦比亚电力市场较成熟，在发电、输电和配售电领域均引入市场竞争，电力市场多元化特征明显，但电力市场集中度相对较高。哥伦比亚政策概况如图 5-8 所示。

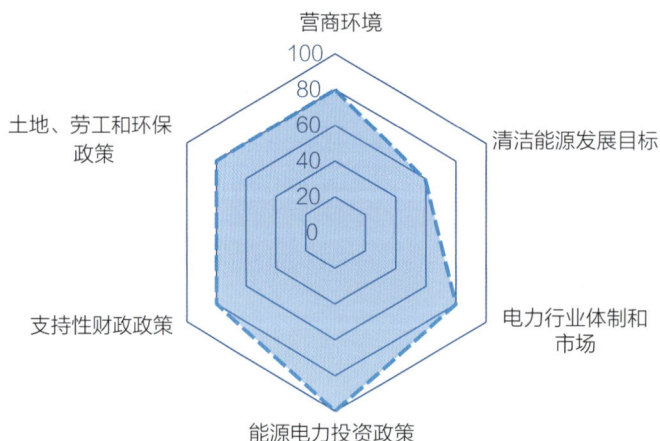

图 5-8 哥伦比亚政策概况

哥伦比亚国家电力公司（ISA，Interconexión Eléctrica SA）所属 XM（XM Compañía Expertos en Mercados）公司是哥伦比亚电网运营商，负责运营国家电力调度运营系统（SIN）并管理电力批发市场（MEM）。

在发电侧，哥伦比亚引入独立发电商，其中国有企业哥伦比亚麦德林电力公司（EPM，Empresa de servicios públicos de Medellín y Colombia）市场占有率为 23%，私有企业 Isagen（Isagen S.A. ESP.）和 Emgesa（Emgesa S.A. ESP.）公司发电市场份额各占 21%。EPM 是哥伦比亚最大的公用事业服务公司，由哥伦比亚麦德林市政府所有；Isagen 能源公司是哥伦比亚第三大发电商，于 2016 年实现了国企私有化；Emgesa 由意大利国家电力公司 Enel 所有。

在输电侧，哥伦比亚主要输电企业为三家私有企业 Transelca、Intercolombia、EBSA（Energía de Boyacá），及哥伦比亚麦德林电力公司（EPM）和 9 家混合所有制企业。其中，Transelca、Intercolombia 均为哥伦比亚国家电力公司（ISA，Interconnection Eléctrica S.a.）所属子公司，经营全国 70% 的输电网络。

在配售电侧，主要电力分销商为哥伦比亚麦德林电力公司（EPM）、哥伦比亚电力公司 Codensa（Codensa SA）、西班牙所属加勒比电力公司（Electricaribe，Electrificadora del Caribe SA ESP），三者市场占比分别为 20%、20%、19%。除此外，哥伦比亚还有 97 家离网发电企业向工业用户独立售电。

哥伦比亚电价在中南美洲国家相对较低，首都波哥大住宅、商业和工业平均电价分别为 12、15 美分 / kWh 和 15 美分 / kWh。

投资准入方面，哥伦比亚对外资实行国民待遇，外国投资不受特殊限制。政府允许外国投资者进行直接投资，或通过本地融资、投资证券等方式进行投资，允许外资并购当地企业。

支持性财政政策方面，哥伦比亚建立了电价补贴制度，对低收入电力用户提供补贴。根据电力用户的经济水平，电价补贴分为三个等级，第一等级补贴 50%，第二等级补贴 40%，第三等级补贴 15%。

　　为鼓励投资清洁能源，哥伦比亚政府规定，利用可再生资源生产投资的企业免征 15 年所得税。2014 年 5 月颁布的第 1715 号法律提出，允许可再生能源发电设备每年按 20% 加速计提折旧，五年内所得税减半；可再生能源设备和服务免征增值税，免征可再生能源设备进口税。

　　土地、劳工和环保政策方面，哥伦比亚对外资购买土地没有限制，外资可通过签署买卖合同获得土地所有权。在外籍劳工管理方面，虽然哥伦比亚 2010 年颁布的第 1429 号法令取消了对外籍劳工和本国劳工比例限制，但哥伦比亚优先考虑本国就业，严格控制外国人签证数量、工作许可。哥伦比亚相关法律规定，在哥伦比亚境内进行任何可能改变环境、可再生资源和自然景观的项目建设之前，需提前向环评部门递交申请并取得环保许可。

5.2.9　厄瓜多尔

　　厄瓜多尔的营商环境一般，根据世界银行《2020 年营商环境报告》，厄瓜多尔在 190 个国家和地区中排名第 129 位，较 2019 年下降 6 位，在中南美洲 19 个国家和地区中排名第 12 位，较 2019 年上升 1 位。政府重视大水电开发，非水可再生能源规划相对保守；电力市场较成熟，发电领域向私营企业放开，配、售电市场完全私有化；政府允许外资投资电力等基础设施建设；政府部门将可再生能源列入有利于平衡贸易差额产业，并出台税收优惠政策；允许外资企业购买、租赁本国土地，严格限制外籍劳务人员比例，工程项目投资建设必须取得环境证书并购买环境保险。厄瓜多尔政策概况如图 5-9 所示。

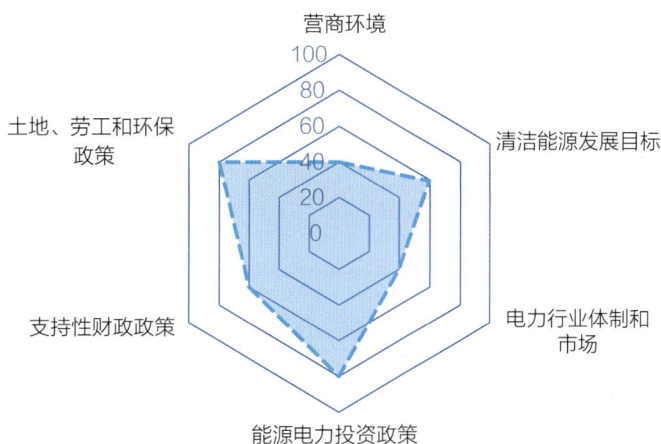

图 5-9　厄瓜多尔政策概况

　　清洁能源发展目标方面，厄瓜多尔政府不断提高水电的主体地位，提高可再生能源在能源结构中的比例，规划到 2020 年水电占比 93.53%，风电占比 0.57%，地热发电占比 0.72%。

　　电力行业体制和市场方面，厄瓜多尔自 1992 年起开始推进电力行业私有化，发电市场向私营企业放开，配、售电市场完全私有化。厄瓜多尔国家能源控制中心（CENACE，Centro Nacional de Control de Energía）是电力系统调度中心，负责开展电力市场交易。

在发电侧，厄瓜多尔国家电力公司（CELEC，La Corporación Eléctrica del Ecuador）是主要发电企业，部分私营发电企业参与发电市场竞争；在输电侧，厄瓜多尔国家输电公司（CELEC EP Transelectric，La Corporación Eléctrica del Ecuador Transelectric）是输电资产运营商；在配、售电侧，厄瓜多尔配、售电市场完全私有化，全国共有 20 多家配电公司，其中基多电力公司和瓜亚基尔电力临时管理公司市场占比合计 54%。

厄瓜多尔实行固定电价，工业、商业和住宅用电价格分别为 8.01、10.39 美分 / kWh 和 10.15 美分 / kWh，是拉丁美洲零售电价较低的国家之一。

投资准入方面， 根据新的《经济改革法》，厄瓜多尔政府允许外资进入电力等基础设施建设领域，并允许外国投资者持有 51% 以上的股份。

支持性财政政策方面， 厄瓜多尔将可再生能源产业列入有利于平衡贸易差额的产业；对可再生能源设备免征进口税，对可再生能源发电机组五年内免征所得税。外国企业可根据企业发展需要向厄瓜多尔当地银行或外资银行贷款，厄瓜多尔各商业银行对企业贷款信用要求、手续、利率等根据信贷方式、期限和企业资信情况、财产状况、贷款用途、贷款规模综合考量而定，贷款基准利率为 8.75%。

土地、劳工和环保政策方面， 按照规定，获得厄瓜多尔农业部授权的外国公司可依法在厄瓜多尔购买、租赁土地。厄瓜多尔对外籍劳务需求不大，外籍劳工须获得劳动许可和工作签证，企业外籍劳工占比不得超过企业总人数的20%。根据厄瓜多尔《环境保护法》等规定，企业在本地投资需向环境部提交环境影响报告，在取得环境证书并购买环境保险后方可执行。

5.2.10 秘鲁

秘鲁营商环境良好，根据世界银行《2020 年营商环境报告》，秘鲁在全部 190 个国家和地区中排名第 76 位，较 2019 年下降 8 位，在中南美洲 19 个国家和地区中排名第 4 位，维持 2019 年排名不变。政府部门未提出明确的可再生能源发展目标；电力市场成熟，发、输、配、售电领域均向私营企业放开；鼓励外资投资电力行业，并出台特别鼓励政策；对外资在本国融资不设限，允许可再生能源发电设备加速折旧；分情况授予外资企业土地使用或购买权，对使用外籍劳工有较严格限制，将环境影响评估作为评估和批准经济活动的管理工具。秘鲁政策概况如图 5-10 所示。

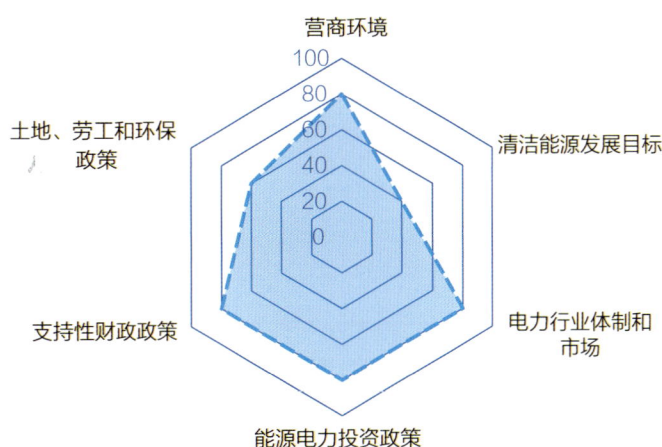

图 5-10　秘鲁政策概况

清洁能源发展目标方面，秘鲁于 2008 年出台《可再生能源发电投资促进法》（第 1002 号法令），要求能源和矿业部（MEM，Ministry of Energy and Mines）每五年设定可再生能源发电占比目标，但未提出明确的可再生能源远期发展目标。

电力行业体制和市场方面，秘鲁电力市场较成熟，发电、输电和配售电侧均向私营企业放开，输电市场完全由私有企业经营。秘鲁国家电网经济运行委员会（COES，Committee for the Economic Operation of the National Interconnected System）负责全国电力调度管理。

在发电侧，发电市场向私营发电商放开，独立发电企业 26 家以上，秘鲁国家电力公司（ElectroPeru，Peruvian National Electric Power Company）市场占比为 15%。其他私有发电企业包括西班牙恩德萨电力（Endesa）所属子公司

（Edegel，Enel Generacion Peru SAA）、法国 Engie 集团所属子公司 Enersur（ENERSUR S.A.）、秘鲁卡尔帕电力公司（Kallpa，Kallpa Generación S.A.）、美国杜克能源所属 Egenor 公司，市场占有率分别为 21%、17%、12%、9%。

在输电侧，秘鲁输电市场已完全私有化。其中，哥伦比亚国家电力公司通过输电受让人 REP（Red de Energía del Perú）和 Transmantaro（Corporación Transmantaro）在秘鲁从事输电业务并获得输电特许权，市场占比为 33%，其他输电企业包括西班牙阿本戈公司（Abengoa）、美国杜克能源（Duke Energy），市场占比分别为 5% 和 4%。

在配、售电侧，私有配、售电公司超过 6 家，主要私有配、售电公司包括西班牙恩德萨电力公司（Endesa）和秘鲁卢兹德尔苏（LDS，Luz Del Sur）电力公司，市场占比分别为 20%、16%。秘鲁实行固定电价，工业、商业和住宅用电价格分别为 8.968、11.795 和 15.014 美分 / kWh，是拉丁美洲电价较低的国家之一。

投资准入方面，秘鲁对外国投资持欢迎态度，对电力行业给予特别鼓励。秘鲁涉及投资合作的法律法规较多，可再生能源投资需符合《可再生能源发电投资促进法》《农村电力法》《地热发电促进法》和《能源有效利用法》等法律法规要求。

支持性财政政策方面，秘鲁对外国投资实行国民待遇。根据秘鲁《促进外国投资法》，投资者可与秘鲁私人投资促进局签订法律稳定协议，根据协议十年内保证投资者关税、税收等相关政策不改变；秘鲁政府对外国企业在当地融资没有限制，一切取决于各银行的决策，基准利率为 4%，企业最优惠贷款利率为 5%。秘鲁 2008 年 6 月 30 日颁布法令，允许可再生能源发电设备加速折旧，以投资额抵扣所得税。秘鲁政府对风电机组和光伏组件征收 18% 的进口关税和 16% 的增值税。

土地、劳工和环保政策方面，秘鲁《土地法》只授予外资企业最长 30 年的土地使用权，但外资企业如在当地注册公司则被视为本国企业，可以购买土地。秘鲁对外国公民申请工作签证和工作居留审查严格、审批时间长；《外籍劳工雇用法》规定，外籍劳工数不得超过企业员工 20%，工资总额不得超过 30%，但外籍高级专业人员和管理人员不受上述限制。秘鲁《环境总法》要求，任何可能造成重大环境影响的活动，需要事先取得主管机关签发的环保许可，在此之前不得批准立项或许可相关投资活动。

5.2.11　危地马拉

危地马拉营商环境良好，根据世界银行《2020 年营商环境报告》，危地马拉在全部 190 个国家和地区中排名第 98 位，较 2019 年上升 2 位，在中南美洲 19 个国家和地区中排名第 7 位，较 2019 年上升 1 位。政府为可再生能源制定了高目标发展规划；电力市场化程度较高，发电市场以私有企业为主，配、售电领域均引入市场竞争；危地马拉鼓励外资企业进入本国市场，外国投资者与本国企业享受同等优惠待遇；政府为可再生能源发展制定了详细的税收支持政策；危地马拉严格限制外籍劳工占比、薪水总数和工种。危地马拉政策概况如图 5-11 所示。

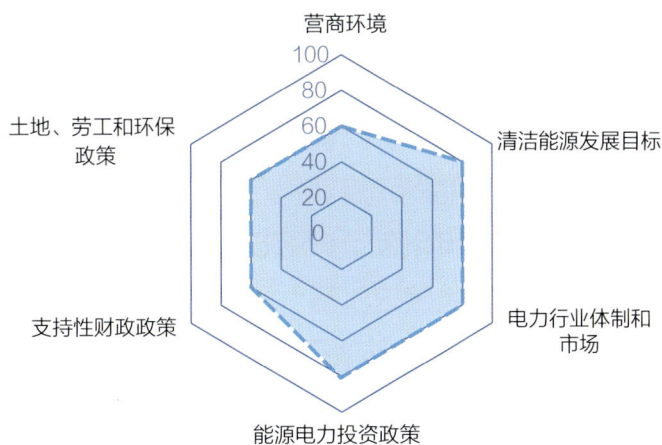

图 5-11　危地马拉政策概况

清洁能源发展目标方面，危地马拉规划，到 2032 年可再生能源在终端能源消费中的比例达到 64%。

电力行业体制和市场方面，危地马拉积极推动电力市场化改革，发、输、配、售电领域市场化程度高。危地马拉电力市场管理中心（AMM，Administrador del Mercado Mayorista）作为公共事务管理部门负责国内电力调度管理。

在发电侧，44 个独立发电商市场占比为 88%，危地马拉国家电力公司（INDE，Instituto Nacional de Electrificación）所属发电企业 EGEE 与美国杜克能源公司（Duke Energy）市场占比合计 12%；在输电侧，危地马拉国家电力公司所属的输电公司 ETCEE 及美国杜克能源公司、TREO 等六家私营公司是主要运营主体；在配、售电侧，主要有 14 家地方国有企业和三个区域分销商 DEORSA（Distribuidora de Electricidad de Oriente）、EEGSA（Empresa Electrica de Guatemala SA）、DEOCSA（Distribuidora de Electricidad de Occidente）（均为私有公司）负责配售电。

危地马拉居民、商业、工业零售电价平均分别为 23.7、15.8、15.4 美分 / kWh。

投资准入方面，危地马拉《投资法》规定，外国投资者享有最惠国待遇，与本国企业享受同等优惠待遇。

支持性财政政策方面，危地马拉第 52-2003 号法令规定，在 10 年内减免可再生能源设备、材料进口税和增值税，免除无形资产增值税；减免可再生能源项目自运营之日起 10 年内的所得税和工业税。此外，危地马拉国家能源委员会（CNEE，Comisión Nacional de Energía Eléctrica）规定，电力用户可以安装分布式电源，自用电之外部分可以向电网送电，发电收入获得相应补偿。

土地、劳工和环保政策方面，危地马拉《投资法》规定，外资企业雇佣外籍劳工必须向危地马拉劳工部提出申请，外籍劳工需以高层次管理人员为主，外资企业中的本地雇员比例应达到 90% 以上，且本地雇员工资应占总工资的 85% 以上。

5.2.12 萨尔瓦多

　　萨尔瓦多营商环境良好，根据世界银行《2020 年营商环境报告》，萨尔瓦多在全部 190 个国家和地区中排名第 91 位，较 2019 年排名下降 6 位，在中南美洲 19 个国家和地区中排名第 6 位，较 2019 年排名保持不变。政府为可再生能源制定了高目标规划；电力市场化程度高，发电侧向私有企业放开，配售电侧均由私有企业经营；萨尔瓦多鼓励外国资本进入本国市场；为可再生能源制定了详细的税收减免政策。萨尔瓦多政策概况如图 5-12 所示。

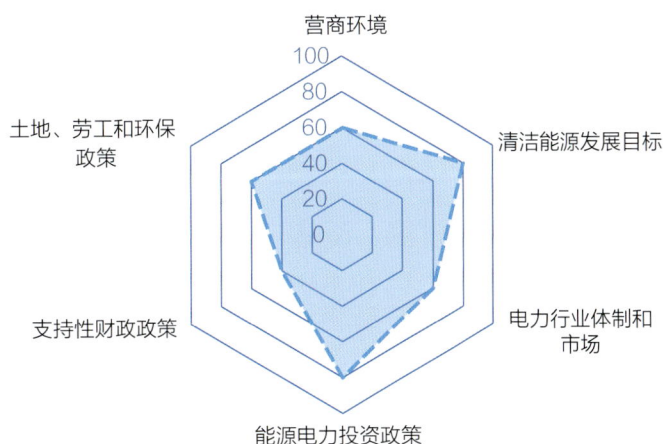

图 5-12　萨尔瓦多政策概况

　　清洁能源发展目标方面，萨尔瓦多积极发展可再生能源，2019 年年底可再生能源发电量占比 60% 以上。萨尔瓦多《2010—2024 国家能源计划》提出，在 2024 年之前实现能源的多样性。

　　电力行业体制和市场方面，萨尔瓦多电力市场化程度高，发、配、售电领域均向私营企业放开。UT（Unidad de Trans-acciones）负责运营萨尔瓦多电力调度管理以及组织全国电力市场交易。

　　在发电侧，除国有企业萨尔瓦多莱姆帕河水电公司（CEL，El limpa River Hydropower Company）外，有 12 家私有发电企业参与发电市场竞争，规模较大的是美国杜克能源公司，以及意大利埃内尔绿色电力公司（Enel，Enel green power company of Italy）与萨尔瓦多政府合资的拉吉奥公司（LaGeo，LaGeo company）。

在输电侧，萨尔瓦多埃赛尔输电公司负责输电资产运营；在配、售电侧，主要运营主体包括美国爱依斯电力公司（AES，AES Corporation）所属的四家配电公司 CAESS、EEO、CLESA、DEUSEM，萨尔瓦多南部配电公司（DELSUR，El Salvador Southern distribution company）以及三家私有配电公司。

萨尔瓦多实行固定电价机制，2019 年萨尔瓦多商业用电价格为 19.3 美分 / kWh，居民用电价格为 23.6 美分 / kWh。

投资准入方面，萨尔瓦出台《投资法》鼓励外资进入，并保证外国投资资金可自由进出本国。

支持性财政方面，萨尔瓦多第 462 号法令规定，给予可再生能源项目（包括输电和配电）投资和建设用的机器、设备、材料进口税减免支持；减免装机容量 10MW 以下投产前 10 年、10~20MW 投产前 5 年、20MW 以上投产前 5 年的可再生能源项目的所得税。

5.2.13　尼加拉瓜

尼加拉瓜营商环境较差，根据世界银行《2020 年营商环境报告》，尼加拉瓜在 190 个国家和地区中排名第 142 位，较 2019 年下降 10 位，在中南美洲 19 个国家和地区中排名第 16 位，较 2019 年下降 1 位。政府为可再生能源发展制定了高目标发展规划；电力市场化程度较高，放开发电和配、售电市场，输电市场由国有企业垄断经营；尼加拉瓜对外资准入条件宽松，对投资行业无特别限制；出台税收减免政策支持可再生能源行业发展；外资企业可自由购买本国土地。尼加拉瓜政策概况如图 5-13 所示。

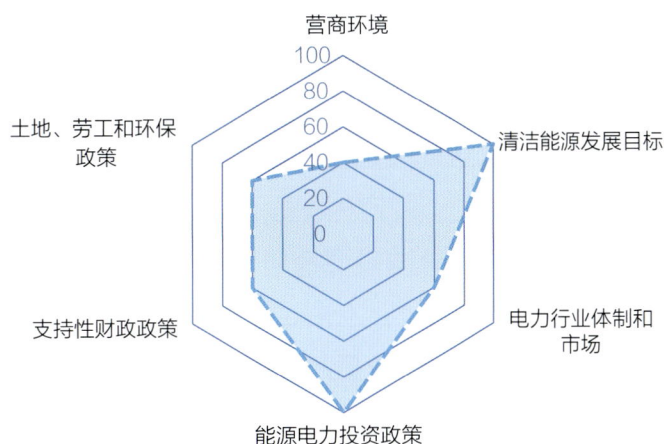

图 5-13　尼加拉瓜政策概况

清洁能源发展目标方面，尼加拉瓜《2016—2030 年国家电力扩张计划》规划，到 2023、2030 年可再生能源（包括大型水电）总装机占比分别达到 64%、73%，2030 年生物质发电、地热发电、风电、光伏发电、水电占比分别达到 15%、22%、14%、1%、21%。

电力行业体制和市场方面，尼加拉瓜电力市场化程度较高，放开发电和配、售电市场，输电市场由国有企业垄断经营。

在发电侧，独立发电商市场占有率达 88%，主要私有发电企业包括尼加拉瓜阿尔巴石油公司（ALBANISA，Nicaragua Alba oil SA）、美国德克萨斯州石化公司（TPC，Texas Petrochemical Company）、西部电力公司

（GEOSA）；国有发电企业主要为尼加拉瓜国家水电公司（HIDROGESA，Nicaraguan national Hydropower SA）和尼加拉瓜中央发电公司（GECSA，Nicaraguan Central power generation SA）。

在输电侧，尼加拉瓜国家输电公司（ENATREL，Nicaraguan National Transmission Corporation）垄断输电市场，其子公司 CNDC 负责全国电力调度运营。在配售电侧，尼加拉瓜电力分销商 DisNorte 和 DisSur 市场占有率高达 94%；除此外，配售电企业还包括意大利国家电力公司（ENEL，National electric power company of Italy）和 12 家小型区域配售电公司。

尼加拉瓜零售电价实行固定电价机制，工业和居民电价为 19.4 美分 / kWh；商业电价为 25.3 美分 / kWh。

投资准入方面， 尼加拉瓜对外国投资的准入条件较为宽松，尼加拉瓜《外国投资者投资法》（第 344 号法令）规定外国投资者享有国民待遇，投资行业无特别限制；外国投资者投资比例及外国投资者所占股份比例无限制。

支持性政策方面， 2005 年尼加拉瓜政府颁布的《可再生能源促进法》提出，对可再生能源发电实行税收激励政策，免征可再生能源设备、材料进口关税和增值税，免征所得税、不动产税、自然资源开发税，减免印花税等。2018 年尼加拉瓜实行可再生能源净计量政策，5MW 以下分布式电源可以向配网运营商出售剩余电力。

土地、劳工和环保政策方面， 尼加拉瓜规定，外国投资者可自由购买土地，无任何限制。

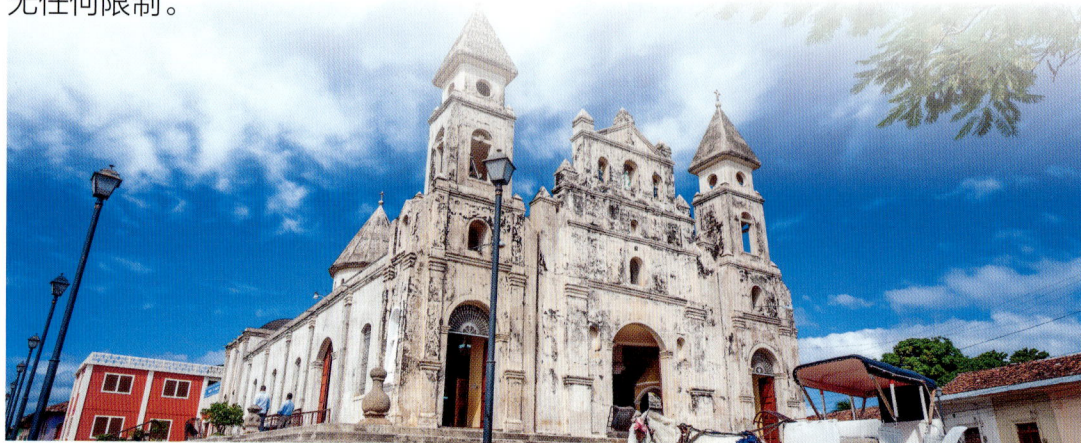

5.3　投融资建议

5.3.1　形成多元化投融资体系

中南美洲国家经济基础普遍薄弱，风电、光伏等非水可再生能源发展相对缓慢。一是建议全面放开清洁能源行业外国及私人投资准入和交易准入，吸引多元化市场主体进行项目投资建设。完善清洁投资相关政策，加大税收优惠、融资便利、电价补贴等支持力度，并加强政策稳定性、连续性，充分利用多元化国际资本进行清洁能源大规模开发利用。二是开展 PPP、BOT 等多元化灵活投资模式，为外国企业提供灵活的投资方式。由于清洁能源项目投资规模大、面临多重风险，重点发展公私合营 PPP 模式，由政府部门与外国企业签订清洁能源项目合同，共同成立清洁能源 PPP 项目公司，形成政府与外国企业"利益共享、风险共担"的合作关系，降低外国企业跨国投资的政治风险和法律监管风险，给予其税收优惠、贷款担保、优先开发权等政策支持，从而广泛吸引外国企业参与清洁能源投资。

在 PPP 投资模式下，政府部门与私人企业签订清洁能源项目合同，共同成立 PPP 项目公司，项目公司负责筹资、建设和经营。对于政府部门而言，通过 PPP 模式与私人企业合作既可以降低政府投资压力、提高项目融资能力，又能引入私人企业先进的清洁能源开发技术、管理理念和运营经验，提高项目开发效率；对于私人企业而言，参与 PPP 项目可以降低政治风险和法律监管风险，同时可以获得税收优惠、贷款担保、优先开发权等政策支持。

在清洁能源 PPP 项目中，私人企业需要与当地电网企业或电网管理部门签订购电协议（PPA），购电协议是投资企业利益的重要保障，也是投资项目收益的重要实现方式。鉴于清洁能源项目投资存在自然、政治、法律等不可抗风险，在购电协议设计方面要全面考虑各种风险，建立风险分担机制，必要情况下由政府提供电费支付担保，降低投资收益风险。

5.3.2　加快构建区域共同电力市场

中南美洲部分国家电力市场尤其是可再生能源市场需求较小，建议清洁能源基地项目所在国加快构建中南美洲统一电力市场，扩大电力市场规模，实现清洁能源资源大范围优化配置。

一是以统一电力市场整合各国用电需求，进一步放开电力市场，扩大电力市场空间，通过配额制、绿色电力证书交易等方式，充分调动市场主体参与可再生能源消纳的积极性，提高可再生能源消费规模。

二是发挥市场机制调节能力，鼓励各国打破区域壁垒，通过区域电力设施联网，构建中长期交易为主、现货交易为辅的跨区域电力市场交易体系，解决能源资源与负荷逆向分布问题，保障区域内能源供需平衡。

三是发挥区域市场规模效益与成本优势，稳定电力价格，保障能源供给安全。中南美洲清洁能源资源丰富，成本下降空间大，通过区域电力市场交易可以有效配置资源，可以形成稳定的电力价格，有助于建立完善的清洁能源生产和消费体系。

5.3.3 减少化石能源补贴

中南美洲国家非水可再生能源开发尚处于初期阶段，非水可再生能源占比较低。部分国家因电力供应不足，需要通过进口化石燃料进行电力生产，并给予化石能源发电大量补贴，在一定程度上抑制清洁能源的竞争力，限制了清洁能源开发。为减少对化石能源依赖、提高能源供应多样化、提高清洁能源竞争力，应降低对化石能源的补贴，将财政补贴更多用于发展清洁能源，为清洁能源开发提供税收减免、贷款优惠等支持性财政政策，提高清洁能源市场竞争力，吸引外资进入本国清洁能源市场。通过开发清洁能源，中南美洲国家可以降低、甚至摆脱对化石能源的依赖，有效改善国内生态环境、增加绿色高质量就业岗位，实现清洁绿色可持续发展。

5.3.4 改善营商环境

中南美洲部分国家存在外国投资准入限制过多、审批复杂、融资难度大且成本高等问题，建议改善营商环境，简化投融资审批流程，创造吸引外资进入的良好环境。

一是改善投融资政策环境。一方面，制定开放、透明且稳定的投融资政策，完善对外开放和投融资政策体系，降低外资准入门槛，给予外国企业与本国企业同等的投资待遇，减少对外资进入本国的投资方式和金额等方面限制和约束。另一方面，增强投融资优惠政策的连续性，保障投融资优惠政策的长期有效性，减少政策调整对项目进度和推进效率的影响。二是优化金融和融资环境。放宽外汇管理，减少外汇进出限制，降低外资企业利润汇出的税率，探索实行双边货币互换和直接结算，稳定货币兑换汇率。增加外国企业融资渠道，降低融资成本，针对外国企业投资特定能源领域提供优惠融资、贷款。三是加强行政审批制度建设，整合行政资源，成立外国投融资审批管理机构，简化投融资行政许可审批环节，缩短审批时间，提供一站式服务，提高行政服务效率和水平，吸引外国投资。

5.3.5 加强通货膨胀风险管理

中南美洲多数国家为发展中国家，存在经济形势不稳定、政权交替频繁、法律法规严苛且变动频繁等风险，近年来多国面临外债增长、货币汇率不稳定、通货膨胀风险加剧的问题。通货膨胀将导致价格及成本、利率、利润等各类价格要素扭曲，从而扭曲市场信号，给企业经营管理造成混乱、带来较大经济损失。投资企业应多方了解东道国政治经济法律环境，重点加强通货膨胀等各类风险的识别、评估与预防。建议通过投资贬值几率较低的清洁能源相关固定资产或保值型资产，可以避免货币贬值风险，实现资本保值，加强通货膨胀应对能力。同时采用较为严格的信用条件，减少企业债权，并调整财务政策，防止和减少企业资本流失。通过长期采购协议、期货合约或远期合约等金融工具，将项目所需原材料成本锁定在可接受的价格范围内，降低通货膨胀带来的原材料成本上升的风险。同时办理相关的投资保险与项目担保，积极利用专业风险管理机构对自身利益进行切实保障，做好风险规避和管理工作。

5.3.6 降低资金成本

中南美洲金融系统的融资成本普遍偏高，建议投资企业更多利用欧美等利率水平较低的国际金融市场，获得低成本融资。巴西、秘鲁、哥伦比亚等中南美洲国家的基准利率在 12% 以上，远远高于欧美国家。当前，美国、英国、瑞士等欧美国家基准利率分别为 0%~0.25%、0.25%、−1.25%~−0.25%。

建议投资企业利用混合债券、绿色债券、供应链金融、债务置换（将短期债务置换成长期债务）、融资租赁等金融工具降低融资成本、提高资金利用效率。同时，利用远期合约、外汇期货、外汇期权等衍生金融工具防范、规避融资风险；运用金融互换工具，通过利率互换获得低于市场固定利率或浮动利率的贷款，达到降低实际融资成本的效果。

5.4　小结

中南美洲地区清洁能源资源具有较高的开发潜力，开发成本下降空间较大。在推动经济增长、保障能源安全、改善生态环境等诉求下，中南美洲地区风电、光伏、水电等清洁能源开发正进入新的发展阶段，清洁能源投资市场空间大。为进一步加快清洁能源开发进程，中南美洲国家需要进一步改善营商环境、创新投融资模式。本章梳理中南美洲地区政策环境和主要国家主要政策，提出在中南美洲开发清洁能源的投融资建议，包括充分利用国际资本市场，形成资金来源广泛、投资方式灵活的多元投融资体系，加快构建区域共同电力市场，发挥市场机制调节作用，扩大清洁能源消纳空间，改善营商环境，加强通货膨胀风险管理等，以改善中南美洲地区生态环境，加速推动清洁能源替代，加快提高清洁能源在中南美洲地区的战略地位。

结 语

科学准确的资源量化评估和系统高效的基地宏观选址是清洁能源大规模开发利用的基础与前提，开展大型基地的电力外送研究和相关国家的政策环境及投融资研究是实现清洁能源大范围优化配置、推动项目实施落地的关键与保障。中南美洲清洁能源开发与投资研究是在全球能源互联网发展战略指导下，秉持绿色、低碳、可持续发展理念，对中南美洲水、风、光清洁能源资源条件和开发重点的一次科学、系统、全面的研究。报告系统地回答了中南美洲清洁能源"有多少""在哪里""怎么样"等一系列关键问题，提出了一批极具开发潜力的大型基地，不仅给出了基地开发的技术和经济性指标，而且包括清洁电力消纳、外送输电通道以及政策环境和投融资模式等内容，对推动中南美洲能源变革转型提供了强有力的数据支撑和行动指南。

加快开发中南美洲丰富的清洁能源资源，将有力保障中南美洲电力能源供应，有效应对气候变化和保护生态环境，打造中南美洲经济增长新引擎，推动中南美洲绿色、低碳、可持续发展。加快中南美洲清洁能源资源开发，是一项复杂的系统工程，涉及技术、经济和政治等多方面，需要各方以共商、共建、共享、共赢为原则，开展务实合作，形成强大合力。未来需要各方在以下几个方面共同努力。**一是扩大合作共识，**促进各国政府、能源企业、行业组织、社会团体形成广泛共识，建立清洁发展的合作框架、政策机制和投融资模式。**二是加强规划统筹，**发挥规划统领作用，强化顶层设计，把清洁能源资源开发纳入各国能源电力发展规划重点，加快形成上下游产业协同联动的有利局面。**三是注重创新驱动，**整合企业、科研机构的优势力量，推动技术和装备研发攻关，建立产学研深度融合发展新路径，紧紧抓住清洁能源发电技术快速发展历史机遇，用创新为绿色发展赋能。**四是推动项目突破，**加强政府、企业、金融行业等更广泛合作，结合各国国情和特点，用商业模式和投融资创新推动一批经济效益好、示范效果强的大基地、大项目早开发、早见效，早日惠及中南美洲经济社会发展。

中南美洲清洁能源开发符合中南美洲各国与国际投资者的共同利益，前景广阔、大有可为。衷心希望有关各方携手努力、密切协作，大力推动中南美洲清洁能源开发项目落地实施，促进中南美洲经济社会发展，共创更加美好的明天！

图书在版编目（CIP）数据

　中南美洲清洁能源开发与投资研究／全球能源互联网发展合作组织著. —北京：中国
电力出版社，2020.10
　ISBN 978-7-5198-5081-4

　Ⅰ.①中⋯ Ⅱ.①全⋯ Ⅲ.①无污染能源－能源开发－研究－美洲 ② 无污染能源－投
资－研究－美洲 Ⅳ.① F476.2

　中国版本图书馆 CIP 数据核字（2020）第 203339 号

审图号：GS（2020）5843 号

出版发行：中国电力出版社
地　　　址：北京市东城区北京站西街 19 号（邮政编码 100005）
网　　　址：http://www.cepp.sgcc.com.cn
责任编辑：孙世通（010-63412326）　高　畅
责任校对：黄　蓓　郝军燕
装帧设计：北京锋尚制版有限公司
责任印制：钱兴根

印　　刷：北京瑞禾彩色印刷有限公司
版　　次：2020 年 10 月第一版
印　　次：2020 年 10 月北京第一次印刷
开　　本：889 毫米 ×1194 毫米　16 开本
印　　张：15.75
字　　数：314 千字
定　　价：230.00 元